邹广严教育文集

第六卷（2022—2025）

邹广严　著

国家图书馆出版社

2022 年 3 月 11 日，邹广严校长出席"锦城春耕节"并宣布开幕

2022 年 5 月 11 日，邹广严校长为"百家名企进锦城暨校企校会合作集体签约仪式"揭幕，帮助学生"好就业，就好业"

2022年4月，锦城学院正式获批"四川省院士（专家）工作站"建站单位。图为超级计算机专家、美国国家工程院院士、美国艺术与科学院院士、锦城学院人工智能学院院长陈世卿先生代表学校领取牌匾

2022年11月11日，邹广严校长在高等教育研究院揭牌仪式上讲话，鼓励全校师生抢占教育研究的高地

2023年3月29日，锦城学院召开干部大会，传达四川省委教育工委任命决定：刘永湘同志（左二）任成都锦城学院党委书记，兼任四川省人民政府派驻成都锦城学院督导专员

2023年7月，邹广严校长与"锦城"优秀学子毛雯同学——世界大学生运动会火炬手、四川省"大学生年度人物"、世界军人运动会开幕式擎旗手合影

2023年7月15日，中国共产党成都锦城学院第一次代表大会现场，邹广严校长与中国共产党成都锦城学院第一届委员会合影

2024年4月23日，为推动学校教育数字化转型，锦城学院正式启动"师生'数字素养'提升行动"，开启"人工智能赋能教育"的新征程

2024年5月29日，锦城学院与百度公司签约共建人工智能与大模型产业学院，推进锦城学院"新工科"建设再突破，加快培养新时代产业、新产业所需人才

2024年11月4日，锦城学院"严出门"校门正式挂匾。该校门为学校建筑学院师生共同设计

2024年12月12日，锦城学院举办"鸟瞰世界"摄影作品展，深化"美育"，陶冶情操。图为邹广严校长与"世界鸟王"艾雅康（左一）探讨交流

目　录

2023年　不忘初心再出发

2024年　抢高登峰谋突破

2025年　廿载锦程向未来

2022年

博采众长集大成

这一年，"锦城教育学"诞生了，实行了，开花了，结果了；

这一年，继续追踪新技术革命前沿，获批"四川省院士（专家）工作站"建站单位；

这一年，成立40个非认知能力培育工作坊，非认知能力培育得到进一步深化；

这一年，深入开展"对标竞进，争创一流"活动，"锦城"各项事业再上新台阶。

努力实现"锦城教育"新跨越

——2022年新年寄语

（2022年1月1日）

2022年的钟声即将敲响，值此新年伊始、万象更新之际，我谨代表成都锦城学院，向全校师生员工和海内外校友致以亲切的问候和新年的祝福！向所有关心、支持学校事业发展的各级领导和社会各界朋友致以衷心的感谢和崇高的敬意！

2021年是中国共产党成立100周年。今年，我校积极响应习近平总书记向全党发出的以史为鉴、开创未来的伟大号召，深入开展党史学习教育，认真学习领会党的十九届六中全会精神，从党的百年奋斗历程中汲取智慧和力量，努力办好人民满意的大学。学党史，悟思想，办实事，开新局，学校各项事业取得了新进展，事业发展迈上新台阶。

这是完成转设开新局的一年。我们顺利完成了转设并更名为"成都锦城学院"。这一划时代的事件，标志着我校发展进入了新阶段。今年，我校以"成都锦城学院"新校名招生，继续得到了考生和家长的青睐，四川文理科录取分数线均居本省民办高校首位，省外生源优质，实现了新阶段的良好开局。转设评估专家的肯定说明了"锦城"的昨天很成功，考生和家长的信任预示着"锦城"的明天更辉煌！

这是改革创新强质量的一年。"锦城教育"进入新阶段，高质量发展呈现新气象。我校继续坚持"人才培养第一"，创造性地提出并实施了"高阶教学""深度学习""非认知能力培育"和"教师情感劳动"的"四大框架"，形成了"教师的高阶教学与学生的深度学习相结合，学生的认知能力提升与非认知能力发展相结合，教师的情感劳动付出与学生的爱校乐学相结合"的崭新育人新格局，把我校全员育人、全方位育人、高质量育人的水平推上了一个新高度！

瑞雪兆丰年（迟卉 摄影）

这是"对标竞进"出成果的一年。我校认真开展"对标竞进，争创一流"活动，取得了丰硕的显性成果。获得省级教学成果奖二等奖1项、四川省首批省级新文科研究与改革实践项目2个、省级一流本科课程4门，获批"四川省教育评价综合改革试点高校"。2021年，我校认定科研成果总量较2020年增长15%，学科竞赛成果实现"翻番+"增长。今年，我校师生赛出风格、赛出水平，在"互联网+"大学生创新创业大赛中摘得国家级铜奖1项，省赛金奖3项、银奖9项、铜奖47项；在"挑战杯"大赛中荣获国家级铜奖1项、省级金奖1项、银奖4项、铜奖14项；在目录内学科竞赛中，获得国家级奖53项、省级奖700余项。这是我校人才培养质量最直观的体现，也是我们长期坚持"为学而赛，以赛促学，教赛相长，研赛互促"的成果。

这是平安幸福有收获的一年。今年，我校坚决打赢疫情防控之战，实现师生"零感染"。进一步加强基础设施建设，新建（扩建）实验室4个，新建（改建）学生宿舍9栋，建成设施齐全的"临河体育公园"，进一步改善了师生的学习、工作和生活条件。我们继续把就业工作当作"生命线"来抓，打好"组合拳"，保持较高的就业率和升学率。我们还较大幅度提高了教职员工的社会保障水平，让教职员工拥有"稳稳的幸福"，进一步激发出三支队伍[1]干事创业的活力。

这是肯定鼓励伴发展的一年。2021年，教育部、四川省委等领导来我校调研指导时，均对我校的办学理念、特色、成果给予高度评价，勉励我校早日办成全国一流应用型大学。在"2021软科中国独立学院百强"榜单中，我校取得全国第5位的优秀成绩。《中国教育报》用4个整版报道我校高质量发展新气象……领导的肯定、社会的关注，是对我们用心办好人民满意大学的回应、褒奖和鼓励！

走过2021年，我们不能忘记那些可敬、可爱的"锦城"身影。那是全身心投入"锦城"教育事业，创造性地落实"四大框架"，把教书育人做到一流的辛勤园丁；是奋斗向上，课内、课外忙起来，努力实现"深度学习"的莘莘学子；是在冬日的寒风冻雨中坚守岗位，默默奉献，守护师生健康和校园平安的医护、保安、后勤

---

[1]三支队伍：指教师队伍、辅导员队伍、管理服务队伍。

同志们；是心系母校，为"锦城"祝福和代言的八方校友和各界友人……在此，谨向大家致以崇高的敬意和衷心的感谢！

老师们、同学们、同志们，告别2021，迈入2022，立功新时代，奋进正当时。我们当以更加奋发有为的姿态，写好"锦城教育"高质量发展的新篇章，努力实现"锦城教育"新跨越。

我们要继续加强党的领导，坚持社会主义办学方向，落实立德树人根本任务，始终心怀"国之大者"，用习近平新时代中国特色社会主义思想教育人，用党的理想信念凝聚人，用社会主义核心价值观培育人，用中华民族伟大复兴历史使命激励人，把满足青年学子对高质量高等教育的需求作为我们奋斗的方向，努力培养堪当民族复兴重任的时代新人。

我们要大力弘扬"负责精神"，坚持对社会、对学生、对股东、对教职员工高度负责；弘扬"爬坡精神"，坚持一步一个脚印、一步一个台阶，负重登高，勇攀一流应用型大学高峰；弘扬"竞进精神"，动员各学院、各业务系统、全体师生员工，在各自的领域里力争上游，争取第一。

我们要继续"强内功，修外功"，坚定不移地以全面提高人才培养水平为工作重心，把"五力五升""四大框架，三个结合"抓实抓细抓出彩，努力培养出一流的人才，锻炼出一流的教师，创造出一流的教学、科研成果，向社会提供一流的社会服务，努力实现"锦城教育"新跨越，以优异成绩迎接党的二十大胜利召开！

以"五力五升"为基础，
继续深入贯彻"四大框架""三个结合"，
力争实现人才培养的"两个飞跃"

——在2021年工作总结表彰暨2022年工作部署大会上的讲话

（2022年1月15日）

我们今天上午办了三件事，一是表彰了一大批先进典型，二是听取了教学督导报告，三是有七位代表进行了交流发言，我看都讲得很好。今天下午，王校长做了2021年工作总结和2022年工作安排，我都赞成。现在，我讲三个问题：一是对2021年工作的评价（即"怎么看"），二是对2022年工作的主要安排（即"干什么"），三是怎么干好2022年的工作（即"怎么干"）。

一、对2021年工作的评价

2021年对于锦城学院来说，是一个变化之年、发展之年、丰收之年。大家的努力很大，成绩很多，就其大者而言有以下几点。

国评专家组组长、教育部高等教育司原司长张大良指出，"锦城学院是有情怀的人办有情怀的教育"，"锦城"学子"走进锦城是成功，走出锦城更成功"（宣传处 供图）

一是转设成功，一次性通过，表现出了高水平。国评专家组组长是教育部高等教育司原司长张大良同志，算是高等教育管理的顶级专家了。他评价我校办学"有理念、有规范、有成绩、有特色"，以我为班长的学校班子是"有思想的行动者，有行动的思想者"，锦城学院是"有情怀的人办有情怀的教育"，说我们的学生是"走进锦城是成功，走出锦城更成功"。这些都是很高的评价啊！说明在权威人士看来，我们的办学是高水平的。

二是取得了教学、科研、竞赛和社会服务的大丰收。详细数据和情况王校长刚才已经讲了，各大板块都有增幅，竞赛获奖增幅最大，翻了一番还多，厉害啊。

三是继续巩固了"进口旺，出口畅"的大好局面。这为什么是一大成绩呢？因为2021年我们招生的内外部形势是比较严峻的。一方面，社会上出现贬损民办教育（包括民办高等教育）的舆论；另一方面，我们5月底6月初才完成转设，新旧校名建立联系的宣传期很短。此外，股东和校长做了变更。这些因素重叠在一起，是一个考验。但我们的招生取得了"双冠双高"的好成绩，说明我们锦城学院是经得住风浪、扛得起重担的。那么多家长和学生用志愿表给我们投票，这是让我们很感动也很欣慰的。

四是打赢了"疫情防控战"。在疫情形势比较严峻的11月，大家都迅速进入战斗状态，不惧风险，不怕疲劳，连续作战，实现了师生"零感染"。当然，这离不开党和政府的坚强领导，也是我们努力工作的结果，是天佑"锦城"啊！

五——也是最重要的——就是我们创新发展出了"四大框架"。这是我们运用先进的教育理念，创造性地建立的一套卓有成效的改进中国大学现有教育教学和人才培养的新路径、新方法。去年以来，大家深入学习贯彻"四大框架"，取得了丰硕成果。上午的表彰、督导的报告和七位同志的分享，就体现了在"四大框架"的引导下，"锦城"教育水平达到的新高度。我看发言代表都是高水平的，比如，计算机学院徐艳老师的"剧本式设计"把高阶教学如何层层递进的课程设计关键抓住了、做好了，财会学院徐乐的"学生非认知能力培育显性化体系"很有创造性，效果也显现出来了，电子学院陈虹君团队"以教研相长促学生深度学习的模式"探索是围绕教书育人的中心开展科研，科研又反哺于育人实践，值得大家借鉴……总之，从几位代表的发言来看，各单位对"四大框架"都有贯彻、践行和创造。马立明院长，你本硕博都是名校毕业的，依你看，我们的水平如何？（马院长回答道："即便是放在我的母校清华、同济、天大，这些老师分享的理论和经验，都是高水平的。"）

二、对 2022 年工作的主要安排

毛主席在《党委会的工作方法》中指出："学会'弹钢琴'。弹钢琴要十个指头都动作，不能有的动，有的不动。但是，十个指头同时都按下去，那也不成调子。要产生好的音乐，十个指头的动作要有节奏，要互相配合。党委要抓紧中心工作，又要围绕中心工作而同时开展其他方面的工作。"他又在《关于领导方法的若干问题》中指出："在任何一个地区内，不能同时有许多中心工作，在一定时间内只能有一个中心工作。"这是两段话，一段是说要"弹好钢琴"，王校长刚才布置的 2022 年的各项工作，就是要"弹"而且要"弹好"的；第二段话是说要抓好"中心任务"。

我们 2022 年的中心任务是什么呢？那就是紧紧围绕人才培养这个中心，以"五力五升"为基础，继续深入贯彻"四大框架，三个结合"，力争实现人才培养的"两个飞跃"，把"锦城"的人才培养做到一流！这个中心任务，是经校务会充分讨论，校院各级领导达成的共识和强烈的愿望。所以，今年没有新提法，也不提新口号，就是把"四大框架，三个结合"给抓紧、抓实，并且要长期地抓下去，"坚持数年，必有好处"。

这里有几个概念，需要进一步解释和统一一下。

（一）"五力五升"

"五力"是 2020 年我们根据新形势提出的我校教师必须具备的五项新的核心能力。"五升"是"五力"实现的结果，它们在某种意义上

是因果关系。

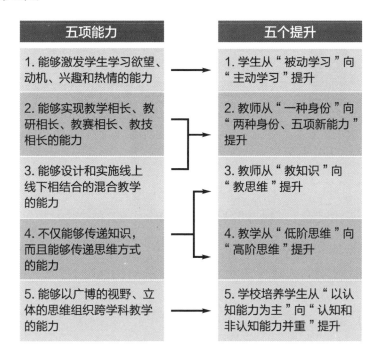

（二）"四大框架"

高阶教学、深度学习、非认知能力、情感劳动这些概念并非我们的发明，"四大框架"受到了布鲁姆、马顿、戈尔曼和霍克希尔德等人的理论影响，受到了OECD等国际组织的启发。这些理论对于人才培养具有重要意义，但如何在人才培养的实践中应用这些理论，是一个全世界都在探索的问题。"锦城"师生刻苦学习、深入研究、努力创造、大胆创新，制定了可实施、可操作、可考核、可评估的"四大框架"，找到了一条实施先进理念的路径，这是我们的一大贡献。"四大框架"把我校的育人水平推向了新的高度！

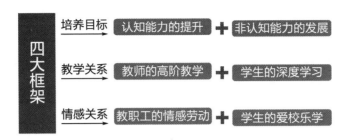

（三）"三个结合"

"三个结合"指的是人才培养目标上的认知能力的提升和非认知能力的发展相结合，教师的高阶教学和学生的深度学习相结合，教职工的情感劳动和学生的爱校乐学相结合。"三个结合"体现了"四大框架"在教育学和人才学方面的内在关系和相互配合。

（四）"两个飞跃"

即培养学生从掌握信息向掌握知识飞跃（第一个飞跃），从掌握知识向发展高阶思维和高阶能力飞跃（第二个飞跃）。

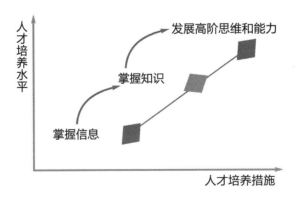

1.第一个飞跃：培养学生从掌握信息向掌握知识飞跃

技术的发展为我们获取信息提供了前所未有的便利，一些人认为掌握了信息就掌握了知识，这是不对的，信息不等于知识。美国国防部将信息定义为："信息是从观察、报告、传闻、图像等来源得到的未经加工鉴定的材料。"由此可见，信息是一种未分类、未加工、未证真伪的散乱的存在。而知识则不同，知识是人类认知的精华。柏拉图认为，一条陈述能称得上是知识必须满足三个条件，它一定是被验证过的、合理的，而且是被人们相信的。掌握信息和掌握知识是不同的，具体表现在：

第一，信息有真有伪，现在一些虚假信息充斥于网络平台，而知识是被验证过的、正确的，是一定范围内的真理；

第二，知识是系统的、有结构的，而信息是杂乱的、碎片化的；

第三，从接受的过程来看，获取信息时，思维活动处于关注和记忆等低阶层面，而获取知识是一个充满建构性的过程，涉及分析、应用、批判等更高层次的思维活动；

第四，从价值角度来看，信息的价值是不确定的，许多信息都是无价值或低价值的。现在有些同学热衷于浏览手机和电脑上的信息，满脑子堆砌了杂乱无章和无用的东西，如果不能分类和处理，不能加工和重构，这些看上去五光十色、令人眼花缭乱的信息是没有任何意义的，而知识的价值在一定条件下是确定的。

信息和知识也是有联系的。要把信息变为知识，也要经过一系列过程，包括信息的收集、分类、储存、加工、重构等等。最核心的是信息加工环节，只有通过分析、归纳、演绎、比较等方法，才能从有价值的信息中发现知识。典型的案例是科学实验或科学观察所得到的数据或现象，如果不加工处理，就是一堆杂乱无章的信息，只有对数据进行合理的加工处理、演绎推算，才能发现和创造新知识。比如天文学的知识，大多来自对科学观察信息的分析处理；流体力学的知识，主要来自对科学实验数据的分析处理。

我校提出的"一基两轴、三阶递进"的高阶教学框架中的"一基"就是以知识为基。我们强调高阶教学和高阶思维，并不是不重视知识，恰恰相反，所有的高阶思维、能力等都以知识为基础。引导学生从"掌握信息"向"掌握知识"转变，这是我校人才培养的第一次飞跃。

2.第二个飞跃：促进学生从掌握知识向发展高阶思维和能力的飞跃

我以前讲过知识、思维和能力的关系，知识是思维和能力的基础，但知识不等于思维，也不等于能力。知识是形成思维的基础内容或原材料，没有知识，思维是空的；没有思维，知识是死的。思考加行动就是能力。

对于培养思维的重要性，爱因斯坦就曾说过："发展独立思考和独立判断的一般能力应当始终放在首位。"对于能力，我校很早就提出"知识就是知识，运用知识才是力量"，这个"力量"其实就是思维和能力。我们还提出"做人第一，能力至上"的育人标准，能力体现在哪里？就体现在解决问题。一般能力就是解决一般问题，高阶能力就是能解决复杂问题，就是能够拿出一个或几个方案、设计出产品、写出作品、解决工程难题等等。培养学生解决复杂问题的能力是我们的一个关注点，这是第二个飞跃的结果或者说标志。实现第二个飞跃的核心环节是高阶教学和深度学习。

实现"两个飞跃"是贯彻"四大框架"的必然结果。当这"两个飞跃"都实现的时候，我们的人才培养一定是高水平的！

"五力五升""四大框架""三个结合""两个飞跃"之间是什么

关系？"五力五升"是基础，"四大框架"是核心，"三个结合"是内在联系，"两个飞跃"是必然结果。

三、怎样干好2022年的工作

简明扼要地说，就是紧紧抓住中心任务不动摇，要一心一意、聚精会神地落实好"三大措施"。

邹广严校长在大会上讲话（宣传处 供图）

不管是领导、嘉宾来学校参观，还是我们出去分享交流，别人都喜欢问一个问题："你校的理念非常好，但难度很大，是怎么做到落实的？"的确，我校的先进理念是落实了且取得实效的。从最早的应用型人才培养模式、"三大教育"、"四大计划"、劳动和创业必修课、岗位调查、专业设置的逆向革命、产教融合、四大合作等等，到"未来型"发展战略，追踪新技术革命前沿，建成一批先进的实验室（如5G实验室、脑机融合实验室等），设置前沿专业（如人工智能专业、大数据管理与应用专业等），再到我们狠抓人才培养的措施，比如"三不放水"、过程管理、"两课设计"、"翻转课堂"、提高教学反馈率，到现在的"四大框架"，都是有理念、有行动、有实效的。

执行力强是我校抓落实的一大突出优势。我们怎么做到抓落实的？总结起来有"三大措施"：一是学习在前，思想打通；二是制度安排，措施得力；三是考核评估，奖惩兑现。2022 年，我们要继续紧抓不放，用好这"三大措施"，把贯彻落实"四大框架"的工作做得更深入、更全面、更有成效。

（一）学习在前，思想打通

做任何一件事情，如果不是学习在前，思想不打通，理论没搞懂，行动上就不可能真正落实。我校的办学理念和改革创新之所以能够得到落实，首先得益于我们从来不搞简单粗暴的命令式工作，而是善于通过学习，思想打通，理论搞懂，行动自觉。我们每年组织中层干部学习，各学院、部处又组织教职员工学习，就是为了帮助大家提高认识，从而变被动为主动，把学校的要求转化为自觉的行动，或者说实现了学校要求和教职员工职业追求的"同频共振"。

毛主席曾说："感觉到了的东西，我们不能立刻理解它，只有理解了的东西才更深刻地感觉它。"所以，我们对"四大框架"还有一个再认识、再理解的问题。我再强调五点。

1. "四大框架"体现了现代大学的根本追求

图灵奖的得主约翰·霍普克罗夫特认为"中国一流高校的重点搞错了"。他说："对于中国高校来说，他们更关注如何提高国际声望，衡量国际声望的重要指标就是研究经费和发表论文数量。我认为重点指标应该改为本科生的教学质量。在中国一些一流高校，已经能够培养高质量的本科生，但数量远远达不到中国社会目前的需求。中国应该更关注所有学生的教育而不仅仅是顶尖的一部分。"

可以这样说，当代社会有两种办大学的追求或者模式：一种是以指标和排名为中心，围着各类指标和排名来运转，举全校之力去争取指标项目和投入，至于是否对培养学生有益，或者说学生是否真正参与其中，则很难说；另一种办学追求是以人才培养为中心，也就是学校的一切围绕着人才培养这个中心来运转。我校始终旗帜鲜明地坚持以人才培养为中心，坚持学生增值第一，追求在校生的增值和校友的高水平发展。例如，我们提出"四个相长"，同样是搞比赛，第一种模式重在奖牌，而我们是在得奖的同时要以赛促学、教赛相长；同样是搞科研，我们主张以研促学、教研相长，强调用科研的思维、方法、平台、队伍、成果赋能人才培养，从而真正把学校的一切活动落脚到人才培养上来。

党和国家高度强调大学的人才培养职能。习近平总书记指出："大学是立德树人、培养人才的地方。"新时代全国高等学校本科教育工作会议强调，"人才培养是大学的本质职能"，"要把人才培养的质量和效果作为检验一切工作的根本标准"。

锦城学院为什么能够生存、发展、壮大？就是因为我们始终抓住人才培养这个中心不放，使学生在这里获得了成长、增值和良好的发展机会。不管是在校生还是校友，都很有获得感、成就感，这是我们事业兴旺的根本原因。而"四大框架"作为我们在人才培养上的"重器"，体现了我们作为现代大学的根本追求。

2. "四大框架"体现了教育的本质

教育是有目的地培养人的社会活动，其本质是什么？一言以蔽之就是培养人！我校历来认为，教育的本质不是选拔而是培养。我们的本事不是去选拔高质量的学生，而是把一般的学生培养成优秀的、高质量的人才。这是我们对教育本质的诠释和践行：教育不是选拔，也不是排名，而是培养。

我们来看看教育学家们都是怎么讲教育的本质的。英国大教育家纽曼一直主张培养学生是根本，他认为大学真正的功能就是要"培养良好的社会公民"。捷克大教育家、被称为"近代教育之父"的夸美纽斯认为，"只有受过恰当教育之后，人才能成为人"，"教育使人成为人"。美国的大教育家杜威，1919年来到中国演讲，他认为教育的目的，就是要培养良好的公民。

以上所举大教育家都认为教育的本质在培养人，而"四大框架"正是以人才培养为中心，处处着眼于对学生的培养，所以说"四大框架"体现了教育的本质。

3. "四大框架"是我校教育教学理论创新发展的必然结果

自2005年建校以来，我校各级班子和全校师生致力于改革创新，致力于面向全球和教育科学前沿，致力于结合中国实际突出自己的特色，"锦城"教育教学理论在创新发展中不断前进。从时间轴上来看，我校的教育教学理论是一年一年向前发展的，前面的理论和措施是后面的基础，后面的理论和措施是前面发展的结果。近年来，我校的教育教学理论更加自觉，更加深入，更加系统，更成体系。"四大框架"就是我校教育教学理论创新发展的新的高峰。"四大框架"无一不是在过去理论和实践的基础上不断发展、演绎、总结和创新而成的。

"一基两轴、三阶递进"高阶教学实施框架的建立，发轫于2005年我校提出的以"传承知识"为己任，发扬"三追两谋"精神，强调"教学质量是生命线"。后来又提出人才培养的"两强于"[1]和"能力至上"。2011年，我们开始实施包括教学内容、教学方法、教学评价的"三大教学改革"，提出并推行了"六大教学法"。2014年推行"翻转课堂"，2015年起实施课程与课堂的"两课设计"。2016年提出"追踪世界革命前沿，培养未来型人才"，2019年之后又提出"三项赋能""四全三高""四个相长""教师的五种核心竞争力"……没有这些基础，就不会有高阶教学的完整框架。

"一点两面、三抓五评"的深度学习框架从抓外因条件、内因自觉、协调保障以及达成标准等方面形成了更加系统和完善的学生学习理论，这有赖于过去十数年来，我们抓学生"全身心投入学习"。从"三大教育""四大计划"再到"五个课堂"，从"三会两双"到"三大培养"，从学生学习"六条规定"到推行"十种学习法"，从推进"三大学习"（强度学习、深度学习、科学学习）到"三力"（学习力、思考力、行动力）培养，并提出"做好一个项目比考一个高分更重要"等理念……最终形成了"一点两面、三抓五评"的深度学习框架。

在学生非认知能力培育方面，我们更是一脉相承，从明德、劳

---

[1] 两强于：指我校毕业生在动手能力上强于研究型大学的毕业生，在理论基础知识上强于高职学校的毕业生。

动、创业特色必修课程的开设，到"八要八不要""学习生活十条训诫""尊师重道十条规范"，再到"三自三助三权""长板原理"等理论，最终创造了"两商六力、三隐三显"的学生非认知能力培育实施框架。

教职员工的情感劳动框架同样具备理念和实践基础。从 2005 年建校起，我们就强调要激发学生的热情，提高学生对自己和对学校的信心；2006 年，要求 60 岁以下的老师要站着给学生上课，与学生互动；2009 年，出台"教师重教爱生十条规范"，执行师生上下课礼仪；2013 年，进一步提出了"锦城课堂大于天"的六种情感表现；2017 年提出"爱是教育的灵魂，教师要有爱心、专心、耐心"……现在上升为"有标准规范、有管理措施、有考核评价"的情感劳动实施框架。

因此，我们要认识到，"四大框架"是"锦城"教育教学理论创新发展的必然结果，是"锦城教育"的看家本领。我们接下来要做的，就是把看家本领发扬光大！

4."四大框架"是当今世界教育教学和人才培养的前沿和热点

高阶教学、深度学习、非认知能力培育、情感劳动等教育理念和理论，是联合国教科文组织、OECD 和美国、欧盟等国家或组织关注的前沿。我校的"4（框架）+3（结合）"模式既是教书育人的路径，也是教育理论的前沿，从目前国际、国内教学以及人才培养的实践来看，无疑是一座高峰。

（1）从联合国教科文组织提出 21 世纪人才的核心竞争力，看认知能力和非认知能力协调发展的重要性

世界教育创新峰会与北京师范大学中国教育创新研究院共同发布的《面向未来：21 世纪核心素养教育的全球经验》研究报告认为，

沟通与合作、创造性与问题解决、信息素养、自我认识与自我调控、批判性思维、学会学习与终身学习、公民责任与社会参与七大素养是21世纪核心素养，为各国际组织和经济体高度重视。这七大素养其实就是"认知能力与非认知能力协调发展"，"四大框架"正是落实了核心素养的要求。

（2）从全球经济合作与发展组织的学生能力测评转向和联合国教科文组织推行的SEL项目，看非认知能力培育的前沿性

经济合作与发展组织自2013年开始策划专注于对学生"社会情感能力"（即非认知能力）的测评，2017年正式启动SSES（Study on Social and Emotional Skills，社会情感技能调查）项目。该项目开发了一套测评体系，以学生的社会情感能力为测量基点，将社会情感能力划分为六大维度，涉及19项二级能力，这与我们为"六大非认知能力"制定评价标准异曲同工。

另外，早在2002年，联合国教科文组织就向全球140个国家的教育部发布了实施SEL（Social and emotional learning，社会情绪能力学习，或译作"社交与情绪学习"）的十大基本原则，包括学习要求关爱、建立同理心、系统并渐进地培养社会情感技能等，致力于在全球范围内推广SEL项目。可见，以社会情感能力为重点的非认知能力培育在国际上都是前沿热点问题。

（3）从诺贝尔物理学奖得主、斯坦福大学教授卡尔·威曼的观点，看推行高阶教学和深度学习的科学性

在2019年GES未来教育大会上，卡尔·威曼教授介绍了如何帮助教师改善教学方式和帮助学生获得更好的解决问题的能力。他主张不同的教学方式会带来不同的效果。有效教学不只传递知识，还传递

思维模式。教师的作用不是单纯地传递知识，教师的关注点不应该是将自己了解的科学概念尽可能地讲清楚，让学生能掌握这些具体的知识，而是应该传授自己作为专家所特有的思维模式，把自己的专家思维方法传递给学生，使学生具有在科学技术飞速发展的21世纪中必备的能力。

他还提出教师要激励学生学习的主动性（这是我校讲的教师的"第一责任"）。他建议，教师不断提出有挑战性的、可以引导学生思考和讨论的问题（这是我校讲的高阶性、挑战度的问题）。他认为教师最好能有研究的经验和具备专家的思维（这我校讲的教研相长、"两种身份"的问题）。

综上，我校"四大框架"的内容与上述组织及诺贝尔奖得主的主张是高度一致的，是当今世界教育的热点和前沿。所以，我们要坚定信心，爬坡上坎，干在实处，走在前列！

5. "四大框架"为解决困扰高校多年的"重科研、轻教学"的顽疾提供了解决方案

教育评价改革是2021年的热点，也是未来教育界很重要的一个改革方向。为什么要改？因为我国高校多年来存在一个顽疾，体现在科研是主业，教学是副业。教授为本科生上课这种天经地义的事情居然要靠教育部来推动，一些名牌大学在招聘教师时公开说"我们学校对教师科研有指标，对教学没什么要求"，导致大学的人才培养质量颇受争议。

这个顽疾的病因是什么？其根本在于，科研是有指标的，是"硬"的；教学是少指标的，是"软"的。所以，关键在于解决和突破"教学缺少硬要求"的问题。

"四大框架"围绕育人这个中心，对教师教学，对学生学习，对"五大能力""四个相长"提出了明确的要求和考核标准，具有很强的操作性，为解决困扰高校多年的"重科研、轻教学"的顽疾提供了解决方案。

以上是对"四大框架"的再认识、再提高。只有认识提高了，贯彻下去，才能由被动到主动，从"自然"到"自觉"，把贯彻"四大框架"变为每个教师和一切教育工作者的自觉行动。大家要心无旁骛地爬坡上坎，力争几年内攀上"四大框架"这座高峰！当我们占领了这个制高点后，那就是"会当凌绝顶，一览众山小"了！

（二）制度落实，措施得力

1.制度安排抓落实

什么是制度安排？就是要把贯彻"四大框架"落实到我们的工作计划、部署安排、管理文件、常态督导和考核要求中去。

凡重要事项，讲完后止于大家讨论讨论而无制度性安排的，都无法落实。我们的工作方法是先解决理论和认识问题，随之就把这些理念落实到规章制度中去，所谓"言出法随"嘛。贯彻思想抓落实，一定要抓制度安排。

我校的教育理念都有相应的制度安排，例如劳动教育，"农场必修课"就是制度安排；创业教育，"必修课+创业大赛+模拟公司"就是制度安排；"两课设计"，规定要有"目标设计、内容设计、方法设计、互动设计、管理设计、评价方式设计、作业设计、推荐课外读物设计"就是制度安排。

同理，落实"四大框架"，也要做好制度安排。在学校层面，各个部门都要结合自身职能和工作，制定和实施落实"四大框架"的计划、办法和评价方案，例如教务部门要把高阶教学落实到工作安排和工作要求上去，学工系统要把非认知能力落实到工作计划中去，人事部门把"四大框架"落实到考核指标中去等。在学院层面，各学院都要以用"四大框架"培养高质量人才为中心，全面部署，落实到基层，落实到每一位教师、辅导员，落实到每一位员工，落实到每一节课、每一个社团、每一次活动。比如贯彻情感劳动框架，我们以前讲"锦城课堂大于天"的六种情感表现，其本质就是情感劳动。这六种表现的前两条是"像做祭祀一样敬畏，像见贵宾一样庄重"，这是化用了孔夫子"如见大宾""如承大祭"的两句话，看来孔夫子当年也重视情感劳动，只是没这样提而已。白副校长当教务处处长的时候，曾经牵头制定过锦城学院"教师重教爱生十条规范"，这也算是一种制度规范。我们有落实得很好的老师，比如计算机学院的杨键，形象装扮很认真，肢体语言反复练习，还有工商学院的王星教授等都是非常重视情感劳动的。但也有个别老师做得不太好，有一次我去巡课，听见一位老师坐在计算机台子后面照本宣科，她的脸几乎是看不见的，声调是平淡的，和学生的互动是没有的，这样很不好嘛。所以请教务、人事部门商量一下，制定一个制度性的文件，拿出情感劳动四个方面的标准规范的细则来，各学院要负责落实到每一位老师、辅导员、管理服务人员。从2022年开始，情感劳动要明确列为考核的内容，以后凡是照本宣科的、不符合四条标准要求的，就是违背情感劳动纪律，考核不能算合格的。其他三个框架也要完善制度，做好相应的安排。

2.资源投入保落实

抓落实，还要靠资源投入。最重要的是两大资源：

一是图书馆、实验室、教室、礼堂等基础设施，这是学校的资源性投入。这两年学校在这方面的投入是很大的，图书馆不但增加了图书资料，还安装了空调；新建和改扩建了一系列实验室，取得了很好的成绩，可谓焕然一新。希望大家充分利用，提高利用率。以后我们还要继续建设和完善基础设施，给师生创造更好的条件。

二是高素质、肯投入的人才队伍。三支骨干队伍是学校最宝贵的资源。大家听了上午几位代表的发言，他们是何等的投入，何等的肯用脑、用心、用力啊！我上次听杨泽明老师说他建有"五个库"，这要花费多少精力啊！教师是第一资源，是第一学术生产力。我校教师肯用脑、肯用心、肯用力，就是最大的教育竞争力！

在这次考评中，有个别教师"翻转课堂"得了低分，原因就是自己偷懒，只让学生讲，他自己在一边看手机。课堂是师生一起完成的，是师生的双向活动，你把课堂都交给学生了，老师做什么？我多次强调，老师要发挥主导作用，要扮演好三种角色：一要当好编剧（做好教学设计），二要任好导演（组织好教学），三要做好演员（做好讲解、示范、点评、答疑等工作）。你不能当甩手掌柜，既不当导演又不当演员，让学生唱独角戏，美其名曰把课堂交给学生，那是你投入不够，三种角色都没有扮演好。

教师要围绕四句话做文章："我的学生现在在哪里？我要把学生带到哪里？我要怎样才能把他带到那里？我怎么确定他已经到了那里？"这就是各位老师要用脑、用心、用力的地方。第一句是要做学情分析，没有学情分析或分析不好就是无的放矢、文不对题，更谈不上个性化教育；第二句话即要明确目标和方向；第三句话是要选择适合的方式方法来达到目的；第四句话是要设计好考核评估，包容内容、方式、方法等，这既是教学结果检验，又是学生学习的指挥棒。

3.典型引路促落实

"抓典型带一般""抓先进带后进促中间"是一种普遍的工作方法。

要贯彻好"四大框架"，推动"锦城教育"高质量发展，我们就一定要培养和造就一批高阶教学的专家、非认知能力培育的专家、指导学生深度学习的专家和情感劳动的模范，发挥他们的引领示范作用，带动全体老师成长。所以去年我们开了很多会，包括宣讲会、培训会、汇报会、研讨会、表彰会，但所有的会也都可以说是交流会，目的是让大家见贤思齐、互学互鉴。我们还办了赛——教师高阶教学技能大赛和辅导员非认知能力培育大赛，通过以会代训、以赛代训、典型带动、互学互鉴，形成了一种先进带动后进，互相拉着手向前走的良好氛围。

今天上午散会后我问一位辅导员："你觉得有收获没有？"她说："几位老师讲得很好，我一定要认真学习。"这个态度就很好，但我也看到坐在后排的几位年轻人在玩手机。同志们，不学习不行啊。孔夫子讲"不耻下问"，况且你还不是"下问"，是向比你优秀的人学习。"典型引路"就是要依靠典型带动大家，他们引路却带不动你，那就是你的问题了。你可以先知先觉，也可以后知后觉，但不可以不知不觉，这样可是要掉队的啊。

典型引路促落实。图为邹广严、王亚利校长为2022年高阶教学技能大赛一等奖获奖团队颁奖（宣传处　供图）

所以，每条战线、每个学院都要树立一批标杆，没有标杆就很难推动工作。什么样的人算是标杆？有三条标准。一是深度理解并高度认同学校的办学理念，身体力行贯彻"四大框架"。建筑学院的李莹老师讲的一句话很好："在'锦城'工作，不仅仅是一份职业，更是一种信仰！"金融学院秦洋老师，博士毕业后有很多的选择，包括去985、211高校，但她认同"锦城课堂大于天"的理念，毅然决然选择了"锦城"！信念是一种力量，只有发自内心地认同学校的教育理念，才可能全身心地投入，做好工作。二是贯彻"四大框架"要有一年以上的实践探索，并取得良好成效。就像今天发言的七位代表一样，他们围绕"四大框架"进行了很好的探索和创造，取得了实质性的成果。三是"五方评价"（包括学生评价、督导评价、同行评价、管理者评价、自我评价）要好，各方面认可。希望大家对照这三条标准，都来争当标杆。我相信通过典型的带动，通过大家的共同努力，我校的人才培养水平必定会更上一层楼！

（三）严格考核，奖惩兑现

任何一项严肃的事业，都应该能够考核和评估；任何一位教职员工的付出和贡献，也都应该能被衡量。考核评估是一门科学，也是推动工作的一把钥匙。抓落实要严格考核，奖惩兑现。凡不考核、不奖惩，工作就只能停留在一般的号召层面，就容易落空，是很难抓出成效的。

与一般学校对教学和育人的标准相比较，我校"四大框架"的贯彻是一项艰巨的——在某种意义上讲，甚至是沉重的任务，是要掉头发、流汗水的任务。老师要成长到贯彻"四大框架"得心应手，真正攀上这座高峰，是要付出比别人多得多的额外的努力的。

别人一张PPT讲几年，我们的老师要面对一批又一批的新学生，一遍一遍地对照高阶教学框架的要求，不断优化教学设计，做好任务库、习题库、案例库、数据库、成果库等，为学生提供"教育工程学"级别的课程。别人"上课来，下课走"，我们的老师课前要做好学情调研，课中要做好课堂管理，课后还要做好答疑辅导、竞赛辅导、在线辅导，做到"学生在哪里，教师就在哪里"。别人上课照本宣科可以过关，我们的老师不做剧本式的设计，不选择更好的项目和方法，不激发学生学习的兴趣和爱好，不给学生提供不断更新的知识和思维，不做到"四个相长"，恐怕很难过关……这就是"锦城"的教师！

在"锦城"当辅导员，除了要做好思想政治工作、日常管理、服务工作外，还要促进学生的发展，发现和培养学生的"长板"，培育和提升学生的非认知能力，促进学生深度学习，展开情感劳动……这就是"锦城"的辅导员！

当别的学校的干部寒暑假都放假的时候，我校要召开学习研讨会，学习教育理论，商讨发展大计。许多干部假期不休，维持学校正常运行，或者拜访合作单位，开拓新的业务。各个部门人员精减，事务繁重，经常加班加点，但工作做得有声有色，推动了学校的高质量发展。后勤保卫等服务人员，事无巨细、任劳任怨，努力配合学校的事业发展和运转，做好保障和服务……这就是"锦城"的管理和服务队伍！

鉴于大家付出了艰辛的劳动，所以我们要继续坚持薪酬改革制定的"两个相适应"的原则——学校工资的总水平与学校的社会地位相适应，员工个人的工资水平与本人对学校的贡献相适应。我们现在是四川民办大学的龙头，比其他同类高校薪酬待遇高一点是合理的，将来如果比地方公办高校办得还好，比他们高一点也是合理的。我们不能搞"又要马儿跑，又要马儿不吃草"那一套。

我在这里谈一个想法，前十五年，我们的钱主要花在基础设施建设上，目标是建设一所现代化的大学；第二个十五年，我们的钱要主要花在三支队伍的建设上，目标是建设一支专家级的、高水平的师资队伍（含辅导员）、管理队伍、服务队伍。美国的"钢铁大王"安德鲁·卡内基曾经说："带走我的员工，把我的工厂留下，不久后工厂就会长满杂草；拿走我的工厂，把我的员工留下，不久后我们还会有个更好的工厂。"我们有一支出类拔萃的师资队伍，有一支水平高超的管理队伍，有一支全心全意为师生服务的服务队伍，何愁办不出一所好学校！

当然，大楼还是要盖的，实验室还是要建的，但不是越多越好。

下一个阶段学校的钱，主要用在人力资源和重点项目上，这是我们稳定发展、持续发展、高质量发展的根本保障。我们要按照任正非的办法，"给对人、给够钱"，从而实现我们办一流应用型大学的目标。我相信，我们的目标一定要达到，我们的目标一定能够达到！

进一步加强毕业论文（设计）工作

——在2022年毕业论文（设计）工作会上的讲话

（2022年3月12日）

各位院长、系主任，老师们：

今天是周六，我们请各二级学院院长、分管教学的副院长、系主任和各学院教务科的有关同志，以及监察处、总督办、教务处、人事处、高研所的中层干部，参加这次毕业论文（设计）工作会，足见我们对毕业论文（设计）工作的重视程度。

为什么要开这次会？我先给大家通报一下3月2日《四川省教育厅关于反馈2021—2022学年本科毕业论文（设计）抽检结果的通知》内容。

一、本轮毕业论文（设计）抽检反馈了三条重要信息

这次全省本科生毕业论文（设计）抽检的结果中，有三点是需要我们大家高度重视的。

第一，我校被抽检的76篇毕业论文（设计）中，有8篇为不合格，占比达到10.53%。这个比例不低啊！不管我们对这个结果有什么异议——比如有个别论文，不同评阅专家给出的分差较大，一位专家给

出近80分，一位专家又评定为不合格。但是，现在的结果就是这样，需要我们正视。

第二，我校论文抽检的合格率低于全省本科高校的平均合格率。全省高校的平均合格率是90.5%，我校的合格率是89.5%，这个结果令人吃惊。我们历来都认为，锦城学院处在全省本科高校的中上水平，从每年的招生录取分数可以得出这个结论。结果，我们的毕业论文抽检合格率低于全省平均水平，即使只是低1个百分点，这值得所有人深思啊。

第三，四川旅游学院、成都银杏酒店管理学院分别在第一轮和第二轮抽检中，实现全部合格，值得我们学习。

这三条信息促使我们今天要开这个会。毕业论文（设计）工作必须得到大家的高度重视，来不得半点儿马虎！

二、本轮毕业论文（设计）抽检结果不理想反映了有关工作三个方面的问题

上述三条信息反映了我们工作中存在什么问题？

第一，领导不够重视。本轮毕业论文（设计）抽检结果不理想，首先反映了我们的领导（包括我）对毕业论文（设计）这项工作还不够重视、认识不到位，没有认识到毕业论文（设计）是人才培养过程中最重要的环节之一。我校提出的高阶教学、深度学习，最终要反映到毕业论文（设计）中来，它代表了学习的结果，代表了学生的学术水平。个别学生毕业论文（设计）逻辑混乱、结构不清、语言不明、表述含糊，这说明我们的工作还没有做细，没有把高阶教学、深度学

习落实到人才培养的每一个环节。我们要培养具备高阶思维和高阶能力的人才，这样的人才特别能解决复杂问题，这就需要逻辑性强，逻辑混乱怎么可以呢。所以，这说明我们对此还不够重视，我在这里带头检讨。事实上，刚进行本轮抽查的时候，我自己还是信心满满的，没有想到会有不合格论文。我以为咱们的院长和老师们很多来自川大及其他名校，都是久经沙场的，指导本科毕业论文，水平都是绰绰有余的，本来就不是问题。现在暴露出来的问题，归根结底还是对毕业论文（设计）的质量管理忽视了、轻视了，麻痹大意，盲目自信，不够重视。

第二，师生对制度落实不够。在毕业论文（设计）的管理方面，我校有很好的制度。教务处印发了一整套毕业论文（设计）管理制度，包括"学生版""教师版"。我看这当中，从毕业论文怎么选题、怎么开题、怎么写论文、怎么查阅文献、老师怎么写评语，都讲得很清楚。但是，抽检反映出我们执行过程中仍有一些细节没有得到贯彻落实。有的是思想认识问题，盲目迁就学生，考虑到大四的学生要求职，毕业论文（设计）差不多就让学生通过了。有的学生不投入，图省事、怕麻烦，不想反反复复修改毕业论文（设计）。还有个别老师写评语，竟然直接把学生在答辩中的回答粘贴上去，对论文没有评价、对质量缺乏督查。个别学院赶时间，短时间把一个班的毕业论文（设计）答辩做完，答辩成了走过场。所以说，再好的制度，不落实就是"零"！

第三，没有纳入考核。过去十七年，我们认为毕业论文（设计）这个环节不存在什么问题，因此没有纳入对教师的绩效考核和教学督查中来。这一次，说得严重点儿，险些造成"溃坝"，说明我们工作有漏洞。当然，毕业论文（设计）抽检不合格，一来不能代表这一届毕业论文（设计）的整体情况；二来也不能说明我们的人才培养不合格。但是，至少反映了我们工作的一环存在问题，需要纳入今后的督查和考核中。

所以，一条通报，引出了三条信息，反映了三方面问题。我们发现了问题，就要解决问题，吃一堑，长一智，今后要做得更好一些才行。

三、毕业论文（设计）工作下一步要采取三条主要措施

（一）领导重视，是抓好任何工作的前提

领导重视是我们落实各项工作的首要前提。从校领导到二级学院领导再到系主任、教研室主任，都要重视毕业论文（设计）这项工作，领导必须亲自抓，领导必须到前线。各单位还要分工协作——教务部门要进一步完善每个环节的细节规定，比如答辩不能走过场等。学工部门要做好毕业生的思想工作，没有学生的自觉和投入是做不好的。

会议现场（宣传处　供图）

各二级学院要制定领导抓毕业论文（设计）的具体措施，院长、副院长还要有分工，分头负责部分专业。

大家一定要明白，锦城学院的声誉是由每个环节组成的，"锦城"学生的质量也是由每个环节组成的。我年轻的时候，1979年在长钢车间当书记，以总支委员会的名义做过一个决定——《关于在炼钢车间实行全面质量管理的决定》，就是对炼钢的每个环节做好质量管理。全面质量管理理论起源于美国，在日本执行得最到位。美国的戴明博士在日本演讲质量控制时，普及了PDCA循环，即Plan（计划）、Do（执行）、Check（检查）和Act（处理）。他的全面质量管理观念，即每个环节都合格、质量才能合格的观念，在日本深入人心，帮助日本企业大获成功，至今"戴明奖"依然是日本质量方面的最高奖项。全面质量管理就是以产品质量为核心，建立起一套科学、严密、高效的质量体系，生产的每个环节都管控好，精益求精，产品质量就能达标。所以，我们要用这样的观念来培养学生，而不是毕业了、找到工作就行了。我们务必要求人才培养的每个环节都合格，这也才符合"锦城"校训"止于至善"的标准。

（二）师生要进行再动员，再学习，再培训，再落实

毕业论文（设计）的撰写，教师和学生是最重要的两个主体。对老师，要再培训、再指导，指导其怎么当一名合格的毕业论文（设计）导师。对学生，要再动员、再学习，毕业论文（设计）撰写要作为一门课来上，包括毕业班学生怎么写实习实践报告等，都要高度重视。有的学生不知道怎么引用文献，不知道从论证到结论的逻辑关系，这些就要求我们的导师认真指导，也提倡同学之间互相切磋。同时，我们还要进一步完善学校的有关规定，可以适当参考川大、西南财大、西南交大这些一流学校，以及办得好的一些公办和民办高校的经验，见贤思齐嘛。需要给工分就给点工分，绩效工分就是为教学服务的啊。我说过，过去十几年，建校初期，我们主要的经费用在建房子、建实验室，搞好硬件建设上；现在起，我们的经费主要花在队伍建设上来，包括教师队伍、干部队伍、学生队伍。

（三）把毕业论文（设计）工作纳入督查和教师年终考核中

今天我专门请监察处、总督办、人事处的领导都参会，就是要请他们共同担负起责任，把毕业论文（设计）工作纳入督查和教师年终考核中。劳动纪律可不仅仅是上下班到点打卡，没有完成工作任务，或者工作完成得马马虎虎，这都是没有遵守劳动纪律。脑力劳动有脑力劳动的纪律，体力劳动有体力劳动的纪律，二者有所区别。人事处、教务处、总督办、监察处都要进一步研究和制订符合"锦城"实际的考核标准，关键是把握好我们教学、育人的每个环节，促进人才培养的高质量发展。优秀的教职员工要得到表扬，作为典型示范，提职提薪；一般的教职员工要不断对其培训，促其提升；违纪、违章和不尽职的教职员工也要做好警示教育，促其改正。同志们，要推动历史的车轮前进，就要不断地将正面影响发扬光大，先进带后进，大家共同前进嘛！

今天，我们通过三条信息，反映了三个问题，提出了解决问题的三条措施。我先提出个意见，大家下来还可以继续讨论、补充、发展、修改。我们就是要通过持续加强毕业论文（设计）的管理工作，进一步举一反三，发现人才培养全链条上尚存的问题，并解决问题。核心的目的是确保"锦城教育"的全过程高质量发展！

大力弘扬创始文化

——在外国语学院建院十五周年庆祝大会上的讲话

（2022年3月22日）

各位老师、各位同志：

今天我和王校长、冯副校长一起参加外国语学院建院十五周年庆祝会，看到大家朝气蓬勃的精神面貌，听了你们总结的外国语学院建院十五年来取得的良好成绩，非常高兴，我在这里代表学校向你们表示热烈的祝贺！并向外国语学院的全体师生、校友致以崇高的敬意！

外国语学院在冯川、李光荣先后两任院长为核心的班子领导下，十五年来，正如学校的发展历程一样，经历了非常艰苦的创业阶段，进一步走上了高水平的发展道路。你们现在是"兵"也多了，"枪"也多了，"鸟枪换炮"了，队伍壮大了，专业增多了，教学方法和人才培养的路数更加清晰了，特别是你们在贯彻学校高水平育人、高水平教学的"四大框架"中做了很好的努力。你们又进一步做到了将中国文化和外国文化相结合，把外语的工具性和人文性相结合，培养了一大批既有良好外语能力又兼有较好国学素养的人才。这些措施有力地实现了冯川院长在任时提出的"做人做事并重，外语中文俱佳"的人才培养目标，实现了学生的增值，为他们的良好发展、持续发展奠定了坚实的基础。

同时，你们这几年对外开放，不断走出国门。我校几次有影响的对外培训都是由外国语学院牵头，像"柬埔寨商务部、（原）旅游部高级干部培训项目""厄立特里亚卓越工程师培训项目"等，实现"锦城教育"的国际输出。你们敢于创新、敢于开放、敢于走向世界，这是一种境界。一所学校也好，一个学院也好，不在于它的历史有多长，而在于它的心胸有多大，在于它的眼光有多远，在于它站在哪个角度、哪个高度来看问题。你站在一个相当高的高度上来面向世界，那么世界就是广阔的。我认为外国语学院是站在一个相当高的高度上来看世界的。

我今天参加你们的活动，受到了一个启发，即你们办这样一个活动是发扬了一种什么精神？体现了一种什么文化？我想，这就是创始精神、创始文化，冯川就是外国语学院的创始人嘛！所谓创始文化，就是创业创新的文化，就是去创造建设新事物的文化，也是主动去应对挑战和奋斗的文化。

我想起我的母校天津大学，2005 年，也就是"锦城"建校之年，天津大学聘请著名艺术家冯骥才先生在学校建立了一个工作室（后来叫"冯骥才文学艺术研究院"）。冯先生到任后的第一件事是为天大的创始人盛宣怀制作了一尊蜡像，这体现了他对学校历史的尊重，对学校创始人及其所代表的精神、品格的爱戴、纪念和传承，这是创始文化的一种表现。盛宣怀很不简单，他创办了两所大学，后来都发展为名校——第一所叫北洋大学，就是现在的天津大学；第二所叫南洋公学，就是现在的上海交大。

在我们国家的历史上，有许多优秀的大学创始人、创办者。比如严修、张伯苓创办了南开大学，南开大学把严修称为"校父"。马相伯创办了复旦公学（复旦大学前身），也是一所名校。从学院这一级看，清华大学的物理系，是由我们伟大的物理学家、中国近代物理学奠基人叶企孙带头创办的；大连大学工学院（1988年3月更名为大连理工大学）的应用物理系是由著名的应用光学家王大珩创办的。所以，无论是一所学校还是一个学院，甚至说一个教学系，其创立、发展都需要一批先行者、创业者。一个组织重不重视创始者、创业者，重不重视带头的、创新的人，决定了这个组织的前途和命运。

　　一所大学、一个学院甚至说一个教学系的创办者是很重要的。德国著名哲学家、教育家雅斯贝尔斯说，大学的独立存在所表达的都是创办者的明确愿望。所以，我们要重视创始文化，这是一所学校的文化基因，也是学校基业长青的灵魂所在。创始人，有贡献、有功劳的人理应受到大家的尊重。我们去参观国外高校，他们都把历任领导的照片挂出来，比如哈佛大学，虽然约翰·哈佛并不是学校的创始人，但他是学校成立之初的捐赠者，哈佛大学也因他而得名，哈佛校园里还有他的雕像。冯川院长不仅是"锦城"外国语学院的创始人，也是学校的捐赠者。他捐了1000多册书，这些书的数量在当时也是很可观的。

　　外国语学院带头发扬创业文化、创始文化，这是与世界主流文明一致的。一个国家、一所学校都要重视历史，重视自己的根源，尊重创业者、创始者。今天你们把冯川请来，给他颁发一个奖状，我觉得很好，冯川院长肯定也很高兴。想当年锦城学院建校时，只有5个系，还没有设立外语系，但是作为一所综合性的大学，我们应该有外语系，我甚至主张"养士"，韩语、西班牙语等各种语种我们都得有。一所高水平的大学、一所综合性的大学，外国语是必须有的，不能完全搞短期实用主义。2006 年，冯川院长在学校刚创业、条件十分简陋的时候来到锦城学院。2007 年，在学校的支持下，他牵头创立了外国语系（后来叫外国语学院）。我和大家一样感谢冯川院长当年的创业精神和辛苦劳动，谢谢他！

　　当然，我们也不能忽略后来者的作用和功绩。比如我们国家近代史上两所名校的名校长，一位是北大的蔡元培，一位是清华的梅贻琦。虽然他们都不是学校的创始人，但是他们发展了这两所学校。他们都是知名校长，敢于迎接挑战，敢于承担，带领学校励精图治、革故鼎新，很好地发挥了创始精神和创业文化，他们的作用和创始人是一样的。

　　邹广严校长出席外国语学院建院十五周年庆祝大会并向首任院长冯川教授赠送纪念品（外国语学院　供图）

　　最后，我希望在座的诸位要群策群力，共同为办高水平大学而奋斗！什么叫高水平？大学是有不同类型的高水平，我不能要求咱们外国语学院的高水平与上海外国语大学、北京外国语大学是一样的高水平。研究型大学和应用型大学是不同的高水平。我们就是要在教学与培养人才方面达到应用型大学的高水平，锦城学院现在已经在这条路上前进了、提升了，我相信我们会做得更好。

我们的学生今后能够在社会上获得佳绩，这要靠高质量的人才培养。所以，我们现在非常重要的任务就是教学与培养人才要走在全国高校的前列，要继续贯彻"四个框架"。正如刚才学生代表姚春江讲的一样，他知道——认知能力与非认知能力要并重，做人与做事要并重，外国语的语言水平与综合素质要并重。

一个学院要发展得好，要有好的院长、好的书记领导，还要有优秀的教师和干部，更要讲"人心齐，泰山移"。你们这支队伍还集合了各个方面的优秀人才，希望老师们把高阶教学、教学生的知识和思维、提高学生的能力做到最好，希望辅导员们能够用真心真情，关心关爱学生，促进学生非认知能力提升和"长板"发展。没有老师和辅导员们的辛勤劳动，就无法实现高水平的人才培养。我希望大家下定决心，在外语教学和外语人才培养方面闯出一条路子，走在全国高校的前列！

谢谢大家！

我们的事业永远在一起

——在荣获"（四川）企联工作终身成就奖"时的讲话

（2022年3月30日）

尊敬的罗强副省长、林书成副主席、彭渝会长，尊敬的各位副会长、理事和企业家朋友们：

大家上午好！今天，四川省企业联合会、四川省企业家协会第九届一次理事会胜利召开，听取并审议了第八届理事会工作报告，选举产生了第九届理事会会长、副会长等新的领导机构，这是一次非常重要的会议，我在这里代表第八届理事会向同志们表示热烈的祝贺！

我于2003年开始担任四川省企业联合会、四川省企业家协会会长，距今已近20年。如果从1991年我担任省生产委主任兼任协会第一副会长，实际领导这个协会算起，已经30年了。这30年，是四川企业和企业家积极参与我国改革开放伟大事业的30年；是四川企业和企业家为促进四川经济发展和社会进步做出重大贡献的30年；是四川企业家队伍不断壮大，四川企业不断发展的30年。这30年同时也是四川省企业联合会、四川省企业家协会不断发展壮大，成长为所有行业协会中最有影响力的平台的30年！

我在回顾这段历史的时候，是非常感慨的。在这新旧交替之际，我借此机会，谨向30年来风雨同舟、共同打拼的四川企业和企业家们，向支持我省企业发展和企业联合会工作的各级政府的领导同志们，向企业联合会的工作人员和社会各界朋友们表示衷心的感谢！

四川省政协副主席林书成为邹广严同志颁发"（四川）企联工作终身成就奖"（川企联　供图）

我为能与许许多多优秀的、杰出的企业家一起共事感到自豪；我为能与大胆创新、勇于创业的企业家一起奋斗感到骄傲；我为与企业联合会会员风雨同舟、荣辱与共，克服一个一个困难、创造一个一个业绩感到兴奋；我为见证四川企业和企业家队伍的茁壮成长感到高兴；我为四川企业联合会成立至今一直保持健康发展和良好运转，受到企业和企业家们的欢迎感到欣慰和满意！

同志们，朋友们，改革开放四十多年来的伟大历史实践，使我们学会和懂得了很多道理。譬如说，企业是国民经济的细胞，企业的好坏是经济发展的晴雨表。企业是市场经济运行的主体，而不是政府的附属物。企业家精神是国家创新创造的动力和源泉。另外，企业要发展，需要一座沟通政府和学术界的桥梁。企业要壮大，需要一个良好的营商环境，包括法治、政策、舆论等环境。企业的财产权和企业家的安全是需要保护的，企业要有维权的意识。企业不仅需要自立、自治，而且还要自律，要担负和履行自己的社会责任……这些都是我们悟出来的道理！这些道理都表明，企业的发展需要一个组织、一个平台，这就是企业联合会、企业家协会应运而生的理论基础和必然结果。

邹广严会长与出席大会的领导交谈（川企联　供图）

通过几十年的实践，我们还悟出一个道理，那就是，"老百姓能干的事，企业不要管；企业能干的事，政府不要管"。行业协会是政府的助手，不是负担。企业联合会能干的事，政府部门可以大胆地依靠他们，放手让他们干，发挥他们的积极作用。

中国企业联合会及各省的企联是党中央、国务院以及各级政府认可的第三方协调组织之一，也是国际劳工组织认可的雇主组织代表。所以我们有充分的理由办好它，我们有能力办好它，我相信彭渝同志和新的领导班子一定能带领大家办好它！

众人用热烈掌声向邹广严会长致以崇高敬意（川企联　供图）

同志们，第八届理事会的工作结束了，第九届理事会的工作开始了。我相信，换届以后，以彭渝同志为班长的领导班子一定会秉持"为政府分忧，为企业解难"的办会宗旨，把企业联合会越办越好！祝你们旗开得胜，一帆风顺，为四川经济发展和社会进步作出更大的贡献！

我在这里代表我们第八届退下来的同志表一个态度，虽然我们不再担任会长、副会长、理事了，但我们的心永远和川企联、四川企业以及四川企业家们在一起，我们的事业永远在一起，我们将永远和你们战斗在一起，胜利在一起！

谢谢大家。

我校非认知能力培育的三个阶段

——在首批非认知能力培育工作坊授牌仪式上的讲话

（2022年4月1日）

今天大会安排了两项议程：一项是2005级的权威校友回馈母校，向我们的教育基金捐赠10万元，助力学校非认知能力培育工作；一项是揭牌成立了20个非认知能力培育工作坊，标志着我校非认知能力培育进入了新的阶段。

同学们，刚才权威校友向大家报告了自己的创业经历和奋斗精神，我们听了他的故事，都感到很振奋，也很感动。可以说他就是我们千千万万"锦城"学子中的一个优秀典型。他所代表的2005级校友的高质量发展，充分印证了"锦城"教育理念与人才培养措施的成功。2005年，我们学校只招收了2100名学生，那年学校刚获批成立就面临招生，没有时间进行宣传，录取分数线是贴线走的，但是这届同学在社会上的表现却很出色，这是为什么？因为，在他们身上正好体现了"锦城教育"认知能力和非认知能力并重的特质。

一个人如果要创业，那他必须具备创新思维，按部就班是走不远的。要组织好一个团队，他要有与团队成员共事的能力，要有清晰的表达能力，以向客户阐述自己公司的理念，要有强大的组织力、领导力去领导公司。总之，认知和非认知能力对于大家融入社会、取得成功是很关键的。"锦城"校友们走过的道路也正好印证了我校人才培养方案的正确性，坚定了我校走有自己特色的人才培养道路的决心。我常说，高考多几分少几分意义不大，学校的培养和学生的选择才是最重要的。五百分也好、六百分也好，关键在于学校怎么培养、个人怎么努力。所以我们在感谢权威同学的同时，也把他作为"锦城教育"的一个成功案例，他的身上体现了我校教育认知能力和非认知能力并重的特点。

2022年4月1日，权威校友（左一）携其创办的企业向"邹广严教育基金会"捐赠10万元，助力"锦城"非认知能力培育（学工处　供图）

今天，我校揭牌成立了20个非认知能力培育工作坊，这是我校在非认知能力培育方面具有标志性意义的事件。我总结了一下，从学校十七年的教育理论和实践探索历程来看，我们在非认知能力培育上已经走过了三大阶段。

第一阶段，是我们在全国高校里最早提出大学的教育要坚持非认知能力和认知能力并重，把非认知能力的培育提高到了和认知能力同等重要的高度，这是"锦城"教育思想的一大领先性突破。当前，对情感、行动等非认知能力问题的研究往往集中在中小学阶段，很少有人专门针对"学生到了大学应该如何发展非认知能力"开展研究，我们在这方面是领先的；也鲜有高校去强调非认知能力培育，特别是把非认知能力提高到和认知能力一样高的水平，目前看来，我们是唯一的高校。

这个教育思想是开创性的。同时，也是我校十七年循序渐进、不断发展而来的结果。从2005年建校之初确立"做人第一，能力至上"的人才培养标准，做好了"三大教育""四大计划""三会两双两强于"等顶层设计，到后来提出"长板原理""第四课堂"等重要理论，无不体现非认知能力培育的重要思想。在此基础上，学校在2021年系统化地提出"非认知能力和认知能力并重"理论——这是第一阶段。

学工处牵头编写《大学生非认知能力培育指导手册》，推动非认知能力培育显性化。书名为邹广严校长题字（学工处　供图）

第二阶段，是将隐性的非认知能力培育措施，发展为隐性化和显性化相结合。大家知道，现在大部分的非认知能力培育都是隐性的，比如校训校风的熏陶、家庭社会的影响等等。而将隐性和显性结合起来，让它可行化、系统化、细节化，这是我们学校的一个发明。

在这个阶段，学校主要制定并实施了"两商六力、三隐三显"的非认知能力培育框架。首先，是创造了有计划、有标准、有考核的三大显性化措施，实现非认知能力培育的体系化（建立清晰的培育目标、完整的培育方法、明确的工作要求、完善的育人平台）、科学化（探索形成六大非认知能力的评测方案）、课程化（开展一系列非认知能力课程）。例如，我们2005级百分之八十的学生都竞选过学生干部，竞选队伍从校医院排到一食堂，这是"锦城"学子通过"第四课堂"平台来锻炼、发展自身组织力、协作力、沟通力等。再比如现在，学校常态化研发、开放非认知能力课程，王校长、冯副校长等领导也都曾领衔主讲非认知能力培育这个主题。我认为这是非常好的，这体现了我们"锦城"师生上下一心，真正践行、共同推动非认知能力显性化培育的决心和行动。其次，我们在创设显性化培育的同时，也非常重视校风、校纪、劳动体悟等隐性培育，实施养成培育、熏陶培育、体悟培育三大隐性化措施。比如通过制定"八要八不要""十大良好习惯"等一整套规范制度引导学生养成良好行为习惯。通过以"忠孝""仁爱""信义""和平""四维（礼义廉耻）"等传统文化精髓命名学校建筑，开展尊师节、春耕节、文化节、科技节等校园活动，让学生耳濡目染。通过开设劳动教育必修课，让学生在"读土地无字书"中，身体力行、体悟真理等等。我们的第二阶段是实现隐性化和显性化相结合的阶段，其突出特点是形成了一个完整的"非认知能力培育框架"。

第三阶段，是开启非认知能力培育普遍化和个性化相结合。为了实现非认知能力培育的广泛开展，我们开拓了许多"普遍化"培养渠道。如此前的非认知能力培育课程和非认知平台，大体是一种集体化、大众化的培养模式。而现阶段，学校在持续推进"普遍化"的基础上，重点建设 20 个大学生非认知能力培育工作坊，将非认知能力培育推上了"个性化"进程。

我们目前正在建设的工作坊，是一个全新的平台、阵地和课堂。基于这个平台，我们首先要为学生打造"定制化、对象化、精品化"的学习实践基地，更好地满足学生非认知能力个性化发展的需要。我校很早就提出了个性化教育的目标，"锦城精神"之一即学生谋特长。我也曾说过，没有个性化就没有教育。早在 2013 年，学校就开创性地提出"长板原理"，运用大数据测量学生长板，是个性化教育的一大突破。如今，非认知能力培育工作坊同样需要通过大数据为学生非认知行为画像，为学生量身打造培育方案，有针对性地采取培育措施，并且通过"一对一、一对几"的指导模式，开展"对象化""精品化"教学活动，让非认知能力培育既见"森林"，也见"树木"。

除此之外，我们还要组织培养一支强大的非认知能力教育专家队伍，总结、创造一整套新型非认知能力培育方案。我们现在进入了人工智能的时代，人工智能可能代替很多人类的工作，但情感劳动是替代不了的，创新能力是替代不了的，组织领导能力是代替不了的，理事长也不可能让一个机器人代替嘛。我们要做的就是跟高新技术、跟时间竞赛，持续研究、不断发展学生不可替代的能力。我们需要把这二十个工作坊的百名辅导员培养成非认知能力培育专家，不断坚持完善、发展我们的培养方案。

学生在非认知能力培育工作坊进行创意思维训练体验（学工处　供图）

同志们，我多次讲，你们要知道非认知能力培育这件事我们是走在前沿的，没有多少经验可以借鉴，我们要有所创造，就需要大家更深入地研究分析，需要你们多参与项目、多发表论文，中国所有教育刊物上发表非认知能力最多的学校应该是我们锦城学院。我很赞赏苏联教育家苏霍姆林斯基，他就是一位中学教师、中学校长，但是他能总结一整套教育理论。所以，大家不要小看我们现在的工作，我们的工作是一个平台、一个阵地，一些突破性的做法，最初可能只在一个学院、几个系中实践，或者只在你这名辅导员管的两百多位学生中实践，但是任何伟大的创新与成就都是从一个小范围实验开始的。因此，我们今天的授牌仅仅是个开始，要把它当成实践的基地，研究的基地，和同学交流的基地，创造新思想、新理论前沿的基地。要写出有分量的文章，做出扎实的成绩来！

从"锦城"走向世界

——在"锦城"学子赴世界名校深造行前欢送会上的讲话

（2022年5月7日）

非常高兴来参加"锦城"学子赴世界名校深造欢送会，在场有36位出国留学的同学代表参会。首先，我谨代表学校党政工团向你们考取世界名校表示热烈的祝贺！

一、选择留学深造，要向世界先进经验学、向科技前沿学

同学们，你们在这一生当中做了两次重要的、正确的决定。第一个是你们高考的时候报考了锦城学院，这是一个正确的决定！第二个是你们现在申请并且被世界名校录取为研究生，即将赴海外留学深造，这也是一个正确的决定！

锦城学院的办学初衷是让更多的学生"有学上，上好学"；"锦城教育"为每一位"锦城"学子提供广阔的发展平台，创造更多人生出彩的机会；"锦城"致力于成为改变学生一生的学校，让每一位同学"就读锦城，锦绣前程；就读锦城，无限可能"。因此，我说你们做出了重要而正确的决定。

2022年5月7日，邹广严校长等领导与即将出国留学的"锦城"学子合影（宣传处　供图）

今天，你们即将奔赴海外学习深造。你们应当清楚，我们要想实现中华民族伟大复兴，必须坚持党中央提出的改革开放的伟大精神。习近平总书记强调："开放是当代中国的鲜明标识。"这次你们去深造学习的国家，我看都是发达国家。发达国家之所以发达，就是因为它有发达的科技、发达的经济，关键是还有发达的教育。教育是百业之基，国家的发展以教育为基础，教育水平的提高又促进国家的发展。教育对国家发展的影响是长期的、综合性的。我国"两弹一星"有23个功勋人员，其中21人有留学经历，另外两人有一个在国外工作过，只有一人没有出过国。这21位有留学经历的元勋们平均在国外的时间为7年。所以，同学们申请国外留学、拓展国际视野是正确的。

学习先进的科学技术是正确的。我校坚定不移地走教育国际化的路线，我们不但要出国学习，在国内的学习也汲取了世界各国教育的先进经验和管理方式。我们现在深入推进的教育改革，如高阶教学、深度学习、认知能力和非认知能力并重等，这些理论和概念不算是我们的首创，我们的创新在于在"锦城"的人才培养中探索出一条可实施、可操作、可考核、可评价的路径和行动指南，这也是我们见贤思齐、学习先进的结果。我们找到了一条在传承中华优秀传统文化和教育理念的基础上，如何汲取世界范围内先进教育思想、教育理念、教育方法的路子。所以，要想实现我们中华民族伟大复兴，要想我们的人才培养做到最好，必须虚心地向世界各国学习。其实，向别人学习是一件光荣的事情，没有什么耻辱。我一直坚持认为，见贤思齐是我们的崇高品质。孔夫子还讲"入太庙，每事问"，还讲"三人行，必有我师"嘛，孔老夫子都要向别人学习，我们怎么不向别人学习啊？所以，我前面讲的这一段话总的意思就是，我们坚持改革开放，你们选择到国外学习，是正确的。

二、选择留学深造，要学有所成，为人类文明和科技进步作贡献

你们到国外去学习，千万不能学那些纨绔子弟，到国外吃喝玩乐，坚决不行。你们出去学习，就是要踏踏实实地钻进去、学进去，要在这些名校里学习当代科技的前沿，学成归来为祖国服务。光做到这一点是不够的，对你们还有一个要求，就是要争取为人类文明和社会进步作出贡献。因为你们到国外读的都是名校，名校的学生中要出名人。你们的学习和发展目标，如果仅是回来当个工程师是不够的，还要有所创造、有所发明、有所创新，要对人类文化、科技进步作出中国学子的贡献。

老师们、同学们，我们认真考证一下，近代以来哪些先进科学或技术是我国的原创？计算机是我们发明的吗？互联网是我们发明的吗？电视机是我们发明的吗？我们乘坐的火车、汽车、飞机，是我们发明的吗？我们中国人不是不聪明，而是在过去长期的封建社会历程中，我们对科技重视程度不够，缺乏对科学的深度认知。所以，现在党和国家重视科学技术的发展，提出要建设科技强国。你们到国外学习，不但要学习别人的先进科技，而且要争取超越他们，为人类作出更大的贡献！

三、选择留学深造，要为"锦城"争光，留学生的高水平代表了"锦城教育"的高水平

我还是希望你们为"锦城"争光。往大来说，你们要为人类作贡献，为国家作贡献；往小来说，你们要为"锦城"争光啊！你们是"锦城"学子，你们代表的是"锦城"的水平。你们的成功，代表了"锦城教育"的成功；你们的高水平，代表了"锦城教育"的高水平！所以，我希望你们在国外学习得好，发展得好。希望将来"锦城"的海外校友会不断壮大，在未来世界科技的发展历史上，"锦城"学子要占有一席之地！

我祝你们成功！

扩大开门办学，深化产教融合，
促进毕业生更加充分更高水平就业

——在"百家名企进锦城暨校企校会合作集体签约仪式"上的讲话

（2022年5月11日）

各位来宾，各位朋友，各位同事：

今天，我们响应党中央、国务院提出的大力"稳增长，保就业"的要求，贯彻全国、全省毕业生就业创业工作视频会议精神以及四川省教育厅开展"书记校长联系百家企业"活动，在此隆重举行"百家名企进锦城暨校企校会合作集体签约仪式"。此刻，锦城学院高朋满座，又正值学校十七周年校庆，大家共同感受节日的喜庆，共商合作发展的大计。值此盛会，我谨代表学校全体师生对到场的四川省教育厅潘力巡视员、众多四川省知名企业家和行业协会领导们、来宾们，表示热烈的欢迎和衷心的感谢！

我校自建校之初就确立了应用型大学的办学定位，致力于为社会培养高素质、复合型、经世致用的人才。我校素来有"产教融合、校企合作"的基因，因为学校就是由16家知名企业创办的。办学十七年来，我们坚持"跳出教育看教育，跳出教育办教育"，面向经济社会主战场，依托企业谋发展，开展专业设置的逆向革命，把就业工作视为学校发展的生命线，培养企业所需的高素质人才，对企业和企业家们有着天然的亲近。

邹广严校长在签约仪式上讲话（宣传处　供图）

今天，我们邀请了四川省企业家协会、四川省企业家联合会、四川省中小企业协会、川商总会，还有我省很多专业性的协会，比如房地产协会、机械制造业协会、特种设备检验检测协会等10多家行业协会、商会，我们还邀请了一批省内的龙头企业、知名企业和重要的企业家，比如说坐在我旁边的孙云同志，他是大型国有企业资深的领导干部，当总经理至少有25年。他也是我校最早的股东代表、学校的董事、省工商学院的董事长，现任四川能源投资集团公司的党委书记、董事长。无论是在我校的初创、发展还是壮大阶段，他都不遗余力地支持"锦城"教育事业和师生的发展。我们还邀请到了蜀道投资集团的周黎明副董事长，蜀道投资集团是四川铁路产业投资集团和四川交通投资集团的结合，是四川省最大的国有企业，马上要进入世界500强。同时，我们还邀请到了中国移动、中国电信、中国联通这些通信行业的巨头以及银行、会计师事务所、证券公司、航空公司等，这些企业都是我们四川省具有代表性的企业。我代表学校和我们学校全体师生员工，再次向大家表示热烈的欢迎！

同志们，这些协会和企业都是我们的老朋友和重要的合作伙伴，他们过去长期与我们合作，对我们有巨大的支持，我们学校能够发展到今天，和他们的支持分不开。譬如，刚才我们和中国移动、中国移动产业研究院（5G研究院）举行了框架合作签字仪式，打算把过去我们合作建设的实验室进一步扩大、搞得更好，建成全国的典范，马奎总经理和刘耕总经理在签字仪式上发表了非常重要和友好的讲话。此前，我们还和中国电信共同建设了量子通信实验室，这也是非常领先的。

我们还与很多企业、协会建设了一大批产业学院、科研院所和实践基地。例如，我校与中国电信、用友软件等企业共建共享行业前沿实验室，与中国移动（成都）产业研究院共同建设5G应用实验中心，与华为共建ICT学院，与普华永道开设实验专班，与中汇智谷共

校企合作不断深化。图为锦城学院与中国移动四川公司的合作示范基地揭牌（宣传处 供图）

建"税谷学院"，还相继与其他单位共建了直播商学院、应急管理学院、为民公益学院等。同时，我们与华西医院、成都大熊猫繁育研究基地、青白江中欧铁路港（自贸区）、五粮液集团、紫坪铺公司等单位和机构共同开展的产学研用深度融合项目，都取得了很好的效果。

十几年的产教融合实践证明，我校校企合作的范围广、举措实、效果好，广大合作企业都是"锦城"学子的就业、实习基地，我们也是这些企业的人才培养基地。我校大量的学生毕业以后都去合作单位工作，很多协会和企业每年都到学校开招聘会，像四川省企业联合会，每年都组织很多企业来校招聘。我在这里代表锦城学院全体师生员工向大家表示感谢！

同时，希望我们今后能够继续深化校企合作。我校自建校之初就系统性地开展"四大合作"。校地合作，即学校和地方政府之间的合作；校会合作，即学校和行业协会的合作；校企合作，即学校和广大企业的合作，包括生产性企业，也包括文化、艺术多个类型的企业；还有校校合作，即与国内外的名校合作，我们的学生考研究生有不少都考上了名校，包括清华、北大、川大、电子科大、西南财大、西南交大等等。目前我校友好合作单位总数达到了800多家，今天又有上百家企业进行线上线下的签约仪式，朋友更多了，发展的势头和信心更足了！

今后，我校将坚决按照党中央、国务院和教育主管部门的要求，进一步深化产教融合，加强校企合作，继续推动学校与企业共建实习、实践、就业、产业基地，在教学、培训、科研等方面强强联合、资源共享，实现更多层次更加多元的合作，打造校企合作新的典范！

　　同时，我们也希望嘉宾们、合作企业和协会能够一如既往地支持学校发展，多来或多组织企业到校招聘。锦城学院将与大家共携手、一起走，创造美好未来！我相信在四川省教育厅、广大企业、各行业协会的大力支持下，锦城学院会发展得越来越好，我们的合作将实现更多的互惠共赢，开出更绚烂的花，结出更丰硕的果！

　　谢谢大家！

怎样深入上好晚点名课

——在辅导员晚点名"精彩一课"大赛上的讲话

（2022年6月2日）

刚才，我们12位辅导员代表围绕深度学习、长板挖掘、自制力培养、社交力打造、创新力激发等内容，进行了晚点名课程的展示，这既是一场比赛，也是一次交流。总体来看，这些课程都紧密围绕人才培养中心，贯彻了学校的教育意图。对于如何深入上好晚点名这门课，我讲三点意见。

一、提高认识：晚点名是一门课

要认识到，晚点名是一门课，所以要按照"锦城课堂大于天"的要求和规格，加以重视和精心组织。晚点名这门课有几个特点：第一，它是一门短课，时间有限，不宜长篇大论，而要短小精干；第二，它是一门特别联系实际的课，这门课不传授一般的知识和技能，而是有针对性地解决学生成长过程中的突出问题；第三，这门课是学校教育的重要组成部分，所以要贯彻学校的教育意图，宣传学校的教育思想、理念、措施，让学生了解和认同学校的教育理念，促进教与学的"同频共振共鸣"，进而实现学生受益最大化。

邹广严校长观看比赛并讲话（学工处 供图）

二、晚点名课程既要有针对性又要有系统性

所谓针对性，就是要有的放矢，重点解决某一特定的问题。今天的比赛，课程题目都是选手自己定的。为什么要由选手自己定？就是题目反映了选手对于学情的认识和把握，你觉得学生当中存在什么突出问题，上课就重点讲解什么问题，这就是针对性。比如说，曾几何时，学生晚归是一个突出的问题，成群结队跑去犀浦镇上吃喝玩乐，晚上十一点后还不回学校，这曾是我校学生管理工作的心腹大患。要解决这个问题，就要靠有针对性的办法，我们的办法就是从严治校，"育人不放任、管理不放羊、考试不放水"，三管齐下，作为辅导员，大家就要在晚点名的课程上宣讲学校的这些理念和措施。又比如，假如成都市出现了本土疫情，你就要重点讲一讲防疫工作，教育学生要遵守防疫规定，"非必要不出校"，按政府要求做好核酸检测，如果

去过中高风险区，要如实报告情况等，有针对性地解决一个教育学生尽好公民义务的问题。当然，有些问题是难以预料的，是突发的，所以晚点名的课程内容安排不可能完全按照既定计划走，但一定要有针对性。

所谓系统性，就是说晚点名课程既要有一个总体的设计规划，又要对每一门课进行精心设计、精心实施。学生工作难免遇到突发情况，但突发情况毕竟是少的。保守地计算，一个学期有18周的晚点名课程，拿出6周的时间解决临时性的、突发的问题，还有12周的常规课程。一个学期12周课，大一到大三6个学期就是72节课。这些课程怎么利用？得有一个系统的规划，要按照"课程与课堂设计"的要求来设计晚点名课程。在课程层面，从大一到大三，每学期的课程要有明确的课表，使之正规化、系统化。在课堂层面，每堂课都要精心设计、精心组织、精心反馈、不断提高，最终达到最优化。

三、做到"三个加强"，不断提高晚点名课程水平

我们现在不是在推行高阶教学、打造一流课程吗？晚点名这门课也存在如何进行高阶教学的问题，也要有打造"金课"的雄心壮志。在晚点名的课程设计和实施中，要做到"三个加强"。

一要加强理论基础学习。我们的学生是大学生，不是小学生，对大学生的教育不能只讲大白话，而要有理论基础，要把我们的教育建立在坚固的理论基础上，这是高质量教育的特征之一。比如说讲"长板原理"，就要讲加德纳的多元智能理论；讲深度学习，就要讲马顿的理论；讲阅读，就要参考古今中外那些知名人物是怎么说的。这个

叫"背靠大树好乘凉"，是你的公信力强还是大专家的公信力强呀？我以前讲"商山四皓"的故事，我们的教育得靠有公信力的人物及其理论来背书啊。为了达到这个目标，辅导员一定要多读书、多学习、多钻研。

二要加强学校理念宣讲。讲了普遍的原理，还要讲咱们学校的教育理念。比如多元智能理论揭示了人的智能结构，我们在此基础上提出教育学的"长板原理"，核心观点就是一个人，在其基本面可以的情况下，他的成功最终是靠他的"长板"。所以我们的学生要学会挖掘和发展、发挥自己的特长，有的短板要补，有的则没有必要补。我们学校还对长板做了区分，分为专业性的长板和非专业性的长板。我们没有音乐学院、舞蹈学院、体育学院，唱歌跳舞打球，这些都是非专业的长板，把这些长板发展好固然不错，但对辅导员来说，一定要注重培养学生的专业性长板，因为那是他们将来在社会上立足和发展的"拳头"。

又比如非认知能力培育这件事情，世界发达国家都很重视。我校的提法是"非认知能力与认知能力并重"，重点培育学生的"两商六力"，这些都不是虚的，而是实实在在的教育内容。晚点名的课程可以重点围绕我校非认知能力培育框架、围绕"两商六力"的培育重点来展开，这一周以"社交力"为主题，下一周以"自制力"为主题，再下一周以"领导力"为主题……这样就会慢慢形成一个课程体系。

刚才有一位辅导员讲了"学会倾听"，这很好啊。如何说话，如何倾听，都是社会交往的学问。作为汇报者，说话要简明扼要，尤其是在领导和长辈面前，不要夸夸其谈，这是说话者的修养。反过来，作为倾听者，要耐心听完别人的讲话，特别是对与自己不同的意见，更要耐心一点，不要轻易打断别人说话，这是倾听者的修养。这些体现我校教育理念、非认知能力培育的内容，就是晚点名课程的重点。

三要加强学情的分析，注重联系学生发展实际。我们的课程归根结底是为学生的发展服务的，所以要特别重视分析学情，从学生的实际和需求出发，帮助学生更好地成长。教育学里有一个"最近发展区"理论，不同学生、不同阶段的学生的发展需求是不同的。比如大学低年级学生和高年级学生面临的问题就不同。对于刚进校的学生，要帮助他们尽快完成角色转变，融入学校，适应大学的学习和生活；而对于高年级学生，则要重点加强就业、考研和留学的指导。总之，要立足学情，着眼于解决学生的"痛点""难点"问题，让课程更加贴近学生发展需要，这样就能真正受到学生的欢迎，真正对学生的成长有所帮助！

"锦城人"的信念、本领和目标

——在2022届毕业生毕业典礼上的讲话[1]

（2022年6月23日）

各位家长、各位老师、各位校友，亲爱的2022届同学们：

大家上午好！今天，我们欢聚在这里，隆重举行我校2022届毕业生毕业典礼，共同庆祝2022届本、专科同学圆满完成学业，踏上人生新征程！在此，我谨代表学校党政工团、师生员工向2022届毕业生致以最热烈的祝贺！向为同学们的成长付出辛勤努力的老师、家长们表示诚挚的感谢！向长期以来关心支持学校发展的各股东单位、四川大学、友好合作单位、用人单位、奖助学金设立单位和个人，以及心系母校的"锦城"校友们致以崇高的敬意！

同学们，几年前，你们怀着憧憬和梦想走进了"锦城"，在这里度过了美好的大学时光。

这几年，我们一起经历了时代的变化和国家的发展。共同经受住了抗疫防疫的严峻考验，见证了祖国脱贫攻坚和全面建成小康社会的伟大胜利，目睹了国际形势的风云变化，感受到了大数据、万物互联、虚拟现实、人工智能等新技术的日新月异。

---

[1]本文原标题为《教育，使人成为人》。

闪耀的"锦城"生活，难忘的大学岁月（校团委　供图）

　　这几年，学校陪伴你们茁壮成长——教学楼里有你们的好学不倦，图书馆里有你们的阅读沉思，运动场上洒下了你们的汗水，实验室里留下了你们奋斗的身影，在"第四课堂"丰富多彩的活动中，你们展现天赋、发展"长板"。面对疫情，我们应对自如，特别是2020年春季学期的线上教学，取得了极大的成功，多次受到省政府和教育厅领导的高度肯定，这是我校十年来在"翻转课堂"、混合教学上提前布局、深耕细作、厚积薄发的结果。在各类竞赛中，你们全力拼搏，尽显英雄本色，有一个数据可以说明你们的努力和优秀，那就是从2018年到2021年，我校在全国性大学生学科竞赛中的总成绩排名上升了519位，进入全国本科高校前三分之一，即第一方阵的行列！这是你们在老师的指导下，学知识、用知识，深度学习、高阶思维的结果。你们在"锦城"获得了成长，也为学校增添了荣光！

　　这几年，你们也见证了学校的发展。学校的规模扩大了，教学质量提高了，设施完善了，转设成功了！更重要的是以"四大框架"为特征的"锦城教育学"诞生了、实行了、开花了、结果了！四维大楼、临河体育公园和一大批先进实验室的建成投用，图书馆全楼层装上空调，还有贴心的考研二人间寝室和惬意的电动小黄车等，这些基础设施的完善让你们的大学生活更加美好。学校还建成了高校中少有的以陈世卿院士牵头的人工智能院士（专家）工作站，与中国移动四川有限公司、中国移动（成都）产业研究院联合建成了全国首个 5G 赋能的产教研学实验室，与中国电信四川公司合作建成了中国西部第一条量子通信教学线路和量子通信实验平台，我们阔步走在新技术变革的前列。我们推行高阶教学、深度学习、非认知能力培育和教师情感劳动等一系列领先的高水平教育教学改革，获批"四川省教育评价改革试点高校"。我们的优秀校友在各行各业如雨后春笋般涌现，学校的社会美誉度进一步提高。我很愉快地告诉大家——在全国最权威的"软科中国大学排名"中，我校排到了同类高校全国前五、中西部第一的位置！所以，同学们，你们是幸运而光荣的，我们一起创造了"锦城"的辉煌！

今天，大家就要顺利毕业了。学校对每一届毕业生都有嘱托，我今天要给大家讲的是，希望你们心怀一个信念，手持两项本领，实现三个目标。

一、心怀一个信念：做一个真正的人

大学是干什么的？大家都知道，要"立德树人"。"锦城"是把"为党育人，为国育才"，培养社会主义建设者和接班人立为目标的大学;"锦城"是把"做人第一,能力至上"列为人才培养标准的大学;"锦城"是把"三大教育""四大计划""五个课堂"作为课程体系的大学。总之一句话,"锦城"是一所把德国大哲学家、大教育家康德所说的"人只有通过教育才能成为人"变为现实的大学!

"锦城教育"的首要责任是把学生培养成知根本、有底线的真正的人。记得在2018年开学典礼上,我对同学们讲了我们要进行的是"三品、三力、三成"的教育,明确提出你们在学校的根本任务是"成长、成人、成才"。几年以来,你们自觉遵守学校"八要八不要"的规定,着力于养成"十大良好习惯",做到了勤于修身、俭以养德。你们无一例外接受了"锦城"的"三讲三心"明德教育,在"讲诚信,讲礼仪,讲感恩;对国家、人民尽忠心,对父母、长辈尽孝心,对同学、同事尽爱心"的实践中砥砺德行!"锦城"所倡导的做人的道理和孟子所说的"恻隐之心,人皆有之;羞恶之心,人皆有之;恭敬之心,人皆有之;是非之心,人皆有之",这些就是做人的根本和底线。人可以不高尚,但要善良,人可以不富有,但要有良知!你们将来无论做什么,做公职人员或者经商做企业,做文化艺术工作者或搞科学研究,都要记住母校的教导——做人是第一位的。先做人,后做事!

同时,"锦城教育"还希望把同学们培养成有助于他人、有益于社会的好人。不恃强凌弱、不加害无辜是一个底线,而立足于帮、助人为乐则是善莫大焉。能辨是非、知廉耻是底线,而做公益、扶正义、造福社会,则是人生更高的境界!如果能做到孟夫子所讲的"穷则独善其身,达则兼济天下","富贵不能淫,贫贱不能移,威武不能屈",那更是一个有人文情怀、有浩然之气的正人、好人!

毕业典礼上的鲜花、欢笑、激动、喜悦。图为邹广严校长等领导、校外嘉宾与 2022 届毕业生合影（邓忠君　摄影）

我们还希望，你们能成为有理想、有抱负、有信仰的高尚的人。要学习革命先辈为革命理想而奉献、为建设国家而鞠躬尽瘁的精神，做一个献身于民族复兴、社会进步、世界和平以及为人类的自由和解放而奋斗的人。就像毛主席在《纪念白求恩》一文中所讲过的，要做"一个高尚的人，一个纯粹的人，一个有道德的人，一个脱离了低级趣味的人，一个有益于人民的人"！

二、手持两大本领：认知能力和非认知能力两手都要硬

同学们，你们毕业之后走出校门，拿什么去建设和改造社会，用什么"拳头"去开创人生的新局面？学校教给你们的，归根结底就是认知能力和非认知能力两大本领。这就是你们在大学四年或三年中，学校通过教育赋予你们认识世界、改造世界最重要的"武器"。

一种本领就是认知能力。学校通过课程、课堂、作业、考试、反馈，使你们学会和掌握了学科专业知识，这是一切能力的基础。学

校通过实习实训、项目、竞赛、创新创业等活动，使你们学会了运用知识并能纵向深入、横向迁移、举一反三。学校通过高阶教学、深度学习，使你们掌握了高阶思维，即会总结、分析、批判和创造，使你们具备了解决复杂问题的思维方法和创新能力。掌握了认知能力这种本领，你们就有了改造世界的力量，就能去修路架桥、建设城乡；就会操作硬件、开发软件，走在当代科技前沿；

邹广严校长手稿

就会写作、出版、演出，创造人民喜爱的精神食粮；就会成为一个个卓越的工程师、出色的会计师、杰出的企业主管、有成就的银行保险专家和人民喜爱的文化艺术新闻工作者。

你们的学长、学姐们为你们树立了榜样——从中国科学院青年科学家马跃博到川农大硕士生导师、教授段颖吟，从爱立信5G主研人员胡泮到成都超算项目总工程师赵刚，从"四川科技进步二等奖"获得者田泽辉到"中国工程建设鲁班奖"获得者陈伟，从"年度新锐作家"张皓宸到"中国新闻奖"得主冯姗，从哈佛硕士钟雨霄到专科起点、攻读博士的马政、秦志豪，等等。可以说，我们的校友是人才辈出、群星璀璨，"锦城"校友凭借扎实的知识功底和熟练运用知识的实践能力，以及解决复杂问题的高阶思维，在职场和学术界都成为佼佼者。因此，"锦城"赋予你们较强的认知能力，你们不但能"做正确的事"，而且能"正确地做事"，更能"把事情做到止于至善"！

你们靠学到的知识和能力去改造世界，这很重要。但是，这对取得事业的成功是远远不够的，你们还需要另外一种本领，即非认知能力，或者叫社会情感能力，来相辅相成。这种能力帮助你们融入世界，与他人形成合力，会取得事半功倍的效果。我校在全国率先提出"非认知能力与认知能力并重"的教育思想，制定了"两商六力、三隐三显"的培育框架，通过养成教育、熏陶教育、体悟教育等三大隐性措施和有计划、有标准、有考核等三大显性措施，培育大家的"两商（情商、行商）六力（交流沟通力、合作包容力、组织领导力、反思自制力、责任态度力、好奇创新力）"等非认知能力。

有一个典型的案例，我至今记忆犹新。中国建设银行总部规定，只招收 985、211 高校的学生，但是他们四川分行的行长来我校参观访问时，走在路上看见很多学生见了校长和老师都很有礼貌，一路上

邹广严校长在典礼上讲话（宣传处　供图）

都听见"校长好""老师好""客人好",他认为"锦城"的学生很有礼貌、很有素质,所以当即决定破格招收"锦城"的毕业生,打开了我们通向中国金融四大行的大门!还有很多用人单位对锦城学院的学生评价很高,他们说,"锦城"的学生善于沟通、忠诚敬业、吃苦耐劳、协作度高。这些都是非认知能力发挥了作用。

就在上个月,中国人民大学职场研究项目组发布的《2022年中国职场人群发展建议白皮书》中的调研数据显示,职场能力中的"软技能"越来越受到劳动者和雇主的重视,包括"工作沟通能力、时间管理及目标管理能力、社会交往能力"等,这些其实就是我们所说的"非认知能力"。因此,我们开设"非认知能力培育通识课程",重视"课外活动第四课堂",建立非认知能力培育工作坊等平台,目的都是帮助你们强化责任心,修炼自制力,提高沟通力,形成亲和力,发展协作力,提升领导力,发挥创造力——教育和培养你们掌握非认知能力这项对事业、对人生而言都是非常重要的本领。

三、实现三个目标:与祖国共奋进,与单位同发展,创造有价值的人生

同学们,运用好认知和非认知这两种能力、两大本领,将使你们在21世纪的职场竞争中取得显著优势,会让你们在事业的征途上不断乘风破浪、乘势而上、成就自我!

同学们,人生的旅途是从选定方向和目标开始的。没有方向和目标,航船到不了彼岸。我校历来主张在兴趣驱动的同时,重视目标驱动,认为恰当的目标是人生成功的原动力。在你们入学之际,学校就

开设了"目标与行动"课程，帮助同学们制定职业生涯规划和人生目标。我相信这几年你们应该很有心得和体会，有些同学也已经迈出了重要一步。例如想继续深造的同学，考研和出国被录取了；想就业的同学，已找到就业的去处。这当然很好了，但这仅仅是开始。你们心怀建功立业的豪情离开母校，走向社会，走向社会主义建设的主战场，是去实现三个目标，而不是一个目标。这就是，个人的目标，单位的目标，国家的目标。

校领导给学生们拍毕业照（宣传处　供图）

要策略性地调整和实现自己的目标。目标首先要从实际出发，因地制宜、因时制宜，符合实际，及时调整。没有一成不变的目标，只有坚持不懈地努力。请保持清晨上路、永不懈怠、瞄准目标不达不休的劲头。其次是要把长远目标和阶段性目标相结合。饭要一口一口地吃，路要一步一步地走，任何人都不可能一步登天。

我在我的母校天津大学学的是化工专业，目标是化学工程师，我和梁校长是同一个学校、同一个系、同一个专业,我们是校友,但是梁校长当了化工专家,我不是,为什么呢?因为我毕业后分配到了长城钢厂,钢厂不是搞化工的,你说这个目标是不是该调整?要调整。我的目标是当工厂的厂长,要当好一个厂长,首先要当好一个班组长、工段长、车间主任。所以,要学会用小目标保证大目标、用阶段性目标保证长远目标的实现!

你们毕业之后,都会有一个去处,一家企业、一所学校、一个研究院所、一家新闻单位或者某个政府机构。总之,要到一个叫"单位"的团体中去。这个"单位"无论是政府还是民间的,无论是营利还是公益的,都肯定有自己的宗旨和目标,它的宗旨和目标要靠每个成员的共同努力才能实现。正如一位央企老总说的:"单位并不缺有能力的人,我们需要那些与单位同心同德、荣辱与共的人,需要那些将自己目标融入单位目标的人,需要那些共同奋斗创造辉煌的人。"所以,你入了一家门,就是一家人;上了一条船,理当和船上的领导、同事同舟共济。要把自己的目标和单位的目标保持一致,利用自己的本领和特长为单位创造价值、作出贡献。这样你就会得到欣赏,得到青睐,得到重视,得到信任,你的路子会越走越宽!

同学们,你们在实现上述两个目标的同时,还有一个大目标,就是实现中华民族伟大复兴。我们中华民族素有"以天下为己任"的家国情怀,历来主张"天下兴亡,匹夫有责"。习近平总书记指出:"我们比历史上任何时期都更接近、更有信心和能力实现中华民族伟大复兴的目标。"所以,我们"锦城"学子要把自己的每一步行动都和祖国繁荣、民族复兴结合起来,为中华民族自立自强于世界民族之林的伟大目标作出我们应有的贡献!

西源大道1号——"锦城人"永远的心灵家园（迟卉 摄影）

同学们，我知道你们现在已是心潮澎湃、整装待发。希望你们牢记母校嘱托，以"做一个真正的人"的信念为帆，以认知能力和非认知能力两项本领为桨，以个人、单位和国家的目标为航向，从"锦城"出发，从西源大道1号出发，乘风破浪，扬帆远航，开创你们有价值的人生！

祝你们成功！

用好社会捐赠，促进"锦城"教育事业发展

——在欣基金捐赠邹广严教育基金签约仪式上的讲话

（2022年7月7日）

今天，欣基金向以我的名字命名的教育基金捐赠800万元，这彰显了欣基金的社会责任感和对教育的情怀。我首先向范总、钟总、徐书记为代表的锦欣集团领导班子和欣基金理事会的慷慨捐赠表示衷心的感谢和崇高的敬意！

锦欣集团和锦城学院曾有过一段合作，尽管时间不太长，但彼此之间建立了深厚的友谊。我们所从事的教育和医疗事业，关系国计民生，都是为国家、为人民服务的。作为民办事业，我们也都在艰苦地奋斗着。所以，锦欣集团能够体会到锦城学院发展的艰辛，即便是不再持股后，依然能够想到学校、为学校提供帮助和支持，这是非常可贵的。今年春季学期，成都出现本土疫情，学校顶着较大的防疫和舆论压力如期开学，师生返校当天，锦欣集团就支持我们做了全员核酸检测。当时，锦欣集团在锦江区也肩负了很重的防疫任务，人手紧张，但面对我们的请求，二话不说，立刻就派人来支援我们，为3万名"锦城"师生、校内住户提供免费的核酸检测。另外，逢年过节的时候，锦欣集团也不忘送来一些小礼品，慰问奋

斗在一线的学校干部职工。一盒月饼、一袋腊肉，表达的是一份牵挂、一种情分，今天更是慷慨捐赠 800 万元……所有这些帮助和支持，我们都铭记在心。曾经，我们因共同的事业、共同的理想连在一起，今后还要因彼此的感情联系在一起，双方长期互相尊重、互相关心、互相支持！

"邹广严教育基金"虽然以我的名字命名，但它不属于我，也不属于我们中的任何一个人。它是一个公益性质的基金，是为社会、为师生服务的教育基金。这一点非常重要，将来要在基金（会）的章程上写明白，本基金不属于任何个人所有，不能用于任何私人的用途。它不属于学校及其股东，它是社会性、公益性、面向"锦城"师生的成长和发展的。我们要认真对待每一笔社会捐赠，确保基金规范使用，体现捐赠者的意图。

欣基金捐赠邹广严教育基金签约仪式现场（宣传处 供图）

要健全相关制度，认真做好基金的管理工作。一是要依法依规向主管部门申请和注册；二是要成立专门管理机构，基金的主要捐赠者、学校有关领导、有关处室负责人要参与管理；三是要制定基金（会）的章程、制度，规范基金管理和使用。

最后，我衷心地祝愿锦欣集团的事业蒸蒸日上。希望我们继续互相支持、互相扶助，携手共进，再创辉煌！

"锦城教育"的特点和"锦城"教师的使命

——在2022年度第1期新进教职员工入职培训结业典礼上的讲话

（2022年7月14日）

刚才两位学员代表的发言讲得很好，表达了对学校办学宗旨、办学理念的认同，这一点非常重要。正所谓"不是一家人，不进一家门"，大家既然进了一家门，成了一家人，就要有共同的价值观、共同的理念、共同的语言、共同的奋斗，有了这些，才是一个真正走到一起的团队。今天我给大家拉拉家常，讲四个方面的问题。

一、传承"锦城"办学初心，牢记教师职业使命

这些年流行一句话叫"不忘初心"，大家加入"锦城"，也不可不知我们这所学校创立的初心以及"锦城教育"的立场。我们办学的初心，是为了能给四川、西南地区乃至全国的学生创造更多"有学上"的机会。我们四川是人口大省、高考大省，21世纪初，人口高达8407.05万，但高校数量仅42所，而与我们相邻的陕西省，人口3644万，不到四川的一半，高校却有39所。四川的高考竞争是激烈的，学生的考分高，但是录取率并不高，很多优秀青年上不了大学。

我们创办"锦城"的初衷，就是为改变这种状况，给青年学子创造更多上大学的机会。当然，经过十几、二十年的发展，现在我国的大学录取率上来了，问题由"有学上"变为了"上好学"，所以我们发展"锦城"教育的动力，就是让青年学生在"有学上"的基础上，还能够"上好学"。党和政府要求我们"办人民满意的大学"，怎么才能让人民满意？以前是解决上大学难的问题，让人民满意，现在是解决把大学办好的问题，让人民满意。所以，我们要想让人民满意，就必须千方百计地办好"锦城"。"锦城"的干部员工都不能背弃这个初衷，背弃这个初衷就走到邪路上去了！刚刚讲了，我们的师资结构是老、中、青相结合，学校的办学初心、办学理念要代代相传。

"锦城人"的职业使命首先是人才培养，"为党育人，为国育才"。"锦城人"的职业底线是不能误人子弟。明末刘宗周在《人谱类记》中记载："王文康公父训诲童蒙，必尽心力，修脯不计。每与同辈论师道曰：'天地君亲师五者并列，师位何等尊重？后生以师事我，则终身成败荣辱，俱我任之。若不尽心竭力，误人子弟，与庸医杀人等罪。'"这里的王文康公，即寇准的女婿、宋仁宗时的宰相、枢密使王曙。他的父亲训诲童蒙，相当于我们现在的小学老师，觉悟却如此之高，算得上是"牢记使命"了。"天地君亲师"，同志们，咱们要对得住这句话、对得住自己的良心和职责啊。学生家长本可以选择学费低一点的公办学校，但他们宁愿多花较多的学费来我们这里，如果我们不尽心竭力地教育他们的子弟、尽心竭力地把学生培养成才，就对不住家长和学生。相反，如果我们培养的学生人才辈出，那这功劳岂浅鲜哉？所以，学校对大家的工作有要求、有评价、有考核，但这些是外在的要求，大家的思想觉悟、职业追求，则是一种内在的要求，只有把外在的因素和内在的因素结合在一起，才能成为一名"锦城"好老师。

二、"锦城教育"坚持"三商并育"和"三劳并举"

作为新进教师，大家会慢慢熟悉"锦城教育"理念。今天我重点讲一讲"锦城教育"的"三商并育"和"三劳并举"。

我校提出"认知能力与非认知能力并重"。认知能力主要表现为智商，非认知能力主要表现为情商和行商——行商就是行动力商数，泛指动手能力、实践能力。所以，认知能力与非认知能力并重，就是智商、情商、行商"三商并育"。我们的"三大教育"就是"三商并育"——明德教育培养学生的情商；知识教育培养学生的认知能力，提高他们的智商；实践教育培养的是学生的行动能力，提高"行商"。"锦城"的"三商并育"，是有理论自觉、有制度安排、有长期实践、有显著成效的。

强调"三劳并举"也是"锦城"的特色。"三劳并举"指的是教师不仅是脑力劳动工作者，同时也是体力劳动工作者和情感劳动工作者。脑力劳动自然不必说，体力劳动也好理解。在此基础上，我校还强调教师要进行情感劳动。学校追求的目标是学生"亲其师，信其道，爱其校，乐其学"。不亲其师、不爱其校，怎么会在这里好好学习啊？这就需要我们付出情感劳动。

用心用爱做好情感劳动。图为工商学院辅导员李雪婷（中排右侧）与学生交流（学工处　供图）

比如，我校提出"锦城课堂大于天"，这不仅是对学生的要求，更是对先生的要求。所以我们要求教师要有"六种情感表现"，像做祭祀一样敬畏，像见贵宾一样庄重，像初恋一样有激情，像约会一样有期待，像演员上台一样有表现欲，像探险家一样有好奇心。有的学院规定要穿正装上课，这很好。大家不要小看着装，这是一种情感表现，表达的是对课堂的重视。除着装以外，还要注重情绪管理、表情管理、声音声调管理等等。"锦城"教师绝不能面无表情地照本宣科，绝不能给学生甩脸色，要有亲和力、调动学生情绪的能力。这些是教学的艺术，也是学校的要求。

总之，"锦城教育"的一大特色是"三商并育，三劳并举"。作为老师，脑力劳动、体力劳动、情感劳动，一项不能少；培养学生，智商、情商、行商，也一样不能少！

三、我校在考核评价和薪酬绩效上的一些特点

在评价主体上，学校采取的是"五方评价"，即学生评价、督导评价、同行评价、管理者评价、教师的自我评价相结合。"五方评价"是为了防止片面性，让考核评价更加公平公正。

在薪酬结构上，贯彻"两个相适应"原则，即学校工资的总水平与学校的社会地位相适应，员工个人的工资水平与本人对学校的贡献相适应。学校实施"多劳多得、优劳优酬"，提出把足够的钱给对人，"不亏待一个能人"！在制度安排上，采取"基本工资+绩效+年功序列"的方式。工资是劳动的报酬，完成约定的工作、考核合格后，就拿对应的工资；绩效是对工作成绩的奖励，取得的显性成果，包括教学教改、科研项目等，通过学校的认定，拿额外奖励；年功序列就是"校龄津贴"，你在学校工作的时间越长、对学校的贡献越大，"校龄津贴"就越高，这是鼓励大家对学校忠诚，安居乐业，长期在学校干下去！

同时，我们坚持"两个不搞"，即不搞末位淘汰、不搞非升即走。因为我们认为"末位淘汰"是不合理的，"非升即走"也不符合我校实际。我们对员工的评价是基于标准，"四大框架"中的每一个框架都有标准。只要你的工作达到了学校的标准，不管考核成绩排在第几，学校对你都是认可的。

同时，"锦城"是讲"长板原理"的，我们也充分发挥老师的特长。在学校"M+3"的评价体系中，"M"里的讲课、竞赛、科研分是可以互换的，学校允许大家在有的方面多做、有的方面少做，让大

家各展所长。我们不要求一个人十全十美，不求全责备，我们强调的是发挥教师的特长。

我历来主张不轻易开除员工，但前提是员工不能触犯学校底线。一是不能损公肥私、损害学校的利益。以前有人采购"三无"产品以次充好，被辞退了。二是不能破坏学校声誉。因为学校的声誉是师生的前途，学校的形象靠大家维护，有什么不周到的地方，大家可以向领导提出，学校是欢迎的，但不能动不动就曝光到网上去，内外不分是不好的。三是不能造谣生事。前不久我校进行全员核酸检测，一个绿化工人拍视频发到网上，造谣说学校有新冠确诊，影响恶劣，也被辞退了。四是不能误人子弟，这是教师的职业底线。

总之，只要大家在"锦城"尽心尽力干好工作，这份工作就是安全的、有保障的！大家尽可以在这里安居乐业，发展事业。我还要给大家讲，学校的各级管理干部和服务队伍就是老师们的勤务员，大家有什么困难尽管说，老师们的工作和生活，我们都会关心，都要提供便利。

四、希望大家都要学习、研究、践行"锦城教育学"

以"四大框架"为代表的"锦城教育学"，是我校长期以来，在办学、教学、求学等方面不懈探索、发展出来的一整套理论，里面包含了"锦城"的办学传统、办学理念、办学特色等等，是每一位"锦城"教职员工都应该了解、学习、践行的学问。所以，我希望大家都能发挥"把工作当科研做，把科研当工作做"的精神，都来学习、研究、践行"锦城教育学"。

　　"锦城教育学"不是纸上谈兵，它真真切切地改变了大学教育的内容、方式、效果。就拿教学来说，英国的纽曼认为"大学是传授普遍知识的场所"，"锦城"办学宗旨的第一条就是"传承知识"。但是怎么传播知识呢？是满堂灌还是启发式？应该说各个学校有各个学校的做法。在我们这里就是"一基两轴、三阶递进"，既强调夯实知识基础，又注重培养思维和能力，我们把知识目标、思维目标、能力目标整合在一起，这就把"传承知识"的内涵给扩大了。在方法上，我们从布鲁姆教育目标分类理论获得了启发，讲的是低阶、中阶、高阶的"三阶递进"，在这个框架中，还有教学内容、教学方法、教学评价上的建议，这就把教育部提出的课堂"高阶性"要求变成了各学科都可操作、可实践的框架，所以真真切切地改变了大学教育的内容、方式和效果。

日益壮大的"锦城"师资队伍。图为邹广严校长等领导与新进教职员工合影（宣传处　供图）

　　同志们，"锦城"教育是力争上游的。如果我们仅仅满足于做四川民办高校的领头羊，为此扬扬自得、驻足不前，那是比较渺小的。我最反对坐井观天、骄傲自满，我们不能只跟民办高校比，也要跟公办高校比，将来还要跟国外名校比，因为我们不只是跟民办高校竞争，我们的学生走向社会，也不只是和民办高校毕业生竞争，学生们参与的是全川、全国、全球的竞争，所以我们的学校、老师也应该参与全川、全国、全球的竞争。希望大家从现在起，就要立下雄心壮志，要力争上游，爬坡上坎，攀登顶峰！将"锦城教育学"传承好、发扬好！只要我们的每位老师都有特色，我们整个学校就有特色；只要我们每位老师都有水平，我们整个学校的教学就有水平！"锦城教育"的发扬光大，就指日可待了！

劳动光荣，创造伟大

——《新时代大学生劳动教育实践》序

（2022年8月8日）

由我校劳动学院编写的《新时代大学生劳动教育实践》一书就要出版了，很高兴能够借为此书作序的机会，谈一谈对劳动及劳动教育的感想和体会。

一、劳动和劳动教育的重要意义

恩格斯曾说："劳动是整个人类生活的第一个基本条件……以致我们在某种意义上不得不说：劳动创造了人本身。"按照马克思主义的观点，劳动是创造物质财富和精神财富的过程。所以从宏观上讲，劳动对于整个人类的发展、文明的创造和维系，均起到了至关重要的作用。从微观层面来看，劳动既是个体生存和发展的必要手段和基本途径，又体现了人的力量和尊严。苏联著名教育家苏霍姆林斯基就曾说过："劳动能给人以欢乐，充实人的精神生活。因为劳动是一种创造，在劳动中能展示人的能力、禀赋和天才，从而能够确立人的尊严感。"对于劳动意义最精辟的阐释，莫过于习近平总书记"劳动最光荣、劳动最崇高、劳动最伟大、劳动最美丽"的论断，他还向全社会发出号召——"让诚实劳动、勤勉工作蔚然成风"！

邹广严校长与师生一道，在校园农场收割油菜（邓忠君　摄影）

教育是有目的地培养人的活动。要培养出合格的社会主义建设者和接班人，就必须坚持德、智、体、美、劳"五育并举"。我们一定要认识到，劳动教育对于促进人的全面发展有着不可或缺、不可替代的作用。近年来，社会上有些人不愿劳动、不会劳动，看轻劳动者，不珍惜劳动果实，生活上一屋不扫，工作上拈轻怕重……究其本质，就是劳动意识淡薄、劳动精神滑坡、劳动习惯不好。这些现象应该引起全社会，特别是教育工作者的高度警惕，劳动精神不能丢！劳动教育不能少！毛主席在中华人民共和国成立初期提倡"五爱"，其中就有"爱劳动"；邓小平同志也曾说，"从青少年起教育他们热爱劳动有好处"。2020年，中共中央、国务院印发的《关于全面加强新时代大中小学劳动教育的意见》，旗帜鲜明地指出，"劳动教育是国民教育体系的重要内容，是学生成长的必要途径，具有树德、增智、强体、育美的综合育人价值"。这是对劳动教育育人价值的重要论述，为新时代各级各类学校开展劳动教育提供了理论指引和行动指南。

二、锦城学院劳动教育的内容、渠道、发展历程

将劳动教育纳入人才培养体系，将劳动课程列为每一位学生的必修课，是锦城学院自建校以来，开创并坚持至今的一大办学传统。从劳动的形式上来看，我校劳动教育主要包括农耕劳动、社会实践、社会公益劳动（包括公益教室等公益项目）和工厂劳动，学分安排为2个学分，共64个学时。从劳动的分类来看，我校的劳动主要包括体力劳动、脑力劳动和情感劳动。这里有必要解释一下什么是"情感劳动"，这个概念最早由美国社会学家霍赫希尔德提出，是指员工致力于情绪管理，以便在公众面前创造出一种公开可见的脸部表情或肢体语言。受此启发，锦城学院在全国首创教师情感劳动框架，引导教师从对学生的爱护和对教育事业的热爱出发，做好面部表情、肢体动作、形象装扮、语言声调的管理，让教育有温度、教育工作者有风度。这项举措备受学生好评，也让学生获益良多，这既是教师的情感劳动，也是对学生的教育形式。

劳动教育的主要目标和作用有四：一曰以劳树德，主要是培养学生吃苦耐劳的精神、迎难而上的气魄、勤俭节约的美德、踏实苦干的作风，让"劳动光荣，创造伟大"的理念深入人心，使尊重劳动、尊重劳动人民、尊重劳动成果在师生中蔚然成风；二曰以劳增智，即使学生掌握劳动技能、劳动本领，并在劳动中实践体悟、增长智慧，即便在困难条件下也能求生存、图发展。我校农场成立了由学生负责管理和运营的农场公司，他们成功创造了"清水阳光"这个农产品品牌，在这个过程中，他们不仅掌握了较为完整的农业知识和技能，

而且发展了管理、销售、品牌运营等能力；我校农场还利用物联网、5G、人工智能等前沿科技赋能，孕育出了"中国国际'互联网+'大学生创新创业大赛"的全国铜奖等项目；三曰以劳强体。不仅"劳其筋骨"，而且"苦其心志"，让学生的身体和意志得到双重锤炼；四曰以劳育美。我校生机盎然的校园农场已经成为游人如织的"打卡"胜地，我校由班团、社团组织负责管理和使用的几百间公益教室不仅整洁明亮，而且富有文化创意之美，可谓绚烂多姿、一室一景，给师生以美的享受！

这里要特别说一说我校的农场劳动教育。早在2005年建校不久，学校就酝酿要在校园里开辟土地建设农场。2006年，我校明确了"三大教育"的基本框架，劳动教育作为"三练三创实践教育"的重要内容，成为每一位学生的必修课。犹记得2006年的夏天，我校师生顶着接近40℃的高温开辟农场，挥汗如雨，但干劲十足。自此之后，锦城学院所有学生都有一门特别的必修课，就是在农场浇水锄草拔萝卜，读土地无字书。农场劳动教育由于开办时间早、对学生全覆盖而且饶有特色，所以备受瞩目，获得了各方面的关注和好评。中央电视台、《人民日报》、《中国日报》（*China Daily*）、"学习强国"、《中国教育报》、《中国青年报》、共青团官方微信、《四川日报》等100多家中央、省市主流媒体相继对我校劳动教育进行了报道。同时，我校劳动教育课程建设还获得了"教育部2020年高校思想政治工作精品项目""四川省教学成果奖二等奖""四川省教育体制机制改革试点重点项目"等十余奖项，得到官方肯定。教育部，四川省委、省政府领导，知名教育专家以及社会各界友人来我校参观时，均对我校劳动教育表示赞赏。

劳动光荣，农场如画（劳动学院　供图）

我校学生毕业后走向社会，其踏实工作、勤劳刻苦的品质受到了用人单位的普遍好评。我校曾对校友做了一个调研——"'锦城教育'给你留下深刻印象的内容有哪些"，排在统计结果第一位的就是农场劳动。

三、本书的特点和意义

本书作为我校劳动教育课程的教材，主要有如下特点：一是在卷首辑录了中外有代表性的思想家、教育家对劳动和劳动教育的相关论述，这对进一步提高广大师生对劳动的思想认识很有帮助；二是将我校农场劳动与我国历史悠久的农耕文化、耕读文化相结合（这也是我校校园文化的一个特色）。既有对农耕文化与农时农具的介绍，又规划了许多种植和养殖项目，作为实践内容，从而实现了知识与文化的结合、理论与实践的结合。同时，该书也介绍了我校劳动教育的课程体系、保障体系和课程设计等内容。总体来看，本书体现了我校劳动教育在理论深化和实践提高上所做的努力，对推动我校劳动教育的深化具有重要意义。

最后，我衷心希望"劳动光荣，创造伟大"能够成为所有"锦城"师生的共识，衷心希望广大青年学子养成尊重劳动、热爱劳动、善于劳动的优良品格，把中华民族热爱劳动、善于创造的基因一代一代地传递下去！

是为序。

总结、交流、发展、提高"锦城教育学"

——在2022年改革发展研讨会暨第17期暑期干部
学习班上的开班讲话

（2022年8月15日）

这次会议的主题是在广泛学习、深入研究的基础上，结合国内外的教育理论，总结、交流、发展、提高我校的"锦城教育学"。今天开班，我讲四点意见。

一、总结、交流、发展、提高"锦城教育学"

但凡好的学校，一学校必有一学校之教育学，否则就成了"千校一面"。一所学校有其独具特色的教育思想、教育理念、教育实践，不仅是正常的，而且是必要的，这有利于教育的多元化，有利于办出特色、办出水平。我校办学十八年来，取得了三大成果：一是创立了一所现代化的大学，建成了美丽的校园、宏伟的大楼、先进的实验室，为师生提供了良好的工作、学习、生活环境；二是建立和培养发展出了三支队伍，即教师队伍、管理队伍、服务队伍；三是形成了"锦城教育学"，包括教育思想、教育理念、教育框架、教学制度、管理制度和架构等等。这次会议，就是要对办学十八年来的经验进行总结归纳，并在此基础上广泛交流，实现发展和提高。

我们在三年前就强调要培养学生的高阶思维，我们的老师、干部首先要有高阶思维。总结、分析、归纳、提高就是高阶思维的体现。有的干部提拔得快，有的干部提拔得慢，其中一个重要区别就是看他会不会总结归纳，会不会写材料、做汇报。有些人给领导汇报工作，麻麻杂杂说一上午，不知所云，这样的干部能够提拔吗？相反，有些干部言简意赅，几句话就能直击要害，咱们"锦城"的干部就要有这样的水平。我在省政府工作的时候，老领导蒲海清同志曾经对我说："广严同志啊，咱们俩都是从工厂出来的干部，只知道干活是不行的，还要会写材料、做汇报。"写材料、做汇报，就是总结、归纳、交流、提高。"锦城"的干部同样如此，光会做事还不够，还要会归纳总结。

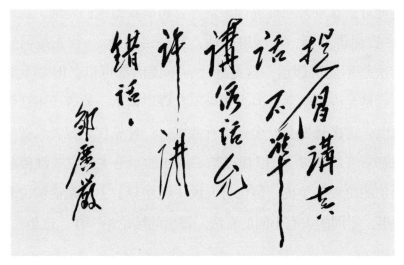

邹广严校长题词（校办 供图）

除了要总结，我们还要交流。交流的意思是说大家相互交换意见，相互切磋，可以发表不同的意见，取长补短。既要敢于"自以为是"，也要敢于"自以为非"。"自以为是"就是加强自信，包括道路自信、理论自信、制度自信、文化自信；"自以为非"就是总结分析哪些地方做得不对、不好，还可以改进和提高。在这个过程中，要充分运用批判性思维，大家千万不要把"批判"和"斗争"画等号。"批判"是分析、评判的意思，比如四大名著之一的《红楼梦》，就有数位红学家在上面写批注、对各种观点进行评判。

为了使交流更加充分，本次学习讨论要充分发扬学术民主，允许有不同的观点，允许讨论，允许争论，还要允许多次发言、临时插话。你可以说"某位同志说得好，我认为这条他说得对"，也可以说"他说得不够，我做一些补充"，当然也还可以说"他说得不妥，我认为应该这样说"——这样的临时插话和讨论，是允许的。总之，大家要大胆说话。我曾经领导过四川省发改委，发改委下属一家咨询公司，负责对全省重大项目进行评估，公司请我给他们题词，我题了三句话："提倡讲真话，不准讲假话，允许讲错话。"首先是倡导讲真话；其次是不能讲假话，这是底线，不说话都可以，但是不能说假话；最后是允许说错话，因为如果不允许说错话，就等于不让别人说话。所以，这次暑期会，大家畅所欲言，仁者见仁、智者见智嘛。就像大家都看《红楼梦》，但观点是不一样的。毛主席说《红楼梦》是一部形象的阶级斗争史，但也有人说《红楼梦》主要是谈情说爱。同样一件事，不同的人有不同的看法，得出的结论不一样，这是允许的。

二、"锦城教育学"是办学、教学、求学的学问

教育学是一门科学，也是一门艺术。但不管把教育学作为科学还是艺术，或者二者兼而有之，它都有其特定的研究范畴。中华人民共

和国成立前出版的《教育学》一书，里面讲教育有四大要素：教育者、被教育者、教育目的和教育方法。苏联的教育学在上述四大要素以外，还有一条，即教育过程。那么，"锦城教育学"的基本范畴有哪些呢？概括起来说，"锦城教育学"是办学、教学、求学的学问。

"锦城教育学"是办学的学问。一般的教育学书籍少有专门研究"办学"的，比较多见的是研究在校管理，包括学校管理、教师管理、学生管理等方面，内容比较丰富。但要注意的是，管理学校不等同于办学，办学除了管理以外，还应该包括办学的主体、办学的定位等问题。现在一般是讲教育家办学，我提出光靠教育家办学不够，还要靠科学家、企业家、艺术家、经济学家、社会活动家等，大家一起来办学，也就是说大学的办学主体多元化，而不是一元化，这是我们的提法。又比如我校自建校之初，就明确了应用型大学的定位，这算是另辟蹊径的，因为当时的主流分类法是研究型、教学型、研究教学型、教学研究型等等。应用型的办学定位早、定位准、定位稳，不跟风、不攀比，旗帜鲜明，一以贯之，是我们办学取得成功的一大原因。

"锦城教育学"是教学的学问。毛主席讲："我们的任务是过河，但是没有桥或没有船就不能过。"我们要培养高素质、复合型、经世致用的应用型人才，这是一个总任务。要完成这个任务，离不开课程、课堂以及教学活动。课程、课堂、教学活动就是我们过河的桥和船，也是"锦城教育学"非常重要的主体内容。比如，我们有"三大教育"的课程体系，推行教学内容、教学方法、教学评价的"三大教学改革"，创新"锦城课堂大于天"和"五个课堂"的理论，明确了课程与课堂设计的八项规范等。又比如我们的"四大框架"，可以说是极大地丰富和发展了大学教育的内容、方法。传统大学教育侧重于提高学生的认知能力，而我们提出认知能力与非认知能力并重，丰富了育人的内涵。又比如传统的课堂主要是知识的讲授，但我们提出知识为基、思维和能力为两轴，并且用"三阶递进"的方法去实现，我们还有"八大教学法"，这算不算对大学教学方法的丰富？一般观点认为教师的劳动包括脑力劳动、体力劳动，但我们提出教师还有第三种劳动——情感劳动，这体现在教师的衣着打扮、言行举止之中，目标是让学生"亲其师，信其道，爱其校，乐其学"——这算不算对教育过程的一种丰富？所以，"锦城教育学"是教学的学问。

践行"锦城教育学"，推进高阶教学，打造一流课程。图为2021年度"锦城"高阶教学技能大赛现场，艺术学院教师陈欢正在说课（人事处　供图）

"锦城教育学"是求学的学问。这是从学习者的角度来研究"锦城教育学"。从怎样挑大学、选专业开始，到进校以后怎样利用好"锦城时间"，充实、高效、有意义地读大学；怎样发现、发展、发挥"长板"，怎么实现德智体美劳全面发展、认知与非认知能力协调发展；怎样进行深度学习、强度学习、科学学习，怎么做好学业规划、职业发展规划；怎样考研留学、求职应聘，毕业之后怎样发展、走向成功等。这些内容都是"锦城教育学"的重要组成部分。

三、"锦城教育学"的三个特点

"锦城教育学"有三大特点，即立足本土、面向世界、独具特色。

"锦城教育学"是立足本土的。习近平总书记指出："（要）扎根中国大地办大学。""锦城"的教育首先是立足本土的，充分考虑到了我国独特的历史、独特的文化、独特的国情，当然也充分考虑到了我们独特的校情、学情、教情，坚定不移地走好自己的路。我们自建校以来，就坚持中华民族优秀传统文化教育，坚持学习和发扬中国历代教育家的先进思想和道德风范，比如我们"三大教育"中的"三讲三心"明德教育教育学生"讲诚信，讲礼仪，讲感恩；对国家、人民尽忠心，对父母、长辈尽孝心，对同学、同事尽爱心"，就是充分扎根于中国的历史、中国的文化、中国人的精神世界的。又比如教育原则，外国人讲"个性化发展"，孔夫子讲"因材施教"，两种说法可以说是殊途同归。因材施教首先是要了解学生的个性，《论语》中记载，子路和冉有问孔子同样一个问题，孔子却作了不同的回答，因为他考虑到了两个学生不同的特点。用我们今天的话来说，是做好了学情分析，做到了因材施教。我们把孔子诞辰的9月28日定为"锦城尊师节"，我多次阐述孔子的教育思想、理论、方法，号召大家学习、继承和发扬孔子的教育思想、方法、风范，这也是我们"锦城教育"立足本土的一个证明。

"锦城教育学"是面向世界的。自建校以来，我们就非常注重学习和借鉴国内外大学的优秀办学经验，比如我们曾学习过加拿大滑铁卢大学办应用型大学的经验；搞"三不放水"，主要是借鉴了美国高质量高等教育小组《投身学习：发挥美国高等教育的潜力》的报告，我们当时还请了上海财大的田国强教授来为我们做指导；我们注重教学反馈，主要是借鉴了牛津、剑桥等罗素大学集团成员高校的做法；认知能力与非认知能力并重，借鉴的是布鲁姆的教育目标分类法和经合组织成员国家的做法……我们历来主张教育要面向世界，要博采众长，要见贤思齐，我们也是这样做的。在信息化时代，要关起门来办学是办不好的。总之，面向世界是"锦城教育学"的一大特点。

"锦城教育学"是富有"锦城"特色的。我们在2006年就提出了"三追两谋"的"锦城精神"，"两谋"就是"学校谋特色、学生谋特长"。长期以来，我校坚持差异化发展、以长取胜！有很多改革都是敢为人先的，所以办学十八年来，形成了非常多的特色，比如"三大教育""三不放水"等。我们搞劳动教育、创业教育、中华优秀传统文化教育，都是特色，这些是当时别人不搞而我们带头搞的。我们开展岗位调查报告、专业设置的逆向革命、未来型教育，也是特色，这些到现在仍是只有部分学校在做的。别人讲"木桶原理"，要补短板，我们讲"长板原理"，强调要识别、培养和发展学生的长板；别人讲一个课堂、两个课堂，我们讲"五个课堂"；别人讲传授知识，我们除了讲传授知识，还注重对思维和能力的培养，以知识为基础、以能力和思维为两轴的"一基两轴"就是"锦城"特色；别人讲课堂的高阶性，我们不仅讲高阶，而且讲低阶、中阶、高阶的"三阶递进"，这也是我们的特色和发明。又比如抓毕业生"出口"工作，我们讲的是校地、校会、校企、校校"四大合作",为毕业生修建四条"高速公路",而不是一条或者两条"高速公路",这样的提法和实践就体现了我们"锦城"的特色。

四、总结归纳"锦城教育学",要实现三个结合

一是现状和历史过程的结合。万事万物都是处于发展和变化中的,"锦城教育学"的形成有一个历史的过程。我们既要看到它的现状,又要看到它发展的历史过程。比如劳动教育,2005年10月,我和三位辅导员谈话,提出要开辟一个校园农场,干什么用呢?为了给贫困学生提供勤工俭学的岗位。到了2006年,我们就把劳动教育列入了所有学生的必修课,那时候我们的认识进一步深化了,提出劳动教育是品格教育、生存技能教育。我当时举了一个例子,说鲁滨逊在一个荒岛上能活下来,我们的学生到荒岛上能活下来吗?所以,要让同学们学会劳动、学会生存。后来,习近平总书记提出"劳动最光荣、劳动最崇高、劳动最伟大、劳动最美丽",这就把我们对劳动教育的认识再次提高、升华了。所以,凡事都有一个发展、完善的历史过程,要把现在的状态和它所经历的发展过程结合起来看、结合起来研究。

二是实践与理论的结合。我们每一位师生员工每时每刻都在实践着"锦城教育学",但却未必有很高的理论自觉。大家一定要认识到,没有理论就没有高度,在行动上也缺乏深度和力度。所以我们要善于构建自己的理论系统,既可以是自己的创造,也可以拿别人的理论来做支撑。比如"长板原理",这是我们发现的一个人才成长

规律，一开始是由管理学上的"木桶原理"（短板原理）联想到人才培养的"长板原理"，后来我们又找到了加德纳的多元智能理论作为长板原理的理论支撑。又比如"三大教育"，实际上是认知能力与非认知能力并重的教育，是智商、情商、行商的三商并育，但"认知能力""非认知能力"的概念不是我们的发明，而是来自布鲁姆等外国教育学、心理学专家的理论。"四大框架"的核心概念都不是我们的发明，我们的发明在于结合教育实际，找到了把高阶教学、深度学习、非认知能力培育、教职员工情感劳动变为可操作、可实践、可考评的框架，这是我们"锦城"教育对教育界的重要贡献。

三是"锦城教育学"与一般教育学的结合。"锦城教育学"不是脱离普遍的教育原理而单独存在的，而是与古今中外的经典教育理论紧密结合的，它们是共性和个性的关系。因此，我们既要讲一般教育学原理，又要在一般教育学基本原理、基本概念、基本框架的基础上，进行改造和创新，以突出"锦城"特色，自成一家。

最后，我希望大家通过本次会议的研讨交流后，都来立一个研究项目。学报、校报为大家开辟发表的园地，国内外公开刊物也可以发表。让我们充分发挥聪明才智，做研究、出成果，这样，"锦城"人人都是实干家，人人都是理论家，人人都是创新家！

认真做好"锦城教育学"的
研究、贯彻和传播工作

——在2022年改革发展研讨会
暨第17期暑期干部学习班上的总结讲话

（2022年8月19日）

我在开班式上讲了"锦城教育学"的性质（是办学、教学、求学的学问和艺术），特点（立足本土、面向世界、富有"锦城"特色），地位（是十八年取得的三大办学成果之一）以及总结归纳"锦城教育学"的"三结合原则"（现状和历史过程相结合、实践与理论相结合、"锦城教育学"与一般教育学相结合）。经过几天的交流、讨论，大家的认识都有所提高。下面，我再讲几个问题。

一、对"锦城教育学"的几个认识问题

（一）"锦城教育学"有其时代背景

"锦城教育学"是全体"锦城人"十八年共同创造和奋斗的成果。要真正理解"锦城教育学"，既要了解其产生、发展的过程，也需要了解其产生、发展的时代背景。比如我校的应用型大学办学定位

问题，就要结合历史背景，才能理解得更深刻。

不论是一所学校、一个机关，还是一家企业、一个单位，只要是它产生了，它就一定要求生存、谋发展。我们学校也是一样的，2005年建校的时候，大的形势和背景是高等教育扩招，作为新办本科，我们应该走什么样的道路？这是当时摆在我们这类学校面前的重要问题。现成的道路有两条：第一条，也是最容易选择的一条路就是模仿、跟随、跟着公办大学走；第二条，就是模仿国外的私立大学，比如有些学校就提出要办"东方哈佛""小常春藤"之类的口号。我们经过一番思量，觉得这两条路都不适合我们。为什么呢？第一，跟着北大、清华、川大走，你办不成北大、清华，也办不成川大。国家每年给川大拨款几十亿，我们有这么多钱吗？我们刚开始办学的时候有一千六百亩地，资金七千万，连土地的费用都不够，我开玩笑说"钱都埋在了地底下"，在这种情况下，我们能学川大吗？第二，"小常春藤"也是办不成的。因为美国的私立大学主要是依靠捐资办学，其办学经费有各种各样的基金会、教会及个人支持，比如芝加哥大学是由洛克菲勒基金会创办的，在芝加哥大学办学的前二十年，不但基本建设的费用由基金会出，就连老师的工资和学校的运行费用也由基金会来负责。但中国不是这样的，当时的提法是"投资办学"，投资办学和捐资办学是不一样的。因此想把一所私立大学办成"藤校"的水平，尽管雄心壮志，但未免不切实际。那么，我们要求生存，谋发展，上台阶，攀高峰，就只能另辟一条道路。一条什么道路呢？那就是"学校错位竞争，人才分类培养"。我当时打了一个比方，就好比两架飞机同时飞往北京，你在一万两千米的高空里飞，我在八千米的高空里飞，你到北京，我也到北京。飞行的高度不同不影响到达目的地。所以，我们决定走应用型大学的办学道路，既有客观形势影响，又是我们自觉的选择。我们根据所处的历史地位、所具备的力量和优势——我们的创校股东是十几家大企业，很多股东代表都是有影响力的企业家，我本人还是省企业家协会会长，所以我们在办应用型大学、培养应用型人才方面就有优势。在当时"应用型"的提法还没有兴起的时候，我们从实际出发，选择了办应用型大学、培养应用型人才的道路。十八年来定位准、定位稳、不跟风、不攀比、一以贯之，这是我们取得办学成功的一大原因。

以上说的是办应用型大学的背景。其实"锦城"很多教育教学改革都有其产生的时代背景，这是在研究"锦城教育学"时需要注意的。比如"三不放水"的背景就是高等教育大众化以来，普遍存在的"教育质量注水"现象；"建设未来型大学，培养未来型人才"的背景是以互联网、云计算、大数据、人工智能、智能制造等为代表的新技术的日新月异，产业形态、岗位需求深刻改变为背景……总之，要深刻理解"锦城教育学"，就要了解其产生、发展的时代背景和历史过程。

（二）"锦城教育学"是全体"锦城人"共同创造和奋斗的成果

"锦城教育学"不是凭空产生的，也不是自然而然地产生的，而是全体师生员工共同奋斗的成果。很多思想、理念、做法是对大家实践的归纳和总结。"锦城教育学"中的哪样东西不是大家实践的成果呢？讲到劳动教育，离得开校园农场、公益教室吗？讲到创业教育，离得开创业课程、创业大赛、模拟公司吗？讲到明德教育，离得开《百家经典选读》和一系列的文化活动吗？我们搞"岗位调查""专业设置的逆向革命"，各个学院都积极参与。我们的应用型办学重实践、重视动手能力，不仅工科如此，商科、文科也如此，学土木、建筑的要去工地上砌砖头、扎钢筋，学金融的要在"锦大银行"熟悉各项业务，学财会的要做手工账、制作和分析财务报表，学新闻传播的要会办报纸、运营新媒体，学艺术的要会设计作品、搞展演。我们的"三自三助三权"计划，鼓励学生给老师当助教、助管、助研，执行得非常好，已经成为一种办学特色和传统，这些都是大家的共同创造，也说明"锦城教育学"是立体的、鲜活的、血肉丰满的。

当然，也有很多思想、理论或概念是走在实践前面的。理论先行，然后依靠大家去创造、实践、总结、提高。比如"两课设计"是提出"课程与课堂设计"这个概念，目的是把传统的"备课"提高到"教育工程学"的水平，把传统的"教书先生"提升到"教育工程师"的高度；推行"翻转课堂"，这是一种线上线下相结合的教学方式，既提高了教师线上教学能力，又培养了学生独立自主的学习习惯以及思辨、表达、组织等综合能力，这种教学组织方式让我们很好地应对了疫情的挑战，跟上了时代发展的步伐。后来又提出了教师要实现"五力五升"等。这些理念很好地带动提高了学校的教育教学水平，实践充分证明其正确性、有效性、先进性，值得大家为之骄傲。总而言之，"锦城教育学"凝聚了大家的共同的智慧、创造、汗水和荣耀，是全体"锦城人"共同创造和奋斗的成果。

（三）"锦城教育学"集中体现了"锦城"办学的特色，是"锦城"的标志和名片

"锦城教育学"凝练了"锦城"办学的特色，因而是锦城学院的标志和名片。刚才王校长的讲话介绍了许多中国大学和美国大学的特色，当我们提到北大的时候，首先想到的是蔡元培先生提出的"学术自由，兼容并包"；当我们提到清华的时候，脑海里浮现的是梅贻琦先生的"大师大楼说""大鱼小鱼说"（"从游说"）；当我们研究德国大学的时候，总是绕不开洪堡在柏林大学开创的"科研和教学相结合"的历史传统。

同志们，一所学校的特色、标志、影响力，不完全和办学时间相关，也不完全和某位校长的任期长短相关。有的学校办了几十年、上百年，没有任何值得骄傲和称道的东西；有的学校办学时间虽然不长，但可圈可点之处甚多。洪堡在柏林大学只当了不到一年的校长，但他开创的"科研和教学相结合"的方针路线、办学模式得到了持续的贯彻，接任的校长都按照这个模式做，结果是大获成功，以至于后来很多美国大学都到德国学习"洪堡经验"。这给我们什么启发呢？那就是"锦城教育学"的生命力、影响力在于我们是否能坚持、是否能一以贯之、是否能做到"止于至善"！对于我们的办学传统、特色优势，我们首先是要做到自觉、自信，落实到行动上，就是要坚持、巩固、发扬，从而光大"锦城"教育事业，把"锦城教育学"这个标志变得更加鲜明，把"锦城教育学"这张名片擦得更加闪亮！

（四）"锦城教育学"是"锦城"办学的灵魂和指针

"锦城教育学"是办学、教学、求学的科学和学问，内容是非常丰富的。就其作用而言，它是"锦城"办学的灵魂和指针。

比如，我们提出人才培养的标准是"做人第一，能力至上"。"教做人"是大学教育的一项重要内容，我们"三大教育"的第一个教育就是"明德教育"，也就是关于做人的教育。大家千万不要以为人有本事就能取得成功，这世上有本事的人多了，但有些人并不成功。一个人的成功不完全靠本事，还要靠人品。不管从事什么职业、任职于什么岗位，做人始终是第一位的。如果一个人品行低下、尖酸刻薄、恃强凌弱、落井下石，别人看见就躲，他怎么可能取得成功呢？我当生产委主任的时候就罢免了一个处长。当时德阳市报了一个引进外资的项目，正是经济发展所需要的，这个处长压着别人的报告，硬是不批，不但自己不批，还把报告锁在抽屉里，自己不批也不让副处长批，其目的是想得别人的好处。有一点权力就敲诈勒索，这归根结底是做人出了问题，这样的人注定是要垮台的。所以我们的人才培养标准第一句话讲的是"做人第一"，这是我们办学的灵魂和指针，这个原则和路线要不要坚持下去？

当然，"教做人"的理念、方法、内容是发展的，"明德教育"是教做人，"非认知能力培育"也是教做人。把非认知能力与认知能力并重，是"锦城"育人的一大特色。《红楼梦》里讲："世事洞明皆学问，人情练达即文章。"这就是"非认知能力"嘛！

"锦城教育"不仅教学生会做人，还教学生能做事、能做成事。所以我们十分强调学生要学好知识、打好基础，然后进一步培养高阶思维，培养能解决复杂问题的高阶能力，使我们的学生都能拥有融入世界的技能，在科技革命日新月异、飞速发展的情况下，人人具备全球眼光和解决问题的能力。

二、深入贯彻落实，继续完善和发展"锦城教育学"

"锦城教育学"并不是尽善尽美的，它已经有了一个雏形，但仍在发展当中。大家今后的任务，除了要完成日常工作之外，还要在"锦城教育学"的深化和发展上下功夫，使它更加发展、更加完善、更加有利于人才培养和学校发展。

比如我们从2005年就提出"学校谋特色，学生谋特长"。着眼点在一个"谋"字。学生怎么"谋特长"呢？孔夫子因材施教、采取个性化的教育，这是一种谋法。2013年，我们提出人才培养的"长板原理"，要求教师帮助学生发现、发展、发挥自己的特长，使学生的长板更长、亮点更亮，这也是一种谋法。接下来怎么深化？大家都可以思考。

再比如"以赛促学"，我觉得我们真是把这个普通的教学方法点石成金了。我们提出要从"为奖而赛"到"为学而赛""为教而赛"。如果竞赛只是为了得奖，拿到奖牌也就结束了。在我校，参赛拿奖只是开始，以赛促学、教赛相长才是目的。我们是把竞赛作为一种项目化的教学方式，一种实现教师高阶教学、学生深度学习以及非认知能力培育的重要途径。这几年我校的竞赛成绩可以用"突飞猛进"来形容，真正实现了让学生受益、学校增值。有干部对我讲，合作单位来参观我们的实验室，对我们有两点好评：第一，说我们在假期里还开放实验室，实验室里还开着空调，这真是为学生服务啊；第二，这些学生放假了依然留在学校搞项目、备竞赛，这种精神和劲头不简单！"以赛促学"，促进了学生投身学习，让学生忙起来；促进了学生的深度学习，提高了他们分析和解决复杂问题的能力；促进了学生的全面发展，不仅认知能力得到了提高，而且非认知能力比如团队合作、组织领导、沟通表达、情绪调节等能力也得到了显著提高。

锦城学院以赛促学。图为工商管理学院杨安教授（左三）在指导学生竞赛（工商学院　供图）

又比如非认知能力培育，现在我们已经解决了"怎么做"的问题，即隐性化加显性化的有关措施（"三隐三显"），但测评的问题还没有完全解决，如何对一个人的非认知能力进行测量和评估呢？如何对学校的非认知能力培育工作进行考核评价呢？这需要有明晰的标准及相应的考核办法。这都是前沿问题，需要大家认真地探索、研究。

还有"三全育人"，也就是全员、全方位、全过程地育人。在这个问题上，我们提出了一个理论，叫"学校没有脱离人才培养目标的人、事、物"。这是"锦城教育"的一个精髓。比如课外活动，这是每所学校都有的，但我们把课外活动上升到"第四课堂"的高度，作为学生非认知能力培育和长板发展的重要阵地，把课外活动也变成了高度自觉、目标明确、组织得力的教育活动。这次会议上，有干部提出"锦城万物育人"的观点，说就连天边的云彩也育人，我看有些道理——"朝飞暮卷，云霞翠轩"，给人以美的陶冶，是美育。后勤处栽花种树，对校园进行净化、绿化、美化、亮化，是在营造优美的环境，也是在育人。这里面最关键的一点是大家要有自觉的意识，利用一切资源来育人。怎么样才能让每一项工作、每一个事物都为人才培养服务，都成为人才培养的资源？这个问题值得大家继续深入地探索和创造。

"第四课堂"让学生的长板更长、亮点更亮。图为"锦城"交响乐团合影（校团委　供图）

又比如我们的"三支队伍"特别是教师队伍的建设问题。人事处今天讲了招聘模型，简单地讲就是"三不要"。第一，不了解、不认同"锦城"办学理念的——不要；第二，不想在这里长期奋斗，只想把工作当临时跳板、到这里来过渡一下的——不要；第三，不符合基本条件和岗位要求的——不要。

对教职员工的评价和考核，我们也有很多探索，实践证明是行之有效的。例如我们实行的"两种评价、两种考核"：一种是基于标准的评价和考核，一种是基于激励的评价和考核。我们不搞"非升即走"，不等于就没有人走；不搞"末位淘汰"，不等于就没人被淘汰。考核的标准摆在那里，工作没有达标的同志，肯定有危机感、紧迫感，今年没达标，明年就要努力找补回来。工作达标的，就是合格员工，工薪照拿；但想要在职称、职务、薪酬等方面有所晋升的，就得达到激励性评价的标准。这几年，我们的工作是不断加码的，搞了"三大改革"，又搞"两设一翻"，还有"四全三高""四大框架"等，这就是"锦城教育"爬坡上坎、攀登顶峰的过程。这些措施能够落实得下去，一个重要的政策保障就是基于激励的评价和考核，这个政策让付出了劳动、取得了成果、作出了贡献的人都得到了相应的回报。所以大家干劲十足，很好地实现了"三个增值"的目标。这背后的评价考核原理、方法，是值得我们认真地总结、提炼、深化和推广的。

三、"四个一、两支持"，做好与"锦城教育学"有关的出版、发表和传播工作

"锦城教育学"事关学校的影响力、凝聚力，而影响力和凝聚力是学校无形的财富。所以，我们一定要把"锦城教育学"总结好、出版好、发行好、传播好。我们现在要做"四个一"：第一，要开好一个会。本次研讨会结束后，各单位回去自己开个会，把在这里讨论的内容，让教职员工们也讨论讨论，大家都来了解和研究"锦城教育学"。第二，要选做一个课题。我看这次大家的发言 PPT 上都写了课题的名称、主持人、参与人，这很好，干部要带头选一个课题来做，而且要带领一帮人来做。第三，要公开发表一篇论文。不发表就没有声音、没有话语权，更不会有影响力、凝聚力，美国大学的提法是"不发表就出局"。第四，要编写好、出版好一本书。书名就叫《锦

城教育学》，以后要作为所有教职员工的必读书。同时，《锦城教育学》也将是新进教职员工入职培训和校内其他培训的必修教材。

我再讲一下政策配套的问题。对于围绕"锦城教育学"的研究、发表、出版工作，除了学校的科研经费要予以支持以外，以我的名字命名的教育基金也要支持。大家可以参照论文发表和出版物的惯例，指明这是某某基金项目，写上一句"本课题得到某某基金的支持"。研究、发表、出版都是要花钱的，但这是在提高学校的研究力、影响力、凝聚力、执行力，是为学校创造价值和财富，所以，学校和基金都理应支持！同时，要做好对上、对外、对内的宣传工作，形成研究、出版、宣传等工作的合力，让"锦城教育学"致广大而尽精微，产生更大的影响力、凝聚力。

同志们，我们利用假期、冒着酷暑，围绕"锦城教育学"进行了总结和交流，这使得大家的认识得到了再提高，更加坚定了把"锦城教育学"总结好、贯彻好、发扬好的信心！让我们增强理论自信，保持战略定力，坚定不移走好有"锦城"特色的发展之路，推动"锦城"教育事业发展再上新台阶！

下面我宣布，锦城学院2022年改革发展研讨会暨第17期暑期干部学习班胜利闭幕！

志存高远，脚踏实地，
努力成为高水平创新型人才

——在智能制造学院考研动员大会上的讲话

（2022年10月21日）

各位老师，各位同学：

智能制造学院今天专门做考研动员，我来参加，就是表示学校对学生考研的重视、支持和鼓励。学校会和老师们、同学们一道，共同把考研这件大事办好。

一、考研的重要意义

考研对学生、对学校，乃至于对国家高端人才的培养，都是一件重要的事情。党的二十大报告强调"人才是第一资源"。人才是怎样培养出来的？是一级一级地培养出来的。我校培养的毕业生，一部分直接就业，在工作岗位上创造价值；另一部分则选择深造，包括考研和出国留学。工作是一条路线，深造是另一条路线。就深造这条路线来说，就是念完本科念硕士、念完硕士念博士，这是高端人才成长的常规路径，多数人才是学校一级一级地培养出来的。跳跃式的有没有？有，华罗庚就只有初中文凭，却是数学巨匠，但这样的人毕竟只是少数。所以，如果你想要成为一个高水平的人才，获得更大的增值，考研就是一个重要途径。

同学们要看到，21世纪以来，社会对人才的要求越来越高了。我小时候，六年级毕业的"高小生"就算是知识分子。到了20世纪五六十年代，中学生就算是知识分子，当时有一部电影，叫《我们村里的年轻人》，讲的是中学毕业生回乡建设乡村，那时候的初中生就算是知识分子了。再后来大学生才算是知识分子。到了现在，如果你不是个研究生，要成为高端的知识分子恐怕就很难了。现在都说就业难，你博士毕业看看就业难不难？博士毕业就说明你的认知能力达到了高峰，将来要成为知识的生产者和技术的创新者，知识的生产和技术的创新主要靠这批高学历的人才。我这不是"唯学历论"，但有些工作是需要高学历的，这是事实，这一点大家应该明白。

同时，考研成果也是学校教育水平的重要标志。一位兄弟高校的二级学院院长对我说，"锦城"办得很不错，你们有那么多学生考研、留学，有些学生进入了北大、清华、哈佛之类的名校深造，可见你们的教育很成功。这就说明在社会看来，一所学校能考上多少研究生、能考上哪些学校的研究生，是这所学校教育水平的标志之一。所以考研不仅是你们自己的事情，也是学校的事情。

中华民族伟大复兴的事业，需要一大批尖端人才。总是跟在别人的后面跑，那叫追赶，永远也不可能成为引领者。有一本书讲了"从0到1"和"从1到N"的道理，我们现在做的很多事是"从1到N"。比如说，我国是全球最大的计算机制造基地，但电脑不是我们的发明；我国是全球最大的手机制造国，但手机不是我们的发明；我国高铁运营里程居世界第一，但高铁的核心技术一开始也不是我们的发明。有些人说，我们用几十年走完了别人几百年走过的路，这样说并不太准确。别人"从 0 到 1"，走了几百年甚至上千年，我们"从 1 到 N"，学过来就用，这是有差别的。瓦特改良了蒸汽机，但其实在古希腊的时候就有了"蒸汽球"，古希腊人就知道蒸汽可以作为一种动力，但是没有用到生产上。瓦特的本事是把蒸汽变成了生产力。从"蒸汽球"到"蒸汽机"，经历了上千年的时间。我们把蒸汽机直接拿来用，时间自然要短一些，但是这不是引领，而是跟随。我们现在鼓励大家要有更多"从 0 到 1"的突破，就是要原创、要创新、要走在科技革命的最前沿去，你们考研就是为了将来能更好地走在科技的最前沿！

二、"锦城"学子要志存高远

大家要对自己所学的专业有信心！你们学的是与制造相关的专业，我之前也是学工科搞工业的，我有体会，机械制造是工业之母！没有机械制造哪来的工业化？没有工业化，哪来的现代化？世界发达国家都经历过工业化的历程，都是从工业化发展到信息化、智能化，从而实现现代化的。现在我国大力发展智能制造，说穿了就是机械制造加上智能化，这就是现代化的基础！所以你们生逢其时，要立志做未来杰出的设计师、工程师。现在网友们都说某大学人才辈出，培养了很多领军者，歼-20、运-20、直-20，甚至探月工程的设计师、工程师都是他们的校友。我在想要是哪天咱们"锦城"的校友也有这样的成就，那该多好！我相信总有那么一天！所以，我们学校要通过高质量的教育，让更多的同学去读硕士、读博士，将来成为顶尖的科学家、工程师！

三、"锦城"学子要脚踏实地

我讲这些话，就是鼓励大家要志存高远。你们在"锦城"完成本科学业后，还有很多东西要学习，你们的前途不可限量。但志存高远的同时还要脚踏实地。你们当前面临的最大现实是要备考，要能考得上、进入复试。这就需要你们专心致志地备考。现在不要管什么应试不应试，考研是看分数的，所以考试考什么，你们就准备什么；考试怎么考，你们就怎么准备。其他事情等这一关过了再说。我历来反对有些专家攻击衡水中学，说衡水中学是"考试机器"——高考凭分数录取，他不应考怎么办呢？不是他愿意下苦功夫应试，而是"分数面前人人平等"，不备考不行。我在这里给大家讲，大家要理直气壮地备考！

我是工科出身的，也领导过四川工业建设十几年。我认为一个卓越工程师要会做三件事：一是要能"想出来"，比如要做一个杯子，头脑中先要有一个杯子的设想。第二是要能"画出来"（或者"写出来"），就是把头脑中的设想变为图纸或文件，所以咱们教制图的老师责任重大，得把孩子们都教会。第三是要"做出来"。就拿通信设备来说，从BP机到后来的"大哥大"，再到按键式手机，再到现在使用的触屏手机，经历过很多次技术创新，乔布斯是怎样把触屏手机做出来的？所以大家除了要有扎实的知识基础，还要有想象力、表达力、动手实践的能力。智能制造学院要培养卓越工程师，就要让学生能够想出来、画出来、做出来！

四、学校要为学生考研创造条件

学校也要给学生创造一些有利的条件。第一，图书馆、教室、实验室，都对大家开放。大家有什么困难都可以提出来，比如灯光不亮的，就给大家换灯泡；天气慢慢冷了，图书馆也是装了空调的。总之，学校要给大家创造有利条件。第二，老师要加强辅导，名师出高徒、严师出高徒、勤快的老师也出高徒。老师要辅导，学生也要好学，不懂的地方要向老师虚心请教。第三，相关的课程安排学院可以做些调整，以便大家集中精力备考。考研是没有硝烟的战场，如果不允许第一线的指战员视情况调整战术，就难打胜仗。总之，学校、学院都要给大家创造有利条件，帮助大家复习、备考。最终结果是以能否考上论英雄，能考上多少论英雄，能考上什么大学论英雄。听说你们今年有两百人考研，我祝愿大家都能考得上，到时候为同学们庆功！

谢谢大家。

"锦城"：负责任的大学培养负责任的青年

——在2022级新生开学典礼上的讲话

（2022年10月30日）

各位来宾、各位家长、各位老师、各位校友，亲爱的"锦城"2022级新生同学们：

大家上午好！今天，我们在这里隆重举行我校2022级新生开学典礼。首先，我谨代表学校党政工团、师生员工，向2022级本、专科新生以及专升本同学们道一声迟到而又真诚热烈的欢迎！向出席本次典礼的各位领导、嘉宾、家长、校友表示衷心的感谢！也借此机会，向学校股东单位，奖助学金设立单位和个人，雇主单位和友好合作单位的同志们表示崇高的敬意！学校办得好，需要"得道多助"，对于帮助过我们的单位和个人，我们都永志不忘。

同学们，在今天的典礼前，我们已经"以文相会"了，在学校印发给你们的《大学的启蒙》里，记载了我从2005年开始在"锦城"历年开学典礼上的讲话，里面记载了我对新生们的建议，主要围绕"大学是什么""怎么读大学"两个问题，希望对你们有所帮助。今天，我想和大家谈一谈"责任"这个话题。党的二十大号召全党、全国各族人民高举中国特色社会主义伟大旗帜，为全面建设社会主义现代化国家、全面推进中华民族伟大复兴而团结奋斗。作为中国的大学和当代的青年，不管是学校还是学生，都必须要有"强国有我"的责任意识与担当精神！"锦城"是一所负责任的大学，它所要培养的，就是堪当民族复兴重任的时代新人！

邹广严校长在2022级新生开学典礼上讲话（宣传处　供图）

一、"锦城"是一所负责任的大学

（一）"锦城"对党和人民的教育事业高度负责

锦城学院是为党育人、为国育才的大学。始终与党和人民同心同向，是"锦城教育"最重要的原则；把党和国家的教育方针、教育政策转化为"锦城教育"，是我们一直以来的光荣传统！建校十八年来，我校始终坚持中国共产党的领导，坚持社会主义办学方向，坚持落实立德树人根本任务，以培养社会主义事业的建设者和接班人为己任，获得了各级党委、政府以及教育主管部门和社会各界的高度认可。

同时，学校坚持高质量发展，努力办好人民满意的大学。创办锦城学院的初心，是为了给省内外的青年创造更多"有学上"的机会；发展"锦城教育"的动力，来源于满足人民对更好教育的热烈期盼和向往。始于初心，成于坚持，今天的"锦城"，较好实现了"学生满意、家长满意、社会满意"的目标。我在这里给同学们分享几个事例：其一，在素有高校"大众点评"之称的"学信网高校满意度调查"中，我校的学生满意度连续11年位居四川省本科高校前列，这充分体现了"锦城"学子对学校的认可和满意！其二，我校是四川省民办高校中第一所进入二本和一本招生的高校，也是第一所拥有院士（专家）工作站的高校，录取分数线一直居于同类高校第一（超过了部分公办高校），在各类高校排行榜中居于同类院校全国前列。这充分体现了教育主管部门、考生、家长以及社会评价机构对学校的认可和满意！其三，截至目前，我校已为社会培养输送了14届、累计6.5万余名高素质人才。我校校友在就业、创业、深造等各方面都有亮眼表现。比如，在四川路桥集团工作的231人中，已有120人成长为工程师、总工程师、项目经理和各级管理干部，占比超过一半！在邮政储蓄银行四川省分行工作的341人中，已有68人担任支行行长级干部，占比将近1/5！才毕业几年就当了支行行长，这是不简单的。这充分说明了我校毕业生顺应了社会的需要，得到了社会的认可！充分说明了"锦城"是一所社会满意、人民满意的大学！

（二）"锦城"对每一位学生高度负责

同学们，党的二十大报告指出："教育、科技、人才是全面建设社会主义现代化国家的基础性、战略性支撑。"作为高校师生，我们的使命光荣、责任重大。"锦城"是教育的殿堂、科技的高地，更是人才的摇篮。"锦城教育"归根结底因学生而存在，学生是这所大学真正的主人，学校的全部资源、全部工作、全部活动都在为同学们的成长、成才、成功服务！在"锦城"，没有脱离人才培养目标的活动，没有离开人才培养的人、事、物，就连校园里的一草一木，甚至天上的云彩，都有独特的育人价值。"锦城"追求的首要目标，就是让每一位同学德智体美劳全面发展，实现增值。所谓"增值"，不是指学习了几年，获得一张文凭或一个大学生的身份，而是促进每一位同学在道德、学问、精神、体魄、能力、素养等方面的全面提高。让每一位同学通过大学的学习，都能收获一个增量 Δ（"德尔塔"）——如果说你入学时的水平是 X，毕业时的水平是 Y，那么你收获的 Δ 就是 Y-X。我们追求的就是人人都有 Δ，人人的 Δ 都能最大化！让"锦城"真正成为学生人生腾飞的起点！

为此——"锦城"坚守"绝不误人子弟"的底线。我们奉行"教育不放任、管理不放羊、考试不放水"的三不原则，要求大家认认真真读大学，杜绝松松垮垮混大学。"锦城教育"最讲"负责"二字——领导负责地办学，老师负责地育人，学生负责地学习。选择"锦城"，就是选择了负责的精神，选择了勤奋、向上、严格、刻苦的校风，也就是选择了让自己变得更加优秀和卓越！正如一位专升本的同学所说的，我不是因为优秀进入"锦城"，而是因为进入"锦城"变得更加优秀！"锦城"的本事不是去选拔那些拔尖的考生，而是把学生培养成优秀的人才！

"锦城"不抛弃、不放弃任何一个学生。我想在此重申学校"三个不落下"的原则：第一，尽管我校主要依靠自筹经费办学，但绝不会让任何一位因天灾人祸等突发事件致贫的学生辍学！我们将和政府、社会各界一道，帮助他渡过难关，而不把他落下！第二，尽管所有的教育都不能保证把每一个学生都教好，但"锦城"的学生只要有学习的愿望，学校就会尽最大努力给他提供优质的、适合他的教育，帮助他完成学业，而不把他落下！第三，尽管国家早已实行了市场化的就业政策，但"锦城"的毕业生，只要有就业的意向，我们定会竭尽全力帮他寻找岗位和出路，而不把他落下！这，就是我们对"锦城"每一位学生应负的责任！

"锦城"不断改革创新，力争为每一位同学提供最好的教育。建校十八年来，我校立足本土，学习世界著名大学的先进经验，学习国内外著名教育家、心理学家和哲学家的先进教育理念，见贤思齐，博采众长，结合实际，自成一家，在日益深化改革的过程中，形成了独具特色的"锦城教育学"。"锦城"的应用型、复合型、未来型人才培养体系让你们的才能更加符合时代和未来的需要；高阶教学、深度学习、非认知能力培育、教师情感劳动等教育教学改革模式让你们获得更高质量、更为全面的发展；"长板原理"的理论创新和个性化的教育实践，为同学们身上各不相同的天赋和特长提供了生根、发芽、开花、结果的空气和土壤，使你们的长板更长、亮点更亮……这样的改革创新还有很多。总之，"锦城教育"是与众不同的，也是走在前列的！领先的"锦城教育"，必将成就你们更好的未来！

（三）"锦城"对所有教职员工高度负责

习近平总书记指出："一个人遇到好老师是人生的幸运，一个学校拥有好老师是学校的光荣，一个民族源源不断涌现出一批又一批好老师则是民族的希望。""锦城"对大学的理解，与著名教育家梅贻琦先生的观点一致，那就是："所谓大学者，非谓有大楼之谓也，有大师之谓也。"当然，除了要有大师，还要有大楼和大好的校风（包括教风、学风等等）。大学教师的水准就是大学的水准，辅导员的人格会塑造学生的人格，管理和服务者的状态会影响学生的状态，而学校对教职员工的态度，就是对学生的态度。所以，尊师重道就是重教爱生！一所对学生负责任的大学，必然要对她的教职员工高度负责！

"国将兴，必贵师而重傅。"我校历来弘扬中华民族尊师重道的光荣传统，把教学、管理、服务的三支队伍建设放在重中之重的位置，学校的一切资源都向教学一线倾斜。在"锦城"，教师、辅导员、管理和服务者不是一般意义上的"雇员"，他们就是大学本身，是大学不可分割的一部分，是大学的主人！他们对学校的建设和发展作出了巨大贡献，也是实现学校育人、科研、社会服务等目标的主力军，是学校全心全意依靠的对象！学校所做的工作，一是为同学们广聘良师；二是为老师们创造良好的工作、生活条件，使他们安居乐业、衣食无忧、潜心向学、立德树人，使他们拥有充足的职业安全感和光荣感，从而全心全意地投入"锦城"教育事业。

同学们，你们的老师有着高尚的师德师风、高超的师才师能，他们是你们的良师益友！他们是"锦城"最可亲、最可敬、最宝贵的人！我相信，在未来的日子里，你们一定会"亲其师，信其道"，进而"爱其校，乐其学"！你们的大学生活，也一定会因此充满收获，分外精彩！

二、负责任的"锦城教育"，培养堪当民族复兴重任的时代新人

同学们，我从业50余年，得出一条重要的心得体会，那就是区别或比较人与人之间高下的，往往不是学历或身份，甚至也不完全是智商，而是态度。在态度的诸因素中，负责任是最根本的。梁启超先生说过："人生于天地之间，各有责任。知责任者，大丈夫之始也；行责任者，大丈夫之终也。"无论你将来从事什么行业、什么职业、什么岗位，无论对国家、对社会、对家庭、对朋友、对自己，负责任都是第一位的。尽职尽责是天职，也是决定人生成攻功的关键。所以，我希望大家都来做"知责于心、履责于行"的"锦城"青年，努力成长为堪当民族复兴重任的时代新人！

"锦城"一直厚植家国情怀。图为开学典礼现场，"锦城"国旗护卫队出旗（宣传处　供图）

（一）要成为堪当民族复兴重任的时代新人，就要坚定理想信念，厚植家国情怀

我校历来倡导和发扬中华民族"天下兴亡，匹夫有责"的精神，以天下为己任的光荣传统。以"三讲三心"明德教育为起点，教育学生对国家、人民尽忠心，对父母、长辈尽孝心，对同学、同事尽爱心，引导学生树立和践行社会主义核心价值观，现在为中华民族伟大复兴而读书，将来为国家繁荣富强而奋斗！

我校历来培养学生树立远大的共产主义理想和中国特色社会主义坚定信念，厚植爱党爱国爱人民的家国情怀，培养同学们的爱国之心、报国之志。希望大家能像你们的师兄师姐一样，将来成为一个个出色的工程师、会计师、企业家、文化艺术工作者、科学家、大学教授、人民公仆……成为一个个合格而卓越的社会主义建设者和接班人！

同学们，一代人有一代人的长征，一代人有一代人的责任。党的二十大报告指出："从现在起，中国共产党的中心任务就是团结带领全国各族人民全面建成社会主义现代化强国、实现第二个百年奋斗目标，以中国式现代化全面推进中华民族伟大复兴。"对于这一伟大事业，我们每个人都与有荣焉、责无旁贷！希望大家牢记习近平总书记教导，立志成为堪当民族复兴重任的时代新人，勇敢地担负起实现国家繁荣、民族复兴、人民幸福的伟大使命，把家国情怀转化为人生的灯塔、奋斗的激情、前进的动力，让爱国成为最鲜明的人生底色，让青春在奋斗中闪光！

（二）要成为堪当民族复兴重任的时代新人，就要全身心投入学习、掌握知识

一个人知识少不可怕，可怕的是不学习，更可怕的是没有学习的动机和能力。1920年，列宁在《青年团的任务》一文中，对青年人提出了一个最基本、最重要的要求，那就是学习。他说："只有了解人类创造的一切财富以丰富自己的头脑，才能成为共产主义者。"同时，列宁还号召青年学习当时最前沿的电气化知识。他有一句名言，叫"共产主义就是苏维埃政权加全国电气化"。当时，电气化就是最前沿的。他对青年们说，摆在你们面前的是建设任务，你们只有通晓了一切现代知识，才能完成这个任务。

按照列宁的教导，我们"锦城"学子一方面要学好学科基本知识，这是一切高阶思维和高阶能力的基础——基础不牢，地动山摇；另一方面要学习当代最前沿的科学知识，因为前沿代表着未来——只有拥抱未来，才能赢得未来！

要掌握知识，就要全身心投入学习，这是"锦城"学子的第一要务。要投入时间，投入精力，投入一切有助于学习的资源。为了达到良好的效果，还必须进行深度学习、强度学习、科学学习，必须重视"五个课堂"，必须坚持"锦城课堂大于天"，必须掌握科学的学习方法，特别要学会阅读、学会思考和反思、学会实践与总结、学会质疑和交流，这些都是成为一个卓越学习者的必由之路！

要掌握知识，就要发展终身学习的能力。大学只是短短几年，要把所有的知识都学完是做不到的，你们在大学学到的更多的是接受、探究和融会新知识的能力。正如我们深信不疑的一样——教育是百业

之基，学力（学习能力）是万力之母。"锦城教育"的长远作用，在于发展每一位同学的学习能力，使之成为终身学习者，从而为你们的人生发展提供强大支撑和动力！

（三）要成为堪当民族复兴重任的时代新人，就一定要做一个创新者

党的二十大报告中多次强调创新。正如江泽民同志曾经指出的一样："创新是一个民族进步的灵魂，是一个国家兴旺发达的不竭动力。"进入 21 世纪，以移动互联网为基础的大数据、云计算、人工智能、万物互联及生命科学等科学技术日新月异、飞速发展，深刻改变了人类的生产生活方式，创新成为引领发展的第一动力。所以一个堪当民族复兴重任的时代新人，他一定是一个创新者！

我校自 2005 年起，就实施"三练三创"实践教育，又把逻辑学、编程等纳入必选课、普及课，特别是提出和实行"四大框架"，实行高阶教学、深度学习，努力培养学生的创新力和批判性思维，着力于培养学生的认知和非认知能力，使创新在"锦城"蔚然成风。

为了应对 21 世纪的挑战，学校将致力于把你们培养成为创新者。根据经济合作与发展组织的研究，创新有三大特征：一是创造力，二是批判性思维，三是社会情感能力。

什么是创造力？简单来说，就是指用独创和适当的方式开展工作的能力。能够提出新的想法或者用新的方法解决问题就是创造力。这里大家要消除一个误会，就是创造力并不是少数天才的专属，而是广泛存在于各个领域、各种人群之中——包括在我们所有学生当中。科学的发现、工程的发明、技术的突破、理论的创新是创造，写一首小诗、演一出戏剧、开发一个程序、制作一个机器人，同样也是创造。每个人都可以是创造者！我对大家的建议是唤醒你的好奇心，放飞你的想象力，保持创造的欲望，发展创造的能力，力争纵向有突破、横向有多元（方案）。这样，我们就能迈过创新殿堂的门槛！

批判性思维是创新的第二个特征。它帮助我们判断一个想法是否合理和可行，帮助我们从许多想法中选择和完善一个最优的想法。为此，你需要先把自己的创意或构想形成初步的方案，然后运用理性的方法和工具对其进行分析、判断、评估、论证、甄别、完善……通过思维的不断收敛、不断聚焦和深化，你的思路和方案就会变得清晰起来。完成这一步，就是"成竹在胸"了！

2022级新生军训现场（宣传处　供图）

实现创新的最后也是最重要的一步，是要在想出来、画出来、写出来的基础上做出来，这是一个创造者的基本功。要把蓝图变为现实，就一定要采取行动！这需要强大的自我驱动、实干精神以及沟通表达、说服他人、组织领导、统筹协调等社会情感能力，这些能力都属于非认知能力。我校教育的一大鲜明特色是非认知能力与认知能力并重，为同学们插上一双协调有力的翅膀，帮助你们飞得更高、飞得更远！

邹广严校长检阅2022级新生军训成果（宣传处 供图）

老师们、同学们、同志们，让我们认真学习贯彻党的二十大精神，牢记"科技是第一生产力、人才是第一资源、创新是第一动力"，立足本职，结合实际，全面深入落实党的科教兴国战略、人才强国战略、创新驱动发展战略，奋进新征程、建功新时代！希望同学们心怀梦想，不负时代，飞扬青春，放胆追梦，在"锦城"这片成长的热土上，去学习、去探索、去发现、去创造，去实现属于"锦城"2022级学生的光荣与梦想！

搞好研究，做好传播，
出更多人才、更好成果、更大影响力

——在高等教育研究院、国际教育研究院揭牌典礼 暨"锦城教育学"系列学术沙龙启动仪式上的讲话

（2022年11月11日）

我首先向两家研究院表示祝贺，祝贺你们由原来的研究所升级更名为研究院。对于研究院今后的工作，我讲几点意见。

一、研究院的基本任务是研究、传播和培养人才

首先是搞好研究。做研究是世界公认的大学基本职能之一。蔡元培先生就曾说过："大学者，研究高深学问者也。"所以，不研究高深学问的地方不能被称为大学，而是职业培训所。今天，两家研究所升级为研究院，反映了学校领导层对研究工作的重视。现在我们在教学上讲要培养学生的高阶思维，什么是高阶思维？高阶思维就是学者、研究人员、科学家、专家型的思维，本质上就是探究和研究的思维。也就是说，研究不仅是发现知识、发展学术的基本方法，同时，研究对教学和人才培养工作也有很大的促进作用。不要以为我们学校年轻、是民办的，研究工作就可以差一点，相反，我校在研究成果的转

化上可能是效率最高的。比如说我们在2010年就启动了"大学生就业岗位调查"，在此基础上推行"专业和课程设置的逆向革命"，很好地解决了应用型大学人才培养与社会需求对接的问题。我们的《大学生就业岗位调查报告》（以下简称《岗调报告》）都已经再版了，第三版的内容也准备完成了。最近，省教育厅在调研"招生—培养—就业"联动机制，对我校的《岗调报告》很重视，专题会议都放在我们学校召开，与会高校听了我们的经验介绍，纷纷找我们要《岗调报告》。这只是一个案例，可以说，我们无论是在教育理论的研究、创新还是理论研究推动教育改革实践上，都是很有成果并走在前列的！我们曾经走在前列，今后我们也要一如既往地走在前列！

我以前讲过，"锦城"所有的教职员工，都要"把工作当科研来做，把科研当工作来做"，这是泛而言之、一般要求。但是研究院是研究高深学问之地，应该有更高的要求。研究院要研究高深学问，既

2022 年 11 月 11 日，锦城学院高等教育研究院、国际教育研究院揭牌启用。图为剪彩仪式现场（宣传处　供图）

要研究古典又要追踪前沿，既要研究中国又要放眼世界，既要立足本校又要关注外校……总而言之，视野要开阔，思维要活跃，要见贤思齐、博采众长、联系实际、自成一家。特别是要抓好研究项目，刚才温晶晶讲了，编撰《锦城教育学》是当前的"1号工程"，大家要齐心协力把这个项目抓好。

其次是做好传播。传播不仅是宣传部门的事，还是每一个单位、每一位教职员工的事。大家千万不要低估传播的力量，无论是蔡元培的"思想自由，兼容并包"，还是梅贻琦的"大楼大师论""从游论"等，其影响都是超越一时一地的，这背后就是传播起的作用。洪堡当柏林大学校长的时候，提出要把科研当作大学的核心任务之一，他当校长的时间很短，如果他走之后大家都把他忘了，这事也就没下文了。但柏林大学将他的思想高高举起、大大发扬，获得了很大的成功，所以"洪堡思想"不仅影响了柏林大学，还影响了欧洲、影响了美国、影响了全世界，从此之后，所谓"研究型大学"产生了。

1984年，我研究企业文化的时候，提出了"有形的力量"和"无形的力量"的理论；六年之后——1990年，哈佛大学教授约瑟夫·奈提出了"硬实力""软实力"的理论。我看了以后很惊讶，心想这不是所见略同吗？"有形的力量"就是"硬实力"，"无形的力量"就是"软实力"。但"硬实力""软实力"理论在全球都有影响力，相比之下，"有形的力量"和"无形的力量"的影响力就小很多，好在西南财经大学出版社给我出版了一本书，名为《管理之魂——企业文化的理论与实践》，现在仍是有据可查的。

所以大家都应该明白，一个好的思想、好的观念、好的理论、好的做法，要靠有效的传播才有生命力、影响力。具体到学校的工作，老师讲课是传播、干部开会是传播、办赛搞活动是传播，但是，系统的传播还得靠研究得来的东西。高等教育研究院在《中国教育报》上连续发表了四个整版文章，宣传我校的教育教学改革和高质量发展新气象，这是很好的。我校各个领域的创新都很多，都是可以研究，可以出理论、出成果的。学校各单位也要结合自己的工作，多总结、多传播，把我们"锦城教育"的影响扩大出去。

研究院还要培养人才。我多次说，锦城学院没有离开人才培养的人、事、物，所有资源都是为师生服务的，研究院当然也不例外。研究院要团结和培养一大批有研究能力的教师，也要培养一大批有研究热情的学生。这里集中了大量教育教学类的文献，可以作为师生的一个专业阅览室。你们还可以搞学术沙龙、读书会，把这里作为一个交流的场地。还要吸收更多的师生参与到研究项目中……这些都是发现、锻炼、培养人才的有效方式。

活跃沙龙文化，增强学术交流（高研院　供图）

二、学校要为研究院创造条件、给予支持

研究院要想搞好，第一要有人，第二要有钱，第三要有氛围，这些是学校领导要支持的。

一是在人员上要支持。研究院聘请的专家可以是国内国外的、省内省外的，也可以是校内校外的，但是以校内为主。年龄结构上老中青相结合，不要认为年纪大的才行、年纪轻的就不行，我看不一定——牛顿发现万有引力定律时三十几岁，爱因斯坦发表相对论时也是三十几岁，可见年轻人有能力把科研做好。当然，年长的经验丰富，大家各有优势，都可以来搞研究。

二是在经费上要支持。凡是需要的教育教学类图书、资料，图书馆负责买齐，这点钱要舍得花。我以前当全国人大代表的时候，每年到北京开会，总要抽时间去各大书店看书、买书的，省政府驻京办的司机都知道我这个习惯。如果有必要，你们跑一趟，把需要的书给买回来。研究院肯定要搞科研项目，该立项就立项，该到上级机关争取就积极争取，该配套资金就配套资金。日常还要搞一些沙龙活动，总得要花点钱。学校要给予经费上的支持。

三是在氛围上要支持。就是给大家一个宽松的、学术自由的研究环境，不要动不动就"扣帽子""打棍子"。要允许大家说话，允许大家说错话，不允许说错话就等于不允许说话。研究要允许大家畅所欲言，允许百家争鸣。

三、研究院要出人才、出成果、出影响力

要出人才。就是要培养一大批有研究能力的专家，也要培养一大批研究工作的爱好者。

要出成果。要有代表性的项目、著作、论文等。美国大学的口号是"不出版就灭亡"，——不是别人要灭亡你，而是自己灭亡自己。他们的优点之一是盯住不放、深入研究，看似不起眼的题目都能出很多书。我们中国人也有"立德、立功、立言"的追求，出作品、出成果就是"立言"。在大学里不做点研究是没有出路的，光会当官不会研究能行吗？我们学校的创造很多，大家要认真总结、认真研究、多出成果。

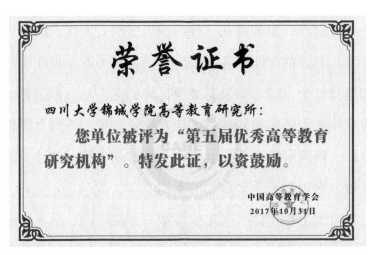

锦城学院高等教育研究所荣获由中国高等教育学会颁发的
"第五届优秀高等教育研究机构"（高研院 供图）

要有影响力。一所学校要办得好，一定要有影响力。大家一起努力，把"锦城"的影响力推广到全国！苏斌当团委书记的时候，我校

的团学工作是有影响力的，还获得过"全国五四红旗团委"。李峤、邓忠君负责的农场劳动教育，多次登上国家级权威媒体，多次上热搜、头条，也是有影响力的。影响力出去了，学校声誉就提升了，学校就增值了，大家也跟着增值。所以我们大家要共同努力，把研究和传播工作做好，出更多的人才、更好的成果、更大的影响力。

谢谢大家！

关于做人的点滴感悟

（2022年11月）

　　承认别人的优点是自己优秀的开始，而看不到别人的优点则是自己的缺点。

　　你可以走自己的路，但是不能挡别人的路。你可以开辟新路，但不能让别人无路可走。

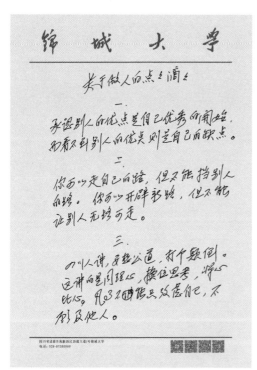

邹广严校长手稿

　　四川人讲"要想公道，打个颠倒"——这讲的是同理心，换位思考，将心比心。凡事不能只考虑自己，不顾及他人。

　　中国有句古话，不能得了便宜还卖乖。得了别人的帮助，不但不感恩，还到处炫耀自己的本事大；学了别人的经验却说成是自己的发明；引用别人的作品，却不注明出处；使用了别人的专利或发明，却说成是自主创新等，这样的人或事大家不喜欢。

　　反思教育要从小抓起。许多中国家庭教育有一个缺点，即缺乏反思精神。小孩子摔倒了，在地上大哭，家长就会用脚跺两下地面，说："看，都是这个地不好，让俺孩子摔倒了！"于是孩子不哭了，大人也达到了目的。如果孩子不小心碰到桌子上，疼得大哭，家长就会用力拍桌子，说："都怪这个桌子不好，怎么碰到俺孩子了？该打！"于是小孩不哭了。这样教育的结果，就是让孩子养成怨天尤人的习惯，遇事只找客观原因，都是别人的错，自己没有一点反思精神。

2023年

不忘初心再出发

  这一年，全力推进教学秩序、师生生活、学校工作恢复疫情前的正常化；

  这一年，居安思危，识变应变，主动应对人工智能时代的新挑战；

  这一年，不忘初心再出发，弘扬创始文化、育人文化、发展文化，誓将"锦城教育学"贯彻到底，办好人民满意的大学教育！

把"锦城教育学"发扬光大，
实现学校更高质量发展

——2023年新春贺词

（2023年1月21日）

亲爱的"锦城"师生员工、海内外校友，一切关心支持"锦城"教育事业的同志们、朋友们：

兔年春节就要到了，我谨代表成都锦城学院党政工团组织，向你们和你们的亲属致以节日的祝贺和问候！祝大家新春快乐，兔年大吉，身体健康，阖家幸福！

站在岁序交替的路口，回望过去的一年，不寻常，亦不容易。我们共同经历了大旱酷暑、疫情反复、压力挑战，有困难，有无奈，也有遗憾，但是"锦城人"总是充满朝气，眼里有光，心中有梦，瞄准目标，不达不休！我们上下齐心，集中精力抓育人；我们勇毅前行，在攻坚克难中取得疫情防控和事业发展的双胜利。我们全力以赴，在永不停歇的奋斗中实现学生成长、教师发展、学校提质的三增值。

过去这一年，我们始终把"人才培养做到最好"放在首位，千方百计帮助学生成长成才。深入推进高阶教学、深度学习、非认知能力培育、教师情感劳动的育人改革"四大框架"，帮助学生实现"两个飞跃"——从掌握信息向掌握知识飞跃，从掌握知识向发展高阶思维和高阶能力飞跃。我们持续推动"教学、教赛、教研、教技"的"四个相长"，特别是"以赛促学、学赛结合，以赛促教、教赛相长"——从"为奖而赛"向"为学而赛"转变，在校生校级以上竞赛参赛率达到80%。

2022年，我校取得了骄人的竞赛成绩，在"互联网+""挑战杯"省赛摘得4金10银36铜，在"普通高校大学生学科竞赛指数"榜单中跻身全国前三分之一，在"普通高校大学生艺术类竞赛指数"榜单中位列全国前25%。我们坚持认知能力与非认知能力培育相结合的育人路线，提升学生的综合素养——创建40个非认知能力培育工作坊，搭建学生"长板"挖掘和展示平台，涌现出了一大批优秀人物和团队，比如获得"四川省大学生年度人物"荣誉的毛雯同学，当选四川省学生联合会执行主席的田政涛同学，我校足球队更是以五战全胜的成绩勇夺全省足球联赛高校校园组冠军！这就是自信绽放、收获掌声的"锦城"学子，他们因为"锦城教育"变得更加优秀！

过去这一年，我们坚信"教师的水平决定教育的水平"，关心和支持每一位教职员工的发展。以"课、研、学、训"的多元方式，为教师提供培训和支持，帮助他们提升师德、师风、师才、师能。我们鼓励教师搞好高阶教学，付出情感劳动，切实推行"五方评价"，促进教师倾心育人、潜心向学。我们欣喜地看到，学校的青年骨干教师已经成长为官方肯定、同行认可、学生喜爱的良师益友——张宏宇、胡莉、刘凌涓等老师获得教学竞赛的全省特等奖、全国总决赛一等奖，"锦城"教师的18门课程被认定为2022年省级"一流本科课程"（认定数量位列同类高校榜首），打造的特色课程入选教育部首批"能者为师"课程资源……正是"锦城"教师的"全身心投入、全天候育人、全过程评价、全方位做好"，使"锦城"学子"亲其师，信其道，爱其校，乐其学"。

我们还有很多在风里雨里护卫师生健康和校园平安的医护、保安、后勤以及防疫志愿者同志，在各个岗位埋头苦干、默默奉献的全体行政和辅导员们……"锦城"的每一位教职员工都是不负时光、追求卓越的奋斗者！在此，谨向大家致以崇高的敬意和衷心的感谢！

用拼搏奋斗书写胜利诗篇（校团委　供图）

过去这一年，我们深刻把握"办学、教学、求学"规律，实现了学校的高质量发展和高美誉度。我们持续保持"进口旺，出口畅"的大好势头——在川二本文史和理工类录取线蝉联全省同类高校第一；我们认真开展"书记校长联系百家企业"活动，组织"百家名企进校园"等大型招聘活动，竭尽全力扩大就业机会，促进学生"高就业、就好业"。

2022年，学校也得到了各方的高度肯定——省政府领导、省教育厅领导来校调研指导时，均对我校的办学发展给予高度评价；学校成功入选教育部"一站式"学生社区综合管理模式建设试点，获批"四川省第十批院士（专家）工作站"建站单位，产教融合经验被教育厅作为"对标竞进，争创一流"的典型经验推广。学校的社会认可度也得到进一步提升——在"软科中国大学排名"2022年榜单中跻身全国民办高校中西部第一，全国前五；人民网、《中国教育报》、四川教育发布等80余家媒体报道"锦城教育"……领导的肯定、考生的向往、企业的青睐、社会的赞誉，是对我们用心办好人民满意大学的回应、褒奖和鼓励！

老师们、同学们、同志们，正是有你们的和衷共济、排除万难，"锦城"才能取得如此难能可贵的成绩，不断创造新的辉煌！

新的一年，是贯彻党的二十大精神的开局之年，是"锦城教育"迈向新征程的发展之年。我们的目标是上下同心，实现"三个做到"。

中国大学排名 2022		民办高校排名	
排名	学校名称	省市	总分
1	吉林外国语大学	吉林	136.7
2	山东协和学院	山东	99.6
3	大连东软信息学院	辽宁	91.4
4	珠海科技学院	广东	90.4
5	成都锦城学院	四川	82.2
6	广州南方学院	广东	81.7
7	武昌首义学院	湖北	80.1
8	齐鲁理工学院	山东	79.8
9	武汉东湖学院	湖北	79.1
10	文华学院	湖北	78.1

在"软科中国大学排名"2022年榜单中，锦城学院位列民办高校全国第五、中西部第一（校办　供图）

新的一年，我们要坚持做到"三个坚定不移"。坚定不移地贯彻党和国家的教育方针，坚持社会主义办学方向；坚定不移地为党育人、为国育才，努力培养堪当民族复兴重任的时代新人；坚定不移地贯彻我校"五大发展战略"，将应用型、创业型大学办到最好！

新的一年，我们要力求实现"三个正常化"。在尊重劳动、尊重知识、尊重人才、尊重创造的大前提下，全力推进教学秩序、师生生活、学校工作的正常化。教育是一种有规律的活动，遵循教育规律办学教学，方能办好人民满意的教育。在党和国家的领导下，我们要努力让"锦城"鲜活的空气、温暖的土壤、充足的水分、丰富的养料和创新的氛围，滋养每一位怀抱梦想、向上生长的"锦城人"！

新的一年，我们要紧紧抓住贯彻"锦城教育学"这个中心，努力实现"锦城教育"的"三个高质量"。包括：三支队伍（教师、管理和服务队伍）建设的高质量，"四个框架"为代表的教育教学高质量，"非认知能力与认知能力并重""五育并举加长板原理"的人才培养高质量——这是"锦城教育"的精华所在。我们不仅要做到、做好，更要坚持下去、止于至善！

岁月长河，星光闪耀。让我们携手拥抱新的一年，共同把闪耀着教育智慧光芒、拥有创新气息、包容温度的"锦城教育"发扬光大！

衷心祝愿大家迎春卯兔，大展宏图，新桃换旧符，奋斗不止步！

当前的形势和我们的应对

——在2022年工作总结表彰暨2023年工作部署大会上的讲话

（2023年3月10日）

同志们：

今天的大会对2022年的工作进行了总结，对2023年的工作进行了部署。总的来说，2022年，尽管疫情带来了种种不利影响，但通过大家的艰苦奋斗和卓有成效的工作，学校的发展是正常的，也取得了许多成绩。学校也一如既往地兑现大家的绩效，并且对优秀教职员工进行表彰。如果说疫情三年，我们取得了不俗的成绩，那么，相信在走出疫情之后，我们将创造更大的辉煌！刚才王校长已经对2022年的工作做了系统的总结报告，并对今年的工作做了安排，我都赞成。今天，我主要讲四个问题。

一、我们面临的形势和挑战

中国有一个有名的企业叫华为，华为创始人叫任正非。2001年，就在华为形势大好的时候，任正非写了一篇文章，叫作《华为的冬天》，大谈危机和失败。他提出了一个十分尖锐的问题："下一个倒下的会不会是华为？"别人不理解，问任老总怎么会提这个问题呢？

我想，正是因为任正非明白，任何组织发展的规律，都是由弱而盛，盛极而衰，然后常常是在毫无征兆的情况下倒下，关键是管理团队能否居安思危，常抓不懈，逃离这个命运。

我们现在也要提一个问题，"二十年后，'锦城'会不会倒下？"大家不要觉得这是危言耸听，"锦城"现在的发展形势良好，但大家的头脑必须清醒，要看到我们面临很多挑战和危机。

（一）人工智能带来新的挑战

去年12月，由美国人工智能实验室Open AI发布的对话式大型语言模型ChatGPT受到广泛关注，比尔·盖茨评价ChatGPT的历史意义"不亚于个人电脑和互联网诞生"。不仅美国在搞人工智能，世界各国都在搞人工智能，可以肯定的是，用不了多久，以ChatGPT为代表的AIGC（AI Generated Content，指利用人工智能生成内容）技术就会进入到各行各业，人工智能可以生成各式各样的文章、图画、视频、代码、网页等等。就像以往的工业革命一样，人工智能将深刻改变人类思考和处理问题的方式，并由此重塑世界。

以ChatGPT为代表的人工智能技术对高等教育也将产生深远和广泛的影响，特别是教师的教学和学生的就业。对教师来说，传统的以知识传授为主的低端教学方式被彻底逼入死角，只会教知识的教师必然将被人工智能取代。注意，我在这里用了"只会"二字，不是说不要教知识，而是说只会教知识不行。在新的技术条件下，教师要有新的竞争力，我校在2020年就提出了"教师新的五大核心竞争力"，2021年又系统形成了"四大框架"，提出了"五力五升"的要求，这些都是"锦城"教师和"锦城教育"在与人工智能的竞争中的护城河。无论是教师或学生，如果不想被淘汰，一方面，要有人工智能所不能取代的长处，要会高阶教学、深度学习，要付出情感劳动，培育和发展非认知能力等。另一方面，必须尽快参与到这波人工智能的浪潮中来，去适应它、驾驭它，人机协同，让先进的技术为我们的教育教学以及工作赋能。

（二）低人口出生率和生源危机

2022 年，我国人口首次出现了负增长。2022 年的出生人口是 956 万，而同年大学毕业生人数是 1076 万。也就是说，2022 年的大学毕业生比当年的出生人口还要多。一方面是人口减少了，另一方面是高等教育规模还在扩张。按照目前的趋势，高等教育将很快"供大于需"，再加上新的招生考试制度，这必将导致相当多学校和相当多专业的生源危机。实际上，现在已经有部分高校完不成招生计划，部分专业甚至出现"零报考"。现在的生源争夺战已经非常激烈了，未来将更加激烈。

（三）与国内外大学之间竞争加剧

我们作为一所民办大学，面临着与国内外大学之间的激烈竞争。国际上是美、英、加、澳、日、韩等国家的高校，国内则有 985、211 院校、地方重点本科。这些学校一是钱多、二是办学时间长、三是牌子硬、四是教师有编制，有利条件比我们多。同时，同类院校的发展也是很迅猛的，比如吉林外国语大学和西京学院已经有了硕士点，成都东软学院已经通过教育部的合格评估，这些学校建校早，在发展速度上已经走在了我们的前面。另外，我校也不是处处领先于同类高校的，兄弟高校在某些方面做得比我们好。逆水行舟，不进则退。我们要生存、要发展，就必须比竞争对手更努力、更创新、更优秀！

分析了我们面临的挑战、危机和竞争后，我们不禁要问，20年后，什么样的高校能够存活下来？我的回答是，只有高质量、高辨识度、高社会认可度、高考生向往度的大学才能存活下来！只有这样的大学才能历经风浪而不倒，傲然屹立于中国乃至世界的大学之林！而要实现这个目标，我们必须坚定不移地走高质量发展之路。

二、高质量发展是唯一出路

我校历来主张质量第一，历来强调要高质量发展。早在2006年，我校就明确提出"办学质量是学校的生命线"。2007年，我们提出要像哈佛一样，走一条高质量立校的道路，而不能像某些学校一样，走低水平、低质量的道路。我们当年进入二本招生的时候，不是有学校表态说希望永远在三本招生吗？甚至说如果有"四本"，他们就去"四本"招生。我们不是这个思路，我们自建校以来一直强调要走高质量发展的道路。因为低质量是要被淘汰的，高质量发展才是唯一的出路！

教育主管部门对于推动高等教育高质量发展制定了许多举措，比如坚持"以本为本"，推进"四个回归"；实行"强基计划""419计划"，培养"拔尖创新人才"；建设"四新"学科，提升卓越人才培养质量；推行"双万计划"，建设金专、金课、金师、金教材；实施地方高校"101计划"，引导应用型高校服务支撑区域经济高质量发展。具体到"锦城教育"的高质量发展来说，王校长刚才布置了具体的工作，我们除了要积极贯彻教育部，省委、省政府，教育厅的安排部署，争取更多显性成果外，还应该准确把握高质量发展的内涵。

高等数学里有一个"模糊数学"的理论分支，是用来分析复杂系统的。教育就是一个复杂系统，它比工农业以及一般服务业都要复杂。工农业生产可以用一套指标来量化，比如产品数量、合格率、投入产出比、利润率等等。教育活动当然也有指标，但也有许多指标之外的内容。比如，校风怎么量化？师生的精神状态怎么量化？教师的教学水平怎么量化？师生关系怎么量化？又比如对学生的评价，门门功课都考100分当然优秀，但如果有些功课不太好，但非认知能力很强或者特长很突出，算不算优秀？此外，还有一个即时评价和长效评价的问题。工农业产品只需要做及时评价就可以了，但教育是"百年大计"，其效果是缓慢释放且需要时间来考验的。比如自贡校友会会长是一位姓胡的小伙子，他当年高考分数不高，如果只用他当年的考试成绩来衡量，他恐怕算不上优秀，但他现在已经是当地一家颇有规模的食品公司的董事长了，能够经营管理一家企业，说明他的综合能力突出。这里引出一个问题，即我们怎么来衡量一所大学的教学质量？大家要树立更加全面的质量观，指标当然要有，有些指标体系之外的内容也应引起重视，我讲几个方面。

（一）学风好就是高质量

学风是一所学校的软实力，看不见摸不着，但实实在在起作用。我曾说过："没有一流的校长办不成一流的大学，没有一流的班长和团支部书记也办不成一流大学。"这是因为班风、团风甚至是宿舍的室风就是学风的微观构成。有一个学院的两个班，进校时成绩差不多，同样的专业、同样的老师、同一门课程、同一张试卷，学生的平均成绩差了将近20分。什么原因？班风有差别、有高下。所以，人才培养要有高质量，学风必须抓，必须抓好！

引导学生多读书、读好书。图为2023年4月23日"世界读书日"活动现场（图书馆　供图）

"锦城课堂大于天"，我们的学生到课率98%以上，如果又能认真听课、讨论、互动，我看是好学风。但是据图书馆统计，有700多人大学四年都没进过图书馆的门，我看这个"风"就不太好。当然，不进图书馆不代表没读书，但是"零借阅"也是没有利用好图书资源啊。我们现在正在推行教师的高阶教学和学生的深度学习相结合，没有一定程度的课外阅读，没有进图书馆阅读、学习的好风气，我看就达不到高阶教学和深度学习的标准。让学生进图书馆阅读、学习，这个工作要靠教师、辅导员一起来抓。

（二）出人才就是高质量

这是我们一直以来坚持的观点。比如，早在2009年，我们就提出"毕业生能否为社会需要并认可，是检验应用型大学办学成功与否的唯一标准"。2015年，我们提出"五个第一"，第一个第一就是"在大学的三个职能中，人才培养第一"。大学之大，不仅在于大楼之大、大师之大，更在于人才培养成果之大，毕业生前途之大！通俗点说，能培养出一大批科技工作者、党政干部、工程师、企业家、学者、文化艺术工作者，能够培养出一大批能就业、就好业、有前途的毕业生，能够出一大批有影响力的校友，就是高质量！毕马威在成都的新中心录用了90人，锦城学院的学生有26人，占比为成都各高校之首！这算不算高质量？所以，我们必须重视学生的发展。如果一所学校人才辈出，那这所学校绝对是高质量！

（三）发扬长板原理，学生得到适合自己的教育就是高质量

什么是最好的教育？适合学生自己的教育就是最好的教育。人各有志、人各有长、人各有学，要允许学生走自己的路。现在的班级制、批量化教育，是工业文明的产物，在信息时代必须改变。很多中外教育家都强调个性化的教育，孔夫子主张因材施教，这是一个教育理想。所以，我们要进一步研究怎么办好适合每一个学生的教育。思想要解放一点，比如说，我们有一位校友在资阳种草莓，带动家乡致富，人称"草莓西施"，我想对于这样的学生，我们不妨允许他们到农业大学去上几门课，我们认证学分就行。又比如将来想创业当企业家的，就要给他提供创业相关的课程，例如融资课程、企业管理等

等，这些课程正是他需要的，对他的未来发展很有帮助。我们也可以鼓励学生利用信息技术、人工智能网上选课、学习。总之，为了让学生能够各有所学，我们要更好地贯彻因材施教的原则，深化对学生的分类培养，探索更具个性化的人才培养方式，从而让每一名学生获得适合自己的教育，这是教育的高境界。

（四）每一位老师都能全身心投入、贯彻落实高阶教学就是高质量

总督办对高阶课堂的评分，57%的老师优秀，38%的老师良好，还有5%的老师不怎么样。从大面上来说，这个成绩还是不错的。但我们不能忽视那5%的老师。

从横向来说，只有每位教师都能达到教育教学的高质量，才会有"锦城教育"的高质量。只有60%的教师做得好不行，80%也不行，95%还不行，要100%才行。因为只要有一个教师表现差，具体到他那门课，他教的那个班，就是教学质量差。

从纵向来说，当前的教学质量工作要狠抓三点：一是"两课设计"，二是课堂表现，三是评价反馈。这三条要对每个教师（包括辅导员）全覆盖，督导组要督导这个，人事处、教务处和二级学院要考核这个，一条不漏，人人做好。

（五）学生满意，考生向往，社会认可就是高质量

学生满意、考生向往，这就是我们追求的"近者悦，远者来"。社会认可，说明办学有益于社会、有益于国家。能够做到这些，就是高质量。就拿"考生向往"来说，考生都争相报考这所学校，一般就说明这所学校有实力、有吸引力、读这所学校有前途，可以说这所学

校的教育是高质量！那如果大家都不报考或者是报考人数很少呢？这就得分情况来说了。一种是报考的风向变了，十年河东、十年河西，20世纪八九十年代的时候，工商、财会、国贸都是热门专业，现在降温了，这背后是经济结构的变迁，在我们这里降温，在别的高校也降温，大家"同此凉热"。另外一种情况，就是大家"不同此凉热"，比如前几年我们的微电子专业招生不怎么好，但这个专业在电子科大却很热门。这就要思考是什么原因了。我们办一所学校，归根结底是为学生办的、为社会办的，所以总要让考生向往，让在校学生满意，让社会各界认可，才是高质量！

办一所令人向往的大学。图为2023年3月，汉源一中学子在"锦城"研学（招生处 供图）

三、推动"锦城教育"数字化转型

党的二十大报告指出，要"推进教育数字化，建设全民终身学习的学习型社会、学习型大国"。教育部提出要深入实施"教育数字化战略行动"。联合国教育峰会将"促进数字学习和转型"作为教育变革的五大议题之一。可见，教育的数字化转型（或称为"数字化战略""数字化行动""数字化发展"）是大势所趋，也是我校走在技术变革前列，建设未来型大学的必经之路。我们现在也要积极推进教育数字化转型工作。

（一）为什么要转型

首先，我讲一个"数字鸿沟"理论。这个理论是说，在全球数字化进程中，不同国家、地区、行业、企业、社区之间，由于对信息、网络技术的拥有程度、应用程度以及创新能力的差别，造成了信息落差的进一步拉大。教育数字化，不管是当年的可汗学院，还是如今的慕课，都有一个美好的愿望，就是要促进优质教育资源的共享，从而让教育更加公平。可以说，这个目标在一定程度上实现了，但新的不公平又出现了，那就是"数字鸿沟"——跟得上数字化潮流的人变得更加强大了，而没有跟上这股潮流的人变得更加落后了，两者间的差距持续拉大，这也体现了"马太效应"。为什么？因为两者对基础设施和相关资源的拥有程度不同、对数字化的应用和创新程度不同。

不仅国家和地区之间有数字鸿沟，学校与学校之间、教师与教师之间、学生与学生之间也存在数字鸿沟。一群有较高数字素养的教师和一群在数字化面前无动于衷的教师是不同的，一群善于利用数字化资源的学生和一群对数字化资源一无所知的学生也是不同的。而且，他们之间的差距会越拉越大。所以，在全球数字化浪潮中，"锦城"

师生要站在数字鸿沟的哪一侧？是占据优势的一侧，还是处于劣势的一侧？这是我们要推进数字化转型的第一个理由。

第二，现行的教育模式仍然停留在工业时代，其特点是标准化、批量化、整齐划一，表现为统一的班级、统一的授课、统一的模式，培养出来的学生更像是"标准件"。这种教育形态离个性化的教育追求还差得远。而数字化以及在数字化基础上的智能化，则为个性化的教育创造了条件，比如学生可以根据自己的兴趣爱好选修课程、获取学习资料，也可以借助智能化设备实现深度学习等。

第三，当前数字技术的发展也能够支撑这种转型。

（二）如何转型

一是加强基础设施，建设智慧校园。总体来看，我校的数字化基础设施建设还存在一些不足。具体表现在，校园网络有时不稳定；部分教室的电脑、投影设备老旧；虚拟仿真实验室以及智慧教室数量不多；各业务系统的"数据孤岛"现象比较突出，信息的汇聚、共享和综合管理程度较低……也就是说，我们在基础设施上是有一些短板的。我们现在就是要把有限的钱花在刀刃上，加强基础设施建设，为数字化转型提供良好基础和条件。

二是做好融合和重塑工作。重点是对"两个空间"（物理空间、网络空间）和"六个要素"（教学目标、教学内容、教学活动、教学方法、教学评价、教学环境）进行融合和重塑，建立新的教育教学生态。具体怎么办，请大家先研究。

三是技术赋能、应用创新。首先是要提高师生的数字化素养，这个素养包括信息意识、信息知识和信息利用能力等。最核心的目标是要提高师生利用数字化资源、驾驭数字化、智能化工具的能力，让这些资源、工具为我所用。比如我国已经上线有6.2万门慕课，其中优质慕课有2.7万门、国家一流课程有1800门，国内有中国大学慕课、学堂在线、智慧树等在线课程平台，国外有iversity、coursera、edX等平台，我们的师生要把这些资源用够、用好、用活。又比如"国家高等教育智慧教育平台"上集成了许多虚拟仿真系统，是完全开放和免费的，我们也要用起来。包括现在广受关注的ChatGPT，不管它怎样先进，归根结底是一种工具，我们要学会驾驭它、使用它。"锦城"年轻人多，在这方面有优势。

（三）转成什么型

通过信息化、数字化、智能化的转型和升级，实现几个目标：一是打破时空限制，实现"人人皆学、处处能学、时时可学"；二是更加精准和个性化；三是更加快捷、方便、及时、高效，实现信息技术赋能的协同化教学、混合式教学和场景化教学。

四、坚定不移地贯彻落实"锦城教育学"

当今中国大学林立，总数已超3000所，所能为人辨识者，唯特色也！

"锦城"之特色，集中体现在"锦城教育学"，而"锦城教育学"之特色，又集中体现在"四大框架"。"四大框架"包括高阶教学的理论、深度学习的理论、两种能力（认知与非认知）并重的理论以及教师三种劳动（体力劳动、脑力劳动、情感劳动）的理论。这"四大框架"，集中了当代教育教学最重要、最尖端的四个问题，也是我们"锦城"师生改革创新的四大理论成果，在"锦城"人才培养、教师成长、学校发展等方面起着十分重要、十分关键的作用，所以我们必须贯彻好、落实好。

在人工智能快速发展的今天，高阶教学和深度学习的理论价值愈发凸显。只能照搬照转、传输知识的教师必然要被淘汰，只会死记硬背、简单应用的学生也难有好的发展。所以，"锦城"教师在教知识的时候，不仅要传授知识本身，还要讲清楚知识从哪里来（产生），到哪里去（用途），让学生知其然且知其所以然，在学习过程中发展思维能力、思维水平，通过深度学习，形成解决复杂问题的能力，并力争能有所创新、创造。可以说，只要落实了高阶教学和深度学习，我们的人才培养在认知领域就能达到高水平。

非认知能力与认知能力并重的理论，现在是越看越正确！我讲一个案例，根据校友办的统计，我校校友中现有 200 多名银行行长，其中金融类专业的校友约占 30%，非金融类专业校友约占 70%，如果把财会类专业也算上，那么金融财会大类的行长校友占 41%，非金融财会类的占 59%。我说这个数据，完全没有责怪金融学院的意思，银行的从业人员专业来源很广，学科交叉，很正常。但是我们得研究，为什么能有三分之二的非科班毕业生能当上行长？我分析这些校友至少有三个特点：第一，基础知识牢固，而且思维水平不低，也就是说脑子完全够用。第二，学习能力强，到了工作岗位上，能够通过不断地学习，成为内行。这也是我说"学力是万力之母"的原因。学习能力强的人，适应能力、胜任能力、竞争能力都会比较强。第三，非认知能力强。比如与客户打交道的能力、领导团结团队的能力、获得上级认可的能力、抗压力、坚持力等等，这些都属于非认知能力。从行长校友的案例，可以看出非认知能力与认知能力同样重要。大学应重视非认知能力培育，从传统的"以认知能力为主"到"认知与非认知能力并重"提升。

重视非认知能力培育，是"锦城教育"的一大特色。非认知能力培育在传统教育中不受重视。长期以来，它是"课外"的、隐性的、任其自然的，主要依靠环境的熏陶以及学生自己的体悟，学校没有系统的教育设计，没有明确的教育者和受教育者，没有评价标准，相关工作也不纳入考核。现在，我们锦城学院将非认知能力提高到与认知能力并重的高度，非认知能力培育在我校登上了大雅之堂，成为"锦城教育学"的重要内容，也是我校办学的一大特色。

我和几位校领导有时候在校园里转一转，路上遇到一些学生，有的非常热情，主动过来打招呼问好，有的就低下头或者扭过头去。大家可以想象一下，如果我们的学生毕业后走向社会，不会和领导、同事打交道，用流行的话来说，"社恐"（社交恐惧），这能行吗？所以，我们向学生工作提一个任务，"提高情感能力，培养阳光青年"。阳光青年就是要身心健康，有自信，有活力，与人打交道落落大方，知道在什么场合穿什么衣服、说什么话、做什么事，仪容仪表、言谈举止都能合宜得体，这真乃大本领也！比如在长辈和领导面前，要端坐，肩背要挺直，不能倚靠在座椅靠背上；和长者同桌吃饭，要等长者下了筷子自己才下筷子；领导走进你的办公室，你要起立欢迎，向领导问候、致意，暂时放下手中的工作，听领导安排……诸如此类社交礼仪，是"锦城"青年必须掌握的。总之，非认知能力培育在"锦城"是要登上大雅之堂的，"锦城"的非认知能力有顶层设计、有负责人员、有课程、有平台、有考核、有评价、最重要的是——要有实实在在的效果。非认知能力培育不仅是辅导员的工作,也是全体教师的工作。全体教职员工都要把培养学生的两种能力当成自己的本职工作。

情感劳动也是我校教育的一大特色。"锦城"教师不仅要进行体力劳动、脑力劳动,还要进行第三种劳动——情感劳动。情感劳动的基础是爱,因为爱是教育的灵魂,没有爱就没有真正的教育。所以,我校的情感劳动强调以爱为基础,表现在每一位教职员工的面部表情、肢体动作、形象装扮、语言声调等四个大的方面。比如,2012年我们提出"锦城课堂大于天",要求师生对待课堂要有六种情感表现:"像做祭祀一样敬畏,像见贵宾一样庄重,像初恋一样有激情,像约会一样有期待,像演员上台一样有表现欲,像探险家一样有好奇心。"这里面就有丰富的情感劳动内涵:上课提前10分钟到课堂,这就叫敬畏,如果迟到10分钟,那就是教学事故。上课之前,面必净,发必理,衣必整,纽必结,就是庄重,反之,穿着吊带拖鞋进教室,那就显得轻浮。讲课时站立,全神贯注,声音抑扬顿挫,配合恰到好处的肢体动作,有感染力,让学生听得津津有味,这叫"有激情""有表现欲";反之,坐着讲课、面无表情、照本宣科,学生昏昏欲睡,那就是没有激情、没有表现

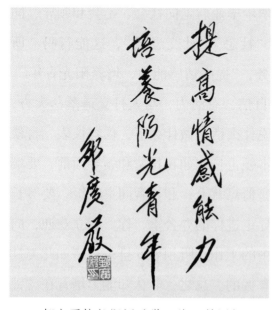

邹广严校长题词(学工处 供图)

欲……可见，情感劳动直接关系着教育教学的质量和人才培养的水平。

情感劳动也有利于进一步巩固我们的新型师生关系。就是要通过全体教师"爱其生，重其教"，让学生"亲其师，信其道，爱其校，乐其学"。健康的师生关系是非常重要的，现在有不少关于师生关系不和谐的新闻报道，值得社会警惕和反思。我们"锦城"还没有出现过类似的情况，也从侧面说明情感劳动是多么重要。

教师的情感劳动还有一个作用，那就是通过言传身教，对学生形成潜移默化的熏陶和影响，提升学生的人格品质和情感能力，让他们能够健康地成长，学会尊重和关爱他人，成为心中有爱、眼里有光的阳光青年。这就叫"一个灵魂唤醒另一个灵魂"。

刚才讲的"四大框架"是"锦城教育学"的集中体现。除此之外，"锦城教育学"还有一些其他特点，例如"四个并重"，"长板原理"与"五育"并举并重，思维能力与知识并重，教学过程与结果并重，中国文明与世界文明并重，由于时间关系，就不一一展开说了。

清水河畔，美丽"锦城"（迟卉　摄影）

为推动贯彻落实"锦城教育学",作为学校班子,要重点抓好三件事:一是要制定目标和措施,要有一个工作蓝图,确保每个院系部处和每位教职员工都有职有责,把工作落实到基层和个人,不留死角;二是要有督导和考核,不能流于形式或放羊;三是要兑现奖惩,鼓励先进。

同志们,在学校高质量发展的道路上,我们固然将面临许多竞争和挑战,但沧海横流,方显英雄本色!只要我们坚定信心,鼓足干劲,团结一致,迎难而上,胜利就必将属于我们!"锦城"的昨天很成功,明天更辉煌!我们有理由相信,二十年后的"锦城"不仅不会倒下,而且会发展得更好!她将成为一所"近者悦,远者来",中国一流、世界知名的巍巍学府,傲然自立于中国乃至世界大学之林!在座诸君要共同努力,为光大"锦城"教育事业不懈奋斗!

团结奋进，继续努力
办好人民满意的高水平大学

——在锦城学院干部大会上的讲话

（2023年3月29日）

首先，我坚决拥护省委教育工委关于委派刘永湘同志担任成都锦城学院党委书记、督导专员的决定。下面，我讲三点意见。

第一，刘永湘同志担任成都锦城学院的党委书记、督导专员是合适的。这是省委教育工委经过周密的考察、研究，做出的重要决定。刘永湘同志很适合担任党委书记、督导专员的原因有三条：第一他很年轻，才60出头；第二他学历高，是博士；第三，他经历、阅历丰富，担任过四川省国土资源厅副厅长、自贡市市长等职务。学历、经历、阅历这三个"历"加起来就代表着能力。没能力能当市长吗？市长可是地方的主官。所以我想刘永湘同志担任党委书记、督导专员是合适的，对他的任命，充分体现了省委教育工委对我校的重视，对学校发展的大力支持。

"锦城"教育事业要一代一代地传下去，年轻人接班是大势所趋，这对学校事业发展是有利的。我以前讲过，老同志们有两项任务，第一项是把现在的工作做好，第二项是要培养接班人，必须确保"锦城"教育事业后继有人。所以，对省委教育工委的任命，大家要一致支持，我支持刘永湘同志来当书记、督导专员，在座各位、学校全体党员、全体干部、全体教职员工也要支持刘永湘同志的工作。

第二，感谢刘立云副书记代表省委教育工委高度肯定了锦城学院党委和学校的各项工作。锦城学院建校十八年以来，党的工作先后在四川大学党委和省委教育工委的领导下，取得了很好的成绩。党的组织是健全的，党的组织生活是健康的，党的基层组织的作用是发挥得很好的。这对于保证社会主义办学方向，贯彻党的方针路线、政策，办好人民满意的大学，起到了非常重要的作用！党组织在学校的政治核心作用是非常重要的，以前我们发挥得很好，今后还要继续发挥。要按照党的章程，按照党中央、教育部、四川省委教育工委的一系列规章制度来履行职责。我们都要支持党委在新的历史条件下，发挥政治核心作用，紧紧把握社会主义办学方向，致力于办有特色的人民满意的教育。

锦城学院干部大会会议现场（宣传处　供图）

第三，刘书记到任以后，我们要团结一致，继续奋斗，努力办好人民满意的高水平大学。刚刚刘立云副书记指示，我校的党委、行政、理事会，还有广大师生员工和民主党派都要协商一致、团结一致，为一个共同目标而奋斗，那就是要办好人民满意的、一流应用型大学！锦城学院建校以来形成了自己独特的办学思想、办学理念和办学特色以及人才培养模式和方法，涌现了一大批有作为的校友。这样一个路子，我们大家要共同地走好，这就要求我们劲往一处使，大家的方向要是一致的。让我们大家一起努力，把"锦城"办成一所真正的在国内外有影响力的大学！

我相信，在省委教育工委、省教育厅的领导支持下，学校会发展得更好！学生和教职员工也会发展得更好！家长、社会对"锦城教育"会更加满意！

谢谢大家。

在"美好生活 奋斗人生"2023年四川省社会组织招聘活动启动仪式上的致辞

（2023年6月9日）

今天，由省民政厅牵头，有关厅局共同举办的大型招聘会在我校开幕了！我谨代表锦城学院3万名师生向各举办单位、社会组织和企事业单位、各兄弟院校师生及各位来宾表示热烈的欢迎！向大会致以热烈的祝贺！

2023年四川省社会组织招聘活动在锦城学院正式启动

这次招聘会规模大、规格高，招聘岗位多，领导十分重视。企业以线上、线下相结合的方式参加，多达1000余家，提供了1万多个就业岗位，这是民政厅等省级部门积极贯彻习近平总书记关于抓好大学生就业工作指示的重要举措，也体现了省委、省政府对大学生就业的关心，完全符合广大毕业生及其家长的愿望，可以说是一件大事、好事、善事！所以，我代表参会学校和广大毕业生以及兄弟高校向举办招聘会的各厅局、社会组织表示衷心的感谢！

邹广严校长在四川省社会组织招聘活动启动仪式上致辞

锦城学院自建校以来，一直以"为党育人、为国育才"为根本目标，以学生"好就业，就好业，高就业"为本校的生命线，建立了学校、家长、社会全方位资助的学生就业帮扶体系，搭建了校地（学校与地方）、校会（学校与行业协会）、校企（学校与企业）、校校（学校与国内外高校）合作的四大平台。因此，取得了学生"多就业、就好业"的丰硕成果。尽管今年就业形势严峻，我校有近8000名学生需要就业，任务艰巨，实施起来有一定的困难，但我们一定要贯彻党中央"稳经济、保民生"的方针政策和省委、省政府抓好大学生就业的指示，全力以赴、力争在年内实现应届毕业生"应就业、尽就业"的目标，实现国家评估专家组组长、教育部高教司老司长张大良同志对我校"就读锦城，锦绣前程"，"走进锦城是成功，走出锦城更成功"的评价与期许，使党中央放心，省委、省政府满意，广大毕业生和家长高兴！

我预祝此次招聘会圆满成功！

带上母校的嘱托，奔向光明的未来

——在2023届毕业生毕业典礼上的寄语

（2023年6月20日）

　　今天你们要毕业了，刚刚各位来宾、领导、师长、同窗已经对你们送上了毕业祝福，现在我还要送大家一个小册子作为毕业礼物。《母校的嘱托》这本书辑录汇编了2009—2022年我校14届毕业生毕业典礼上我的讲话，这些讲话寄托了"锦城"师长对同学们的依依惜别之情，记载了母校对历届毕业生的谆谆嘱托和叮咛，揭示了"锦城"学子做人做事的道理和真谛，表达了母校对毕业生走向社会建功立业、大展宏图的期许和祝福！

邹广严校长在2023届毕业生毕业典礼上讲话

让我们大家共同努力，不懈奋斗，将教育部高教司老司长张大良同志在我校考察后所说的"走进锦城是成功，走出锦城更成功"的名言变为现实！

毕业生们身着学士服与邹广严校长合影，即将自信奔赴新程

同学们，你们就像雄鹰一样，要展翅起飞了，请带着母校的嘱托和祝福腾飞吧！你们将飞向大海，飞向蓝天，飞向光明的未来！但是，请记住，你们腾飞的起点是四川省成都市高新西区西源大道 1 号成都锦城学院，这里永远是你们的母校！

同学们，带上母校的嘱托，奔向光明的未来，展翅翱翔！

《大学生非认知能力教育》序

（2023 年 7 月）

一

古今中外办大学的首要目的，无一例外都是为了培养人才。问题的关键是培养什么样的人才、怎样培养人才。

成都锦城学院贯彻党的教育方针，落实立德树人根本任务，为党育人，为国育才，结合自身应用型办学定位，确定了"做人第一，能力至上"的人才培养标准，培养在社会主义现代化建设中可堪大用、能担重任的栋梁之材。学校坚持改革创新，在全国首倡大学应重视非认知能力培育，把非认知能力培育列入了人才培养目标和课程体系。

"非认知能力"这个概念源自当代著名心理学家、教育学家本杰明·布鲁姆的教育目标分类理论。该

《大学生非认知能力教育》一书封面

理论把教育目标分为三个领域，即认知领域、情感领域、动作技能领域。受他分类学理论的启发，我们把人的能力分为两大类：一种是认知能力，即人们通常所说的"智力"，其高低程度用"智商"来衡量；另一种是非认知能力，主要指社会情感能力和行动力，其高低程度分别用"情商""行商"来衡量。

"情商"这一概念最早由美国人丹尼尔·戈尔曼提出，主要包括五个方面：认识自身情绪的能力、管理情绪的能力、自我激励的能力、认知他人情绪的能力、处理人际关系的能力。由于这五个方面既包括个体的情感能力，也包括社会交往技巧，所以"情商"也成为后来的"社会情感能力"的理论渊源。"行商"则指行动力商数，用于衡量一个人行动能力的高低，包括做事情的动力、态度、习惯、效率等等。

越来越多的研究和实践证明，非认知能力在个体发展、职场竞争、人力资本回报乃至人生幸福等方面有着非常重要的作用。坊间流传一句话，说"一个人的成功，20%取决于智商，80%取决于情商"。这种说法未必科学，但能够广为流传，恐怕也自有一定的道理。美国学者乔治·库甚至认为，非认知能力是大学生面向21世纪的核心胜任力。诚然，随着AI等技术的日新月异，人类的许多工作开始被智能设备逐步取代，而社会情感能力和解决复杂问题的能力仍是人类独有的不可替代的能力。从这个角度来说，提升非认知能力是在复杂多变的21世纪取得高竞争力的关键。

正因为如此，全世界越来越多的国家和组织已经把非认知能力培育纳入国民教育体系和教育研究的重点。发达国家的大中小学往往都开设有诸如情绪管理、沟通表达、领导力等课程。经济合作与发展组织在PISA（Programme for International Student Assessment，国际学生评估项目）测试后，又大规模地开展了SSES项目。与PISA主要测试知识水平和认知能力不同，SSES测评旨在评估青少年的社会与情感能力发展水平以及哪些因素影响了这些能力的发展，并进一步探索如何通过教育政策和实践提升这些能力。该项目负责人安德烈亚斯·施莱歇尔在《超越学科学习：社会与情感能力研究全球报告》的序言中强调："现在是父母、教育者和政策制定者采取行动支持儿童和学生发展社会与情感能力的时候了，这不是取代学业发展，而是与之并驾齐驱。"他所说的"并驾齐驱"，与锦城学院非认知能力与认知能力并重的教育思想不谋而合。

教育要培养人的两种能力的观念，也不完全是"舶来品"。在中华民族传统文化经典特别是传统教育论著中，也有相关的论述。比如《论语·述而》里记载："子以四教：文、行、忠、信。"这里的"文"，类似于今天所谓的"文化知识"，属于认知的范畴，而行、忠、信则都属于非认知的范畴。又如《礼记·大学》里讲的"八条目"，即"格物、致知、正心、诚意、修身、齐家、治国、平天下"，这里面的"格物致知"，根据朱熹的解释，意为"即物而穷其理"，属于认知的范畴，而诸如"正心诚意"等目，则属于非认知的范畴。再如中华民族历史悠久的家规家训，历代先贤对子孙后代的谆谆告诫，主要都是与非认知能力相关的内容，例如自身修养要慎独、勤俭、内省，为人处世要公道、守敬、谦虚，等等。这些都是刻进我们中国人骨子里的品格。总之，非认知能力教育既放眼国际前沿，也深深根植于中华文化的丰沃土壤。中华优秀传统文化中，有许多非认知能力教育的内容，值得我们去挖掘、传承、发展、弘扬，这也是坚定文化自信，推动优秀传统文化创造性转化、创新性发展的时代课题。

二

锦城学院在应用型人才培养上的贡献是"三个并举"，即做人的教育与做事的教育并举，认知能力的提升与非认知能力的培育并举，帮助学生打牢基础与促进学生个性发展、形成"长板"并举。在非认知能力培育方面，学校创造了"一个框架"，经历了"三个阶段"。

"一个框架"，是指学校在 2021 年创造性地提出了"两商六力、三隐三显"的非认知能力培育框架。该框架明确了非认知能力培育的重点，指明了非认知能力培育的隐性化和显性化措施，是一套系统的非认知能力培育指南。

这个框架中的"两商"指"情商"和"行商"，"六力"指学校重点培养学生的六大非认知能力，包括反思自制（自制力）、责任态度（责任心）、好奇创新（创新力）、交流沟通（社交力）、合作包容（亲和力）、组织领导（领导力）。"两商六力"就是非认知能力培育的主要任务，但正如毛主席所说："我们的任务是过河，但是没有桥或没有船就不能过。不解决桥或船的问题，过河就是一句空话。"这个框架同时也解决了"桥"和"船"的问题，那就是三条隐性化措施和三大显性化要求。

在非认知能力隐性化培育方面，成都锦城学院总结归纳了"三大途径"，即养成培育、熏陶培育、体悟培育（即框架中的"三隐"）。养成培育重点帮助学生养成作息有常、行为有则、重诺守信、友爱平等、独立思考、勤学好问、坚持始终、做事认真、勤劳节俭、讲究卫生的"十大习惯";熏陶培育通过风气、环境的熏陶以及师长朋辈的示范,对学生成长施加影响;体悟培育则通过搭建各类平台,使学生设身处地,亲身经历,悟出道理,获取心得。

在非认知能力显性化培育方面,成都锦城学院提出要有显性的标准要求、计划安排和考核评估(即框架中的"三显")。为此,学校建成了全国首家大学生非认知能力培育中心,组织专家研究制定了"六力"的评估标准和测量方法,开发出非认知能力培育系列课程,受到了学生的普遍欢迎。学校还把非认知能力培育指标纳入对学生的综合评价,把非认知能力培育工作成效纳入对教师、辅导员及相关部门的评价体系。

这个框架的重要意义,是为大学非认知能力培育提供了一个系统化、可操作的框架。据我们所知,目前国内外还没有类似的框架,这应该是成都锦城学院的首创。

建校十八年来,锦城学院在非认知能力培育上走过了三个阶段。

第一阶段,是在全国高校中最早提出大学教育要坚持认知能力与非认知能力并重,把非认知能力的培育提高到了与认知能力同等重要的高度,并在课程体系上得到了落实。

第二阶段,是进一步提高了非认知能力培育的理论自觉,其标志是提出了"两商六力、三隐三显"的非认知能力培育框架。

第三阶段,是以首批20个大学生非认知能力培育工作坊的建立为标志,实现了非认知能力培育的个性化。目前,我校非认知能力工作坊已发展到83个。学校为每一个工作坊配备了相应的指导老师,并在场地、经费上给予支持。学生可以根据自己的志趣、爱好和需要，选择在不同的工作坊里学习、实践、锻炼。

在非认知能力培育的指引下，"锦城"学子积极提升领导力、社交力等"两商六力"

通过"三个阶段"的持续探索和深化，锦城学院在非认知能力培育方面走出了一条路子，非认知能力培育正在成为锦城学院人才培养的一大鲜明特色和新的竞争力。教育部高教司原司长张大良同志在参观锦城学院校友展览馆后对锦城学院有一句经典评价，他说"锦城"学子"走进锦城是成功，走出锦城更成功"。在还不到二十年的办学时间里，"锦城"校友中已经涌现出一批批各行各业的佼佼者，究其出类拔萃的原因：一是认知能力强，他们不仅具有扎实的基础，还善于学习，因而能很快成为各行各业的内行；二是非认知能力强，能够进行有效的自我管理与激励，善于与人打交道，能说会干，行动力强。"锦城"校友的成功，充分证明认知与非认知能力并重的人才培养路子走对了、走好了，应该坚定不移地继续走下去！

邹广严校长为学生们开展生活教育

三

成都锦城学院素有"把工作当科研做，把科研当工作做"的传统。我很高兴我校的一批学生工作专家围绕非认知能力培育，做了深入的理论研究和实践探索，他们编写的《大学生非认知能力教育》一书即将由高等教育出版社出版，我对此表示衷心的祝贺。

本书体现了成都锦城学院在研究、探索、实践大学生非认知能力培育方面取得的最新成果。该书对"非认知能力"给予了清晰的定义和阐释，对非认知能力的特点、内涵以及培育工作的着力点进行了深入的研究和探讨，特别是对"两商六力，三隐三显"的非认知能力框架进行了深化和细化，重点围绕"六力"，提出了理想模型、观测与测评、观念重塑、方法掌握、任务清单的"五步法"，为大学生非认知能力的培育提供了一套理论基础和实践方案。本书既可以作为高校非认知能力培育的教材，又可以作为广大读者提升非认知能力的指导读物。

最后，希望本书可以为当代大学的非认知能力培育提供一些有益的参考，为更多人提升非认知能力提供一些启发和帮助。让我们学校、家庭、社会共同努力，培养更多身心健康、协调发展的"阳光青年"，为提高国民综合素质和社会进步水平不懈奋斗！

"锦城教育学"，认识再提高，行动再深化

——在2023年改革发展研讨会暨第18期暑期干部学习班上的讲话

（2023年8月18日）

第18期暑期干部学习班暨"锦城教育学"研讨会今天就要闭幕了，现在我就几个问题讲几点意见。

锦城学院2023年改革发展研讨会暨第18期暑期干部学习班合影

一、蒙顶山会议的情况总结

这次会议大家围绕"锦城教育学"主题，列出了 70 余个子课题，从教育学、管理学、哲学、心理学等多个学科的角度开展了研讨，参与广泛、主题明确、内容丰富、方法科学、效果良好，实现了"三个结合"。

一是学术性和实践性相结合。大家普遍反映，相对于往期暑期会，本次会议的研究性和学术性得到了明显提升，同时，又联系了实际，具有较强实践性。例如，吴肇庆同志将学习党的二十大精神与学校中华民族传统教育相结合，吴岚紧密围绕 ACCA 专业的发展开展研究，张志敏的发言结合了计算机学院"一个结合，两个再造，三个自主"的"翻转课堂"模式，钱梅的研究突出情感劳动在艺术教学领域中的作用等。很多学院的同志都结合了学校的实际、自己部门的实际，实现了学术性和实践性的紧密结合。

二是宏观和微观相结合。本次研修班既讲了全国的形势、世界的动态，也讲了"锦城"该怎么做。有好几位同志都讲了新技术的发展和应用，特别是 ChatGPT 产生以后，"锦城"未来型教育该怎么做。刚才王校长从宏观上把全国公、民办高校的竞争形势给大家做了一个解读，但最后还是落脚到"锦城"的教育。我们讲新技术、新理念，讲了半天不能是天方夜谭，讲国外的经验最终也要回到"锦城"自身，这就是宏观与微观相结合。

很多同志提出了很好的建议。例如，我校可以开设人工智能或新技术有关课程，专门讲 ChatGPT 以及其他新技术。我看在总学分不突破的情况下，可以试行，把一些重复的课程压缩掉，把这门课开起来。这个暑假，我在几个地方会见校友，据校友们反馈，他们在工作当中遇到的很多问题在大学时期就见过、干过、体会过，其中一个公务员校友说，"公文写作我会，我在学校里就学过"。可见我们开设一些实用课程是很有必要的。

邹广严校长在会上发表讲话

三是实践和创新相结合。创新不是说要把原来的东西推翻重来，"从0到1"是创新，"从1到N"也是一种创新。熊彼特关于创新的经典理论认为，创新包括产品创新、技术创新、市场创新、资源配置创新、组织创新。所以哪怕在原来的基础上多一个销售渠道、一个新的品种、一种新的组织形式，那就叫创新。高铁最早不是我国的发明，我国也是在吸收了日本、德国等国家的技术后，在实践当中改造，进一步地创新，才有了今日高铁的"中国速度"。

目前看来，我校每个系统的教育教学理论应该说都有了一个基本成熟的框架。譬如说，学工系非认知能力、长板原理的研究框架，教学系统的"三大教育""四大框架""五个课堂"以及课前、课中、课后的全过程管理模式等，已经趋于完善。如果我们每个系统都能研究出一整套自己的理论体系和框架，一定会对我们今后的工作和发展产生深远的影响。

二、与"锦城教育学"有关的三个问题

（一）"锦城教育学"的四个来源

"锦城教育学"不是从天上掉下来的，而是我们站在巨人的肩膀上，站得更高、看得更远、想得更深刻、实践得更彻底，而要真正做到这些就必须汲取前人的知识。总体来看，"锦城教育学"有四个来源。

"锦城教育学"的第一个来源是中华优秀教育思想和教育理论。其中尤以孔子的教育理论为代表，"锦城教育学"的很多教育理念都源于孔子的教育思想。比如"有教无类"，就是我们现在讲的教育公平，让每一个孩子都得到适合的教育；"因材施教"，就是我们现在讲的个性化教育。孟子的"恻隐之心，人皆有之；羞恶之心，人皆有之；恭敬之心，人皆有之；是非之心，人皆有之"，"天将降大任于斯人也，必

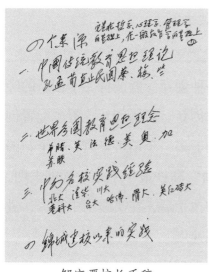

邹广严校长手稿

先苦其心志，劳其筋骨，饿其体肤"等，对我校建立"三大教育"体系产生了深远影响。我校历来强调的尊师重教，也是广泛吸收了《学记》《荀子》等经典的思想，荀子提出"国将兴，必贵师而重傅"，把"尊师重教"提到了很高的高度。我校的"情感劳动"，倡导"亲其师，信其道，爱其校，乐其学"，也是化用了《学记》中的思想。总之，"锦城教育学"的第一个来源是中国优秀的传统教育思想和理论。

"锦城教育学"的第二个来源是世界其他国家的教育思想和教育理念。我们广泛学习了他国经典的教育理念，比如苏格拉底提出的"产婆术"，纽曼强调的"大学是传授普遍知识的地方"，夸美纽斯首倡的班级制度等。工业革命以后，美国政府通过了莫雷尔提出的《赠地法案》，旨在鼓励兴办应用型大学来为工农业服务。威斯康星大学提出"高等学校必须为区域经济与社会发展服务"的办学理念，我们办应用型大学，也受到了"威斯康星理念"的影响。众所周知，教学和科研相结合是由德国的洪堡提出的，洪堡在柏林大学当校长的时间很短，但是他创造性地提出了教学和科研相结合，把大学的功能从教学拓展到了科学研究，这个模式也被全世界认同、继承和发扬，传播至今。大家都认为这个模式好，我校也是提倡教学和科研相结合的。不仅如此，我们还把竞赛也加了进去，形成了"教研相长、教赛相长，研赛互促"的"大科研"格局。所以，"锦城教育学"的一整套思想广泛吸收了世界各国经典的、先进的教育理念和思想。

"锦城教育学"的第三个来源是中外名校的实践经验。例如，在国内，我们学习了北大蔡元培时期"兼容并包、学术自由"的思想，学习和发展了梅贻琦先生关于"所谓大学者，非谓有大楼之谓也，有大师之谓也"的思想，提出了办好大学的"三根支柱"（大楼、大师、大好风气）的理论，同时提出一所好的大学还应该有"人才培养成果之大"。我们在校风建设上还吸收了梅贻琦先生提出的"从游论"，即"学校犹水也，师生犹鱼也，其行动犹游泳也，大鱼前导，小鱼尾随，是从游也"，推行"三助计划"（助教、助管、助研）。我们学习了香港科技大学用10年时间办成世界名校的有益经验，增强了我们加快建设一流应用型大学的信心。在国外，我们学习了加拿大滑铁卢大学的应用型大学办学经验，学习了以剑桥大学为代表的罗素大学集团的教学反馈率的经验，学习了英国6所红砖大学的办学经验，学习了哈佛大学和芝加哥大学的办学经验……总之，我们是在博采中外名校所长的基础上，建立起了"锦城教育学"。

"锦城教育学"的第四个来源是建校以来的丰富实践。包括"三大教育""四大框架""五个课堂""长板原理""四全三高""四个相长""五力五升""专业建设的逆向革命""三大教改"等。这些教育实践经验不仅丰富，而且一直在不断提升。比如说搞竞赛，建校初期我们对竞赛不够重视，但后来发现，通过竞赛，学生亲自动手参与，老师指导，可以很好地把课堂所学的知识运用到实践中，所以我们开始鼓励竞赛。竞赛得奖有助于提高我校声誉，于是我们提出"为奖而赛"。再后来我们意识到光获奖还不行，于是进入了"为学而赛、教赛结合、以赛促学"的新阶段。竞赛方面，工商、艺术、智能制造等学院做得很好，近几年我们又进一步提出对竞赛实行"三率"考核，即师生参与率、获奖率、项目利用率。什么是项目利用率？就是利用竞赛项目来教学、搞科研、培养人才。我校的竞赛工作就是在这种生动的实践中不断发展、不断总结、不断深化起来的。竞赛这个例子，是我校各项生动火热的教育教学改革不断发展的缩影。"锦城教育学"

就是在这样实践的土壤上产生的。

以上就是"锦城教育学"的四个来源。总之，"锦城教育学"不是天上掉下来的，也不是空想出来的，而是我们在广泛学习古今中外有益经验的基础上，再加上我们自己的实践、创造，总结提炼出来的。

（二）"锦城教育学"的三个组成部分

马克思主义有三个组成部分，分别是马克思主义哲学、马克思主义政治经济学和科学社会主义。受此启发，"锦城教育学"也有三个组成部分，就是办学、教学、求学。"锦城教育学"是关于办学、教学、求学的学问和艺术。

办学是"锦城教育学"区别于其他教育学的一个明显标志。我这里拿了三本教育学书籍，分别是苏联最推崇的凯洛夫和西方最推崇的赫尔巴特写的教育学著作以及中国教育部推荐的《高等教育学》，这三本教育学书籍在办学这部分的着墨都很少。为什么？因为苏联搞的是计划经济，国家办学，用不着过多讨论。赫尔巴特那个年代也谈不到谁来办学的问题，我国的公办高校自身也不需要研究创办的问题，因为都

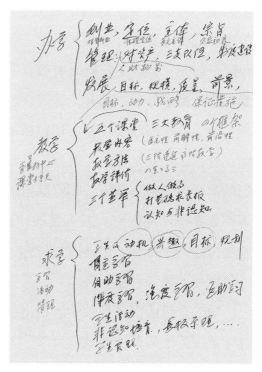

邹广严校长关于"锦城教育学"中办学、教学、求学内容的手稿

是由政府创办的。而我们是一所新建的大学，是一所民办大学，是一所创业型大学，我们过去、现在和将来始终面临着一些独有的问题，那就是谁来办学、怎么办学、办什么样子的学校。这就是"锦城教育学"区别于其他教育学的地方。关于办学的研究是"锦城教育学"独有的，主要内容是我们办学的主体、定位和宗旨等等。

办学有个创办问题，一是从所有制来讲，我们主张多元化，既可以公办也可以民办，还可以中外合资办，即主体多元化；二是大家普遍传统的观念是教育家办学，但我们的办学定位是应用型大学，光有教育家不行，还需要企业家、科学家、艺术家、政治家、社会活动家等一起来参与办学。我们很早就意识到，光靠教师制定教学计划、教学大纲、教学方案是远远不够的，还要与企业、行业实现深度融合。艺术学院就是要教育家和艺术家一起办，工商学院就是要教育家和企业家一起办，金融学院就是要教育家和银行家一起办，财会学院就是要和会计师事务所一起办，等等。

办学除了创办学校外，还包括了学校的管理、发展等一系列的问题。管什么？就是管好人财物，尤其是三支队伍。刚才王校长讲到我们的薄弱点是师资队伍，师资队伍的人员结构、福利待遇、培训提高等都要系统性地研究。怎么发展？这也是一个需要系统研究的问题，就是树立一个目标，包括质量目标、规模目标，以及我们在十年、二十年以后的规划和前景等。

第二个组成部分是教学。根据赫尔巴特的观点，教学被认为是教育学最主要的部分。"锦城教育学"关于教学的研究有很多，包括"三大教育""四个框架""五个课堂""锦城课堂大于天"以及教学内容、教学方法、教学评价的"三大教改"，还有教师的情感劳动、"四全三高"等。教学是"锦城教育学"最重要最核心的内容，其中的任意一个问题都能写好几本书，比如《锦城教育方法学》《锦城教育评价学》等。教学这部分有很多都是我们在广泛学习世界先进教育理论和实践基础上，所创造、发明的。我多次讲我们的三大教育就对应布鲁姆教育目标学的"三大领域"，"一体两翼"知识教育主要对应认知领域，"三讲三心"明德教育对应情感领域，"三练三创"实践教育可以对应动作技能教育。昨天大家听了雅安校友的反馈，他们对学校教育印象最深刻的就是"三大教育"，有个同学都工作很多年了还记得要"对国家、人民尽忠心，对父母、长辈尽孝心，对同学、同事尽爱心"，这就是教育——离开学校后仍能记住的东西。

第三个组成部分是求学。求学包括了学生的学习、生活、成长以及学生的管理、学生组织、社团活动等，也包括了学生的学习方法，如自主学习、深度学习、强度学习、科学学习、互助学习，以及辅导员工作等，这些都是求学的主要内容。这部分在其他教育学的书籍中论述相对薄弱，凯洛夫的教育学书籍里虽有学生管理相关内容，但不够系统。

（三）"锦城教育学"的四个特点

第一个特点是实践性，就是立足本土（以我为主）。"锦城教育学"是可实践的，就是能够说得清、听得懂、做得到的。这个本土既可以说是本国，也可以说是本校。我们扎根中国大地，立足本校，踏踏实实办教育。"锦城教育学"建立的根基是"锦城教育"的实践，所以它是一门具有中国特色、"锦城"特色的本土科学。

第二个特点是开放性，就是博采众长。一所好的现代大学一定是开放的，关着门办学是办不成、办不好的。现在我们身处信息化时代，科技发展日新月异，关着门来办学怎么行？何况还面临一个竞争问题，现在全国各大高校也是高招频出、竞争激烈啊。我历来讲"见贤思齐"四个字，承认别人的优点就是我们自我进步的开始。"锦城教育"博采众长，无论是国内的，还是国外的，凡是有优点的我们就学，这就体现了开放性，兼收并蓄，博采众长。

第三个特点是创造性，就是勇于创新。改革与创新是我校的两大法宝，"锦城教育"在很多方面都是勇于创新、自我革新的。有的是勇于先走一步，比如我们的劳动教育。其实劳动教育也不是我们的发明，是苏联著名教育家苏霍姆林斯基的主张。建校之初，我和大家商量，我们学习一下他的做法，在学校开展劳动教育。因为城市里的学生越来越多，不知道小麦和韭菜区别的人越来越多，这些需要通过劳动来加深认识，加强锻炼，所以我们当时提出"劳动是生存的本领"。而且从情感教育的角度来说，尊重劳动、尊重劳动者是大学生必备的品德，知识分子轻视劳动、轻视劳动人民是天大的缺点，所以我们的劳动教育就是这样搞起来的。

创业教育也不是我们的发明，美国在 20 世纪 40 年代就开始进行创业教育，但是在国内，将创业列入必修课是我们的首创，我们通过创业大赛、模拟公司等创业教育，主要就做了三件事，就是培养学生创业的意识、创业的方法以及怎样巩固创业的成果。我们搞教学的三大改革，提出教师上课的"六种情感表现"，提出"长板原理"……都是创新。所以我特别感谢在座的各位，感谢你们的支持，一起为学校打基础、求长板，使"锦城教育学"成了一门创新创造的科学。

第四个特点是前瞻性，就是勇立前沿。我们现在应对新技术革命，办未来型大学，培养未来型人才，必须站在前沿。我多次讲过，比传统那套东西，我们和百年名校没法比，但是讲站在前沿，我们是有可能出彩的。我们2012年学习可汗学院，2016年学习慕课、搞"翻转课堂"，后来又推行线上、线下结合的教学方式，现在研究ChatGPT在教育中的应用，每一步都力争走在前沿。我们的优点就是敏感，当时王校长给我推荐可汗学院，我看过后觉得可以搞，春节期间就把张志敏等几位老同志请来一起商量，后来提出"'翻转课堂'全覆盖"，这在全国也是很超前的。2020年，疫情袭来，我们的优越性一下子就凸显出来了，成为全国极少数的能够全员如期开课的高校。要知道，当时教育部发布会上说，全国能够开课的学校只有二分之一，而且这二分之一多数还是部分开课，我们是百分百开课。这都是得益于我们学得早，走在了教育技术发展的前沿。现在看来，我们在以ChatGPT为代表的新技术方面也得走在前沿，持续做好技术赋能。

三、抓好三项工作，在三方面下功夫

（一）在总结、提高、发展上下功夫

"锦城教育学"是一门发展的科学，要不断地总结、提高、创新、发展。刚才我已经讲了，每个系统和学院都应该仔细考虑，创造自己的特色。譬如说，专升本的教学模式、培养目标、教学方法，学生就业的路径等工作，都得靠大家在实践中不断地总结、提高、创新和发展。

大家要明白，安排好教学、维持好学校的基本运转，这只是最基

础的工作，只有不断地总结和创新才可以做到不被替代。我希望各个学院、各个处室都能把自己的工作和创新、创造、发展"锦城教育学"结合起来。

2024	**教师权威；新型师生关系；"两课设计"框架完善**
2023	**抢高行动；"锦城教育学"学问及艺术**
2022	**教师情感劳动；"四大框架"集大成；三个结合；两个飞跃**
2021	**教师高阶教学；学生深度学习**
2020	**三项赋能；四师建设；学生非认知能力**
2019	**勤上严苦；四全三高；人工智能赋能大学教育**
2018	**高质量教育（教学、管理、服务）**
2016	**未来型教育；五大发展战略**
2015	**两课设计；八大教学法；两种文化**
2014	**一中三全；翻转课堂；同频共振共鸣；三个增值**
2013	**课堂大于天（五个课堂）；三不放水；长板原理**
2012	**计科系一结合、两再造、三自主；纵向三大培养**
2011	**三大教改——六大教学法、十种学习法、师生共振共鸣**
2010	**岗位调查、逆向革命；全身心投入**
2009	**技术型文科和海量平台教学法；三位一体支助毕业生就业**
2008	**学校错位竞争，人才分类培养**
2007	**跳出教育看教育，应用型人才培养模式**
2006	**四大计划；双向进修**
2005	**传承知识；三大教育；双证培养**

"改革"和"创新"是锦城学院的两大法宝。图为"锦城教育"特色理论改革发展图

现在，我校的"锦城教育学"已经初具形态、初具特色，但是还不够。我们要集中全校智慧，编撰一本有理论、有系统、高质量、高水平的《锦城教育学》，在2025年建校二十周年时发布。

（二）在贯彻落实上下功夫，不折不扣地贯彻落实"锦城教育学"

我们必须不断加深对"锦城教育学"重要性、必要性、可行性的认识，未来十年是学校发展最关键的十年，今后能否生存、能否发展取决于是否高质量办学、特色办学，有质量、有特色就能赢得生存和发展，没有质量、没有特色、没有声誉就只能走向灭亡。"锦城教育学"就是我们最大的特色。我很欣赏任正非，他整天想的不是取得了什么成绩，而是华为什么时候会倒下，这就是危机意识。我们要想在未来竞争中生存下来，必须对三个问题有高度的敏感性。

要对人力市场的变化有高度敏感性。人力市场是和国家经济发展形势和经济发展结构紧密联系的。近几年，土建、房地产行业走下坡路，所以我们的土木、建筑类专业的招生和就业也直接受到影响，原来"土财主"很热，现在"土"就不行了；改革开放到20世纪初，工商、金融是热点，现在也开始降温，正所谓"十年河东，十年河西"，也许还没有十年，各领风骚只数年啊。所以各学院必须对人力市场的变化有高度的敏感性，准备好应对方案，工业工程不行了，还有什么行？广告学不行了，还有什么行？你得有第二梯队、第三梯队，发展要有"第二曲线"，东方不亮西方亮嘛。

要对教育环境的变化有高度敏感性。教育环境里最重要的就是国家的政策，以及其他高校的发展态势。现在国家对民办教育的政策是什么？其他公办、民办高校的发展如何？这些都得高度敏感、认真研究。还有人口政策也会影响教育环境，近两年来我国人口出现负增长，这也是个问题。日本的人口结构是老龄化叠加少子化，一部分民办学校就关门，中国会不会也出现这种情况？我们该如何应对？

要对科学技术的发展有高度敏感性。科技的发展不以人的意志为转移，人工智能终将替代一部分教师的工作，这是不可避免的，但是人工智能无论怎么发展也替代不了教育、替代不了教师。学校和教师都得调整角色，研究在新形势下学校和教师到底怎么做？不研究这个，还是只会上课念PPT，学生就会说，"我还用找你念PPT吗？我问一下ChatGPT就行了嘛"。所以，新形势下的教师只会教知识是存在不下去的。

将来的局面是没有特色就灭亡，没有质量就灭亡，没有声誉、没有知名度就灭亡！我们现在有58个专业，我看可以分成一、二、三梯队，要准备死亡一批、休眠一批、诞生一批，有的长期招生不理想的专业应该死掉了，有的暂时不急于让它死掉，但是可以让它睡觉休眠，缓一缓。还要诞生一批专业，没有新诞生的专业，怎么适应新的社会需求啊？没有生只有死，那就只能萎缩。所以我讲"三个一批"，是一种系统思维、一种新陈代谢的思想。

（三）在传承和传播上下功夫

"锦城教育学"有一个传承和传播问题。传承就是要一代一代地传下去，以老带新，薪火永继。这里我有几个案例和大家分享。

第一个案例，就是孔孟思想和儒家学说的传承。据宋儒的说法，孔子的学说，一传至曾参，曾参二传至子思，子思三传而至孟子。到了宋代，程朱理学又把孔孟的传统接上了，甚至到明代的阳明心学，也都是传承和弘扬了孔孟的传统。这也就是说，儒学有一个清晰的传承脉络，即"道统"。先秦诸子百家，为什么儒家能够脱颖而出，成为影响后世几千年的显学？这与它重视传承是密不可分的。道家有老子、庄子，但是他们之间的传承和儒家相比，就不那么成体系。所以一种学说要有生命力，就离不开代代传承、代代发扬。

第二个案例，是古希腊三贤的传承。从苏格拉底到柏拉图再到亚里士多德。苏格拉底生前没有著作，他的学说是通过其学生柏拉图、色诺芬以及柏拉图的学生亚里士多德传承和发扬开的。在《理想国》一书中，柏拉图以苏格拉底为主角，将老师的对话法发展出"理念论"。而亚里士多德在继承柏拉图逻辑学的同时，批判"理念论"的空泛，提出"实体论"和四因说。他的名言，"吾爱吾师，吾更爱真理"，反映了批判性继承的思想。尽管他们的学说未必完全一致，但这"三贤"之间存在明确传承关系，是毋庸置疑的。

第三个案例是"教育目标分类理论"的传承。布鲁姆的教育目标分类理论是在1956年发表的，真正传播开来还是通过他的学生安德森。安德森在传播布鲁姆分类学的时候做了一些改进，例如他把知识进行了分类，分成了若干种。后来又有一个叫马扎诺的学者对布鲁姆的理论做了进一步的完善和传播。布鲁姆的教育目标分类理论在今天的教育界仍有重要影响。

第四个案例是赫尔巴特教育学说的传承。赫尔巴特是"现代教育学之父"。赫尔巴特生前与死后的19世纪初，他的教育学说没有得到充分的重视，在1819年，他自己也认识到这一点，他写道，我早就知道，无论是我还是我的学说，不符合这个时代的精神，我也不想要要一个小手腕去迎合这种精神。但是，到了1862年，曾经听过赫尔巴特讲授教育学的学生，叫齐勒尔，他在莱比锡大学任教时，设立附属教育学研究班和实习学校，推行赫尔巴特的教育理论。后来，他发起成立赫尔巴特学会，称之为"教育科学研究学会"，从而成了赫尔巴特学派的堡垒，入会者遍及德国各地。到了1885年，齐勒尔的学生莱茵，是耶拿大学的教育学教授，在他的努力下，耶拿大学成了赫尔巴特学说研究和实践的中心，到这里来学习和研究的学者，来自世界各地，这样，赫尔巴特的教育思想在全世界得到了广泛传播。看样子，赫尔巴特的学说和孔夫子的学说一样，在其生前没有很大的影响，是靠他的学生以及学生的学生，一代代传播和弘扬开去。

所以，"锦城教育学"要生根发芽，就必须要做好传承。就是老一辈传到年轻一代，年轻一代继续传承。不出版就没有发言权，不出版就灭亡。1985年，我在长钢工作的时候就讲过"有形力量"和"无形力量"，我有时候开玩笑说，我讲"硬实力"和"软实力"比约瑟夫·奈早5年，甚至8年，但是我没有话语权，人家有。所以，我们鼓励大家积极出版，学工系统出版了一本关于非认知能力培育的书，而且还是由高等教育出版社出版的，我看很好。为了鼓励大家出版，我很赞成刘书记的意见，能够集中发表的就集中发表，能够分散发表的就分散发表，学校要给予支持，这个钱要舍得花。宣传"锦城"，就要宣传"锦城教育学"——这是"锦城"和其他学校区别之所在。

四、今后十年的任务

王校长给大家出了个题目，叫"今后十年我们怎么干？"这个问题非常好。为此，我讲四句话。

一是救亡图存。大家要知道，未来有些学校有灭亡的可能，而灭亡最大的受害者是学校的年轻一代，青年干部、青年教师的前途与学校的兴衰密不可分。所以我们要未雨绸缪、救亡图存。

二是特色发展。未来的生存环境和学校初创时不一样了，前些年我们是大踏步地发展，现在是要特色发展、择机发展。

三是亮点积累。什么是亮点？国家承认的、社会认可的就是亮点。要积极争取一流专业、一流课程等一系列显性成果，并给予一定的政策和措施支持。王校长、刘书记可以研究一下，重赏之下必有勇夫嘛。想当年我校的竞赛工作不如人意，当然那个时候也不很重视，后来下决心抓竞赛，很快就有起色。所以，政策的指挥棒要用好。

四是再开新局。未来十年是学校生存和发展的关键时期，形势严峻，但是机会是有的，就看我们怎么做，要抓住每一个环节，不放过任何一个让"锦城"增值的机会。

我举个例子，"学信网高校满意度调查"中我校的学生满意度结果显示，我们的排名在全国是比较高的，名列四川第一。但是在软科中国大学排名中，有个指标满分5分，我们仅得了2分多，其中有五个问题我给大家读一读。学校的教学研究水平怎么样？你被这所学校录取是不是感到很幸运？教师的专业知识是不是很渊博？教师是否能激发学生的学习兴趣？教师注重与学生的互动吗？同志们，这五个问题不就是我们"锦城教育学"要求做到的东西吗，怎么才得了这么点分？工商学院今年的新生胡顺，被我们学校录取了以后还开了个庆祝会，请亲朋好友吃饭，他感到很幸运，他觉得考上"锦城"是件好事、是件大事、是件光荣的事、是他追求的事。所以大家要给学生们鼓鼓劲，张大良同志考察我校时讲，"走进锦城是成功，走出锦城更成功"，要让学生坚定信心啊。

同志们，学生的满意度既是客观存在的，也是教育、引导出来的。我再举个例子，某传媒学院的学生，在我们学校领奖的时候说他们学校是最好的、全国规模最大的艺术院校，而中戏、上戏的学生说他们学校才是最好的，小班教学，规模小、精英化。你说他们哪个讲得对？不管谁对，他们对自己的学校都充满了自豪感。我们怎样提高学生的自豪感？学工系统要研究！我们有上百个辅导员，我们的师资、硬件条件、校园环境、校友成果都很好，有很多成果可以展示，可以教育，可以引导。

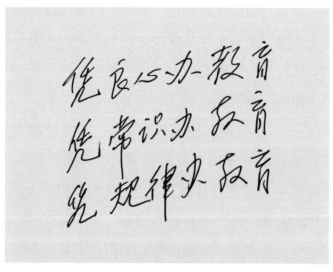

邹广严校长手稿

总之，关于"锦城教育学"，就这三件事：一是落实，每一个单位都必须落实；二是要创造，解放你们思想，放开你们的手脚，结合你们的工作实际去创造；三是要传承和传播，把"锦城教育学"的精神、理念、措施，一代代传承下去。

同志们，锦城学院历来凭良心办学、凭常识办学、凭规律办学。学校的前途是光明的，但道路是曲折的；形势是严峻的，放松警惕是危险的！希望大家一起努力，发挥全体教职员工的积极性、能动性、创造性，在未来的十年，再接再厉，创造新的辉煌！

走进"锦城"是成功，走出"锦城"更成功

——在2023级新生开学典礼上的讲话

（2023年9月4日）

大家上午好！今天，我们相聚在美丽的"锦城"校园，隆重举行2023级新生开学典礼。首先，我谨代表成都锦城学院，向来自祖国各地的本专科新生以及专升本同学表示热烈的欢迎！向你们的父母以及为迎接你们付出辛勤劳动的老师和志愿者同学们表示衷心的感谢！也借此机会，向学校股东单位、奖助学金设立单位和个人、雇主及友好合作单位表示崇高的敬意！

邹广严校长在2023级新生开学典礼上讲话

同学们，我要真诚地祝贺你们，在今年的高考之后做出了一个重要的、正确的决定，那就是报考"锦城"。我还要热烈地祝贺你们，高考打了一个胜仗，考得好，实现了自己的求学理想，那就是考入"锦城"！

毫无疑问，每位考生都希望考入一所理想的好大学。那么，什么是理想的好大学呢？我们有一个共识，那就是适合自己的就是最好的！正如习近平总书记所说："现代化道路并没有固定模式，适合自己的才是最好的。""锦城"，就是你们的逐梦之地、圆梦之所，也是开启你们人生新阶段的地方；"锦城"，就是适合你们成长成才的最好大学！

为什么"锦城"最适合你们？因为"锦城"是一所准确定位为应用型、创新型的大学。从2005年建校至今，十八年来，学校定位准、定位稳、一以贯之，旗帜鲜明地办好应用型大学。在国民经济发展中，应用型人才是主体。通过"锦城"的培养，你们将成为符合经济社会发展需要的高素质、复合型、经世致用的创新应用型人才。

"锦城"是站在巨人肩膀上高起点办学的大学。学校的前身是四川大学锦城学院，我们实现了在川大百年名校基础上的高起点办学、高质量发展。学校转设更名后，川大领导和多位老师也多次表示，川大与"锦城"有着天然的"血缘关系"，锦城学院携带有川大的卓越基因，一定能够站在巨人的肩膀上建成全国一流的高水平应用型、创新型大学！

"锦城"延揽名师、培育优师，是一所以"双师型"教师为主的大学。学校既有学界专家坐镇，又有业界精英指导；既有院士领衔，又有来自省内多所名校的教授长期任教；中青年骨干教师中涌现出"全国优秀教师""四川省教书育人名师""省级科技进步奖获奖者""四川省高校辅导员年度人物"以及各类专家和学者。他们在讲台上讲得好，实战中做得好，既有教师资质，又有行业证书，懂行业前沿，这样的"双师型"教师占比达到62%。"锦城"教师全身心投入"锦城"教育事业，全天候服务学生成长，做到"学生在哪里，老师就在哪里"。在今后的岁月里，他们将成为你们的良师益友，是你们大学最好的引路人！

锦城学院教师竞赛风采

"锦城"奉行"四大合作"，是一所有广泛社会联系的大学。学校股东包括政府、事业单位、国有企业、民营企业等在内的16家单位，天然地贴近企业、行业、产业。学校与地方政府、行业协会、企事业单位和国内外其他高校之间建立了稳固的"四大合作"关系，这有利于开展深度产教融合、协同育人。800多家合作伙伴中，囊括四川省企业联合会、中国移动产业研究院、普华永道等多家行业龙头、科研机构翘楚，这就是"锦城"强大的"朋友圈"！这为同学们的实习就业和在社会上更好地发展提供了广泛的人脉关系和社会资源，使你们毕业以后的出路更加宽广！

"锦城"更是一所有担当、有情怀的大学。学校的创办者们怀着让更多青年学子"有学上、上好学"的初心，筚路蓝缕，栉风沐雨，克服重重困难，倾尽全力肇建"锦城"。十八年来，坚持社会主义办学方向，坚持教育公益属性和非营利性，坚持对党和国家负责、对学生和家长负责、对股东和教职员工负责，服务社会和大众，所有收入全部用于办学和培养人才，受到社会广泛好评。正是如此，教育部高教司原司长、中国高教学会副会长张大良同志在考察我校后给予高度评价，他说："'锦城'是有情怀的人办有情怀的教育！成都'锦城'，前程似锦！"

锦城学院深受学生家长信任

"锦城"坚持改革创新，是一所敢为人先、特色鲜明的大学。我们率先在全国高校中开展劳动、创业、中华优秀传统文化必修教育，深入推行学历加职业资格证的双证培养，引领"未来型"教育潮流，多项改革创新走在教育变革前列。"锦城"扎根中华大地办教育，追求把本专科人才培养做到最好。我们吸收借鉴国际国内先进教育经验，博采中外名校所长，在生动火热的十八年教育实践中，本校发展和总结出了一整套办学、教学、求学的学问和艺术，那就是"锦城教育学"。它标志着"锦城"在教育理论上的成熟，也彰显了我校的办学特色、自信和底气！办大学，"锦城"有一套！育英才，"锦城"也有一套！我们完全有信心、有能力把同学们培养成优秀人才！

"锦城"追求卓越，是一所具有领先优势、前景光明的大学。我校是四川省最早进入二本和一本招生的民办高校，招生分数线一直遥遥领先。在教育部"学信网高校满意度调查"中，我校已经连续13年位居四川省本科高校前列，还获批"四川省院士（专家）工作站"，这是我省同类高校中的唯一！我校还建有各类高新技术实验室87个，其中，与中国移动联合共建的5G应用创新中心，是全国首个5G高校实验室；与中国电信共建的量子通信实验平台，是全国首个用于本科实验教学的量子通信系统。

更值得一提的是，在2022年"全国普通高校大学生学科竞赛排行榜"上，全国1275所本科高校中，我校位居202位，属于前16%的第一方阵；在"互联网+"和"挑战杯"大赛中，"锦城"学子的金奖和获奖总量也拔得全省同类高校头筹。"锦城"已然成为名副其实的"竞赛大校、名校、强校"，在一些项目上，即便是与"双一流"高校竞争，"锦城"师生也绝不逊色！这充分说明"锦城"培养的学生是善于竞争，善于胜利的！18岁的"锦城"就像18岁的你们一样，朝气蓬勃，未来可期！

最重要的是，"锦城"是一所人才辈出的大学。大学之大，不仅在于大楼之大、大师之大，还在于人才培养成果之大。我校建校不到

20年，但在各行各业，已经涌现出了一大批佼佼者。他们当中，有200多名银行行长、100多名乡镇长；有负责全国全省重点工程设计建造，荣获"四川省科技进步奖""建筑鲁班奖"等重大奖项的卓越工程师群体；有一大批优秀的党政干部、创业先锋、企业高管；还有100多名博士、1万余名硕士，优异者如财会校友段吟颖，前不久已晋升为四川农业大学的教授、博士生导师。值得一提的是，今年成都世界大学生运动会的火炬手有两名来自我校，一位是荣获"四川青年五四奖章"的文传校友巫海燕，一位是"四川省大学生年度人物"工商管理学院的毛雯同学。还有今天出席典礼的陈菁菁校友，她是四川卫视的主任播音员，稍后将与大家做分享。

同学们，我可以愉快地告诉大家，"锦城"培养的学生是有光明前途的！因为"锦城"提供的是最适合你们的教育！你们应当树立和坚定一个信心，那就是：走进"锦城"是成功，走出"锦城"更成功！

收获满满的"锦城人"

同学们，你们要成为未来的国家栋梁，就不但要选好一所大学，更要读好一所大学。你们要读好"锦城"这所大学，就要信任学校，相信自己，与学校相互配合、同频共振，产生最大的教育合力，取得最佳的教育效果！特别要做好以下三点。

第一，上好两门大课：做人与做事并举。

我校的人才培养标准是"做人第一，能力至上"。为了达到这个标准，学校设置了一套完整的"三大教育"课程体系，这个体系从细节上看由许多课程组成，但从大的方面讲，归根结底是两门大课，那就是"做人"与"做事"。

我校认为，一个人要在社会上立足、发展、取得成功，"会做人"是首要前提。做小事成功靠技术，做大事成功靠人品。所以，把学生培养成善良、高尚、明理而且有益于社会的好人，是"锦城教育"的首要目标。为此，我校弘扬中华优秀传统文化，践行社会主义核心价值观，开展"三讲三心"明德教育，要求和引导同学们做到讲诚信、讲礼仪、讲感恩；对国家、人民尽忠心，对父母、长辈尽孝心，对同学、同事尽爱心。

希望同学们以立德为先，修身为要。守住做人底线，追求做人高度。涵养爱人、助人、容人的高尚品德，修炼自尊自强、刻苦坚韧、包容平等、律己负责的高贵品质，养成求真向善、崇艺尚美的高雅品位。追求做"一个高尚的人，一个纯粹的人，一个有道德的人，一个脱离了低级趣味的人，一个有益于人民的人"！

会做事，就是要有想干事的念头、会干事的方法、能成事的本领！这样才能肩负起党和国家赋予青年一代的时代重任。我校开展"三练三创"实践教育，通过劳动、创业等必修课程，以及实践教学体系，锻炼同学们吃苦耐劳的意志品质，强化组织纪律与团队精神，提高创新思维、创造能力、创业本领，这些都是做事的教育！

同学们，学会做事，首先要以态度为先，"锦城"学子绝不能贪图享乐，把大学当成一个安乐窝，而要艰苦奋斗，勤学苦练，大学生活要忙起来！其次，要练就过硬本领，学以致用，提高解决实际问题的能力。最后是要有韧性和耐力，经得住挫折和困难，直到取得成功和胜利！

第二，发展两大能力，认知能力与非认知能力并举。

同学们，鸟有两翼，舟有双楫。人的能力也分为两大类：一类是认知能力，也就是人们常说的"智商"；另一类是非认知能力，也就是人们常说的"情商"和"行商"（行动力商数）。这两大能力，就像人的两个拳头，缺一不可。

要提升认知能力，就要实现从获取信息向掌握知识飞跃，再从掌握知识向发展高阶思维飞跃。爱因斯坦到美国访问时，有记者问他，声音的速度是多少。他回答说，这个问题你可以在任何一本物理书中查到答案。大学教育的价值，不在于记住很多事实，而是训练大脑会思考。"锦城"教育理念与爱因斯坦的提法是完全一致的、相通的。学校通过教学改革，强调教师的高阶教学和学生的深度学习相结合。在传授知识的基础上，训练同学们的大脑和思维，促进思维从记忆、理解的低阶水平，向应用、分析、综合、批判、创造的高阶水平飞跃。

要提升认知能力，同学们就要以一种"锦城课堂大于天"的敬畏感重视课堂，全身心投入学习是"锦城"学子的第一要务。在深度学习、强度学习、科学学习的基础上，适当增加广度学习。我校实施"阅读经典计划"，就是引导同学们博览群书，特别是阅读各学科经典，以开阔视野和眼界。我们要求同学们学会提问、质疑和交流，在课堂内外做到"生生互动、师生互动、人机互动"。通过在"锦城"的学习，形成系统性、批判性和创造性思维，你们的认知能力就能实现提升与飞跃！

"锦城课堂大于天"的理念深刻印在每一位"锦城"学子的心中

　　我校在教育界第一个提出"非认知能力与认知能力并重"的理念，认为这是21世纪人才的核心竞争力。非认知能力对人的发展是至关重要的。例如，人要学会管好自己，才能行稳致远，这就是"自制力"；亲和友善，才能获得信任喜爱，这就是"亲和力"；善于说服和影响他人，才能带好团队，这就是"领导和组织力"……所有这些，都属于"非认知能力"的范畴。

　　我校制定了"非认知能力培育框架"，实行"三隐三显"的培育措施。既有"养成、熏陶、体悟"的隐性培育，也有"可测量、可传授、可评价"的显性培养。让非认知能力从隐性走向显性，这是锦城学院的一大创举。我们还启用全国首创的"大学生非认知能力培育中心"，开设丰富多彩的"第四课堂"，以及创办100余个学生社团、80余个非认知能力培育工作坊，等待着大家去体验、去实践、去收获，帮助大家成为心中有爱、眼中有光、青春飞扬的阳光青年！

心中有爱、眼中有光的"锦城"阳光青年

最近，我校还与高等教育出版社合作，出版了《大学生非认知能力教育》一书，这应该是目前全国高校中第一本，也是唯一一本非认知能力培育教材！希望同学一定要学习好、运用好、实践好。相信领先的"锦城教育"，一定能培养和造就领先的你们！

第三，重视个性发展，打基础与扬长板并举。

"锦城"的人才培养走的是"通专结合"的路线，强调"厚基础，宽口径"，培养的是横向可迁移、纵向可提升的T型人才。我们重视为同学们打好德智体美劳全面发展的素质基础；打好基本知识，包括基本概念、基本理论、基本应用的学科基础；打好通识、常识，科学、人文、职业兼备的素养基础。

学校强调要打牢基础，但这并不意味着大家要面面俱到，平均用力。每个人的禀赋不同、志趣不同、优势智能不同、发展路径也不同，正如著名教育家赫尔巴特所说："大家都必须热爱一切工作，每个人都必须精通一种工作。"希望每一位同学发挥自己的"比较优势"，在未来的社会分工中找到属于自己的位置，练就"一招鲜吃遍天"的本领，我们称之为"长板"。

邹广严校长为星光楼题字

"锦城"的基本精神是"学校谋特色，学生谋特长"。我校首倡并推行人才培养的"长板原理"已经多年，这是我校的一大鲜明特色。在"锦城"，不能帮助学生发挥长板的老师不是称职的老师，不会找到自己亮点的学生是不合格的学生！请同学们牢记，一个人的成功并不在于补齐短板，而在于发扬长板。你可以不必门门功课都优秀，但不能没有自己的亮点和特长！

学校将帮助你们测定长板、制定目标，不仅支持同学们发挥业余爱好和特长，更注重发现和发展你们的学业和职业性长板，学校会将你们的长板纳入个性化培养计划，为你们能发挥特长创造条件并给予支持。比如支持余晟睿团队制作出高精度3D打印机，支持刘亚团队制作出先进的人形机器人，支持余瞳等同学举办个人演唱会、书法展。"锦城教育"尊重个性，包容缺点，鼓励创新，允许失败。在这里，你们将发现天赋，找到热爱，激发潜能，长板更长、亮点更亮！

同学们，"锦城教育"的一切都是以学生为中心的，你们既是"锦城教育"的参与者、受益者，更是传承者和光大者。让我们一起努力，共创"锦城人"的远大前程！

祝你们成功！

谢谢大家！

奋斗十年，抢占四川高等教育新高地

——在2023年"锦城尊师节"座谈会上的讲话[1]

（2023年9月28日）

今天是"锦城尊师节"，同时也是迎接中秋节、国庆节三节同庆的日子。刚才大家的发言都讲得很好，不仅对学校的发展建言献策，也表达了与学校同奋进、共命运的决心。今天，我想借这个机会，和同志们谈几点对于学校未来发展的思考。

邹广严校长、王亚利校长、刘永湘书记等学校领导与教师们合影

---

[1] 本文根据邹广严校长在2023年"锦城尊师节"座谈会以及2023年10月10日校务会上的两次讲话综合整理。

一、奋斗十年，抢占四川高等教育新高地

如果从2003年筹建学校开始，"锦城"已经走过了二十个年头，二十年来，我们取得了丰硕的办学成果，已经为广大师生和社会各界所公认。下一个十年，即2025—2035年，我们要在现有基础上，更上一层楼。总的纲领是：奋斗十年，抢占四川高等教育新高地。

邹广严校长在2023年"锦城尊师节"座谈会上讲话

这里有三个关键词：

一是"十年"。我校的发展规划是以十年为单位的，所以我们现在就开始酝酿第三个十年发展规划，研究学校第三个十年怎么发展。

二是"抢占"。为什么是"抢"？那是因为时间不等人，我曾讲过我们办学有一个"时间危机"的问题。办学发展需要时间，但竞争不分建校早晚，"锦城"办学二十年，要与办学几十年的高校竞争，就必须争分夺秒，把别人喝咖啡的时间用在工作上。而所谓"占"，

就是要像行军打仗一样，抢占制高点，谁占据了制高点，谁就能在竞争中占据主动。

三是"新高地"。先说为什么是"新"，因为我们现在已经在一个高地上。学校最辉煌的时候，在全省 50 多所本科院校中，录取分数线排在第 22 位，不仅在民办高校中遥遥领先，还把部分公办院校抛在了后面。今年是学校转设之后招生的第三年，我们也把一些公办院校的高收费项目（主要是中外合作项目）以及异地校区的招生甩在了后面。所以我们现在已经是在一个高地上，不是在一楼，而是在三楼。而所谓抢占新高地，就是我们还要上五楼，到更高的地方去。为什么要上五楼？如果发了大水，地势低的地方首先被淹没，一楼、二楼先被淹没，三楼基本安全，五楼才是最安全的。所以我们应该上下同欲，共同为上五楼而努力！

我们目前的主要任务是：面对现实，展望未来，居安思危，未雨绸缪。

首先，要面对现实。现实是什么？一个方面，我们在一个高地上。学校总体在三楼，但不是每一个学院、每一个专业、每一条战线都在三楼，有的在二楼，有的在四楼，也就是说发展不平衡。另一个方面，我们面临着与公办、民办高校的激烈竞争，逆水行舟，不进则退。我们和公办院校的竞争有些是对称的，例如人才培养，有些是不对称的，例如财政投入。即便是和民办高校的竞争，我们也不是都占据优势。我经常讲，每个学院、每个专业都要找几个参考系，比如艺术学院一方面要看川大、川音等公办高校，另一方面要看川传、川影等民办高校，客观地分析自己的优势、劣势、目标、方向，立足现实，形成清晰的发展思路。

其次，要展望未来。大到一个国家、一个民族，小到一个单位、一个个人，眼光总要向前看，才会有前途。今天我们纪念孔夫子，也不是要向后看，而是要继承和发扬孔夫子的教育精神、思想、方法，开辟"锦城"教育事业新境界。"锦城教育"从来都是面向未来的，想当年我们搞劳动教育、创业教育、中华优秀传统文化教育、岗位调查报告、专业设置的逆向革命、"翻转课堂"、线上线下混合教学，提出"长板原理"，推行认知能力与非认知能力培育并重，等等，哪样不是向前看？哪样不是走在前列的？还是那句话，不是等着上级要求我们做我们才做，也不是看着别人怎么做就跟着做，而是凭良心办教育，凭常识办教育，凭规律办教育，靠改革创新后来居上。一句话，就是要把握历史主动权，展望未来，谋划未来，创造未来，赢得未来。

再次，要居安思危。我多次号召大家学习华为，学习任正非，特别是学习他们的危机意识。任正非在华为形势大好的时候喊出"华为的冬天"，说自己总是在"思考失败"，他的名言是"惶者生存"。我在今年暑期会上讲了"救亡图存"，有同志略表担忧地建议说，这样会不会把危机说大了，把不坚定的人给吓跑了？实际上，我们是有安有危，总体来看，未来十年仍是发展的黄金期，学校的前途是光明的，师生的前途和出路是有保障的。但如果没有危机意识，盲目认为形势一片大好，不肯继续奋斗，那就离真正的危险不远了。

最后，要未雨绸缪。就是要超前做准备，现在就要琢磨下一仗怎么打，下一个十年怎么发展。当前最主要的是确定战略目标，即未来十年，我们要抢占哪些高地。我先讲我的初步想法，供大家讨论。

二、未来十年，要抢占哪些高地

"高地"是一个地理概念，具有相对性。一场战役可以有很多高地，比如抗美援朝上甘岭战役，就发生在597.9高地和537.7高地上。高校竞争也有许多高地，有的学校占了这个高地，有的学校占了那个高地。未来十年，我校至少要抢占"六大高地"。

（一）以"四大框架"为核心的高质量教育教学高地

学校落实立德树人根本任务，最根本的途径是教学。著名教育家赫尔巴特曾说过："没有离开教育的教学，也没有离开教学的教育。"可以说，没有哪一所学校是能够不重视教学而办好的。刚才大家谈了很多，有一点共识，那就是大家都认为"锦城"的高阶教学、深度学习、非认知能力培育和情感劳动这"四大框架"，是教育教学的高峰，要通过深入贯彻落实"四大框架"，把我校教学高质量的旗帜高高举起！对此，我非常赞成。下一个十年，我们主要是和省属公办院校竞争，在科研、项目上可能一时半会儿还赶不上，但在教学上，我们应该是能够赶上或超过的。我们必须抢占教学的高地，教学水平必须比竞争对手高，教学效果必须比竞争对手好。我还认为，不仅要把教学高质量的旗帜高高举起，而且还要做到成绩优异、影响大。

我在今年年初的工作部署大会上讲了，只有每位老师都能达到教学的高质量，"锦城"的教学才是高质量，我们必须实现高阶教学达成率100%的目标。我的体会，凡是讲课离不开电子屏幕的，离不开

PPT提示的，肯定没有达到高阶教学。1982年，我在东北工学院（现为东北大学）参加培训班的时候，有一位数学老师，给我留下了深刻印象，他走进教室，腋下夹了一叠资料，到了讲台上，把资料先放一边，然后就讲起来了，第一第二第三，哪些是大家学过需要复习的，哪些是难点要重点讲的，胸有成竹，条理清晰。讲得又是行云流水，边讲边写板书，板书也是整洁美观，而且边讲边询问反应，以便及时反馈。一节课下来，桌上的资料连看都没看一眼，这就是一种水平、一种高度。要是我们"锦城"的教师人人能达到这个水平，我们就一定能抢占高质量教育教学的高地！

（二）以省级专家工作站为代表性平台，以国赛、省赛为舞台的创新、创造、科研、竞赛高地

近年来，我校竞赛水平大幅提升，学科竞赛成绩从2017年的全国第891位，上升到2022年的全国第202位，在全国1200多所本科高校中排名前16%。在"互联网＋"和"挑战杯"大赛中，我校获得的金奖数量和获奖总量也常常拔得全省同类高校头筹。"锦城"已然成为名副其实的竞赛大校、强校，在一些项目上，即便是与"双一流"高校竞争，"锦城"也绝不逊色！这充分体现了"锦城"的人才培养水平和学生的竞争力。

总结我校竞赛成绩大踏步前进的原因：一是坚持从"为奖而赛到为教而赛、为学而赛"，提高了师生的参与率、项目利用率和竞赛获奖率。二是把竞赛和"四大框架"结合起来，把竞赛作为实现高阶教学、深度学习，提高学生高阶思维、高阶能力的项目化教学方式，同时把竞赛作为一个锻炼提高学生非认知能力以及强化教师情感劳动的平台。三是把指导学生竞赛、实现"教赛相长"作为"锦城"教师的一种新的核心竞争力，形成了一种鲜明的导向。有的老师就是因为指导学生竞赛搞得好，评上了副教授。四是学校给够了扶持奖励政策，校、院两级形成了强大的组织支持，例如工商、计算机、智能制造和电子等学院教师、辅导员、行政分工合作、齐抓共管。这些有益经验，值得认真总结。

邹广严校长与第十八届"挑战杯"全国大学生课外学术科技作品竞赛获国家级奖项的师生代表合影

专利是创新创造的结果，专利发明的质和量是一所学校创新创造水平的体现。学术自由是创新创造的前提，所以继续营造自由的学术氛围，鼓励大家大胆地创新创造，要有一股子"野蛮生长"的劲头，一开始可能要走点弯路，多花点钱，但是只要方向是正确的，就鼓励大家干。

创新创造是强校之路，例如斯坦福大学凭借电子信息技术腾飞，麻省理工学院靠军工起家。我和王校长曾经到多伦多大学访问，多伦多大学门口有一个胰岛素模型雕塑。胰岛素是班廷爵士在多伦多大学团队合作下发现的，那个雕塑就是为了纪念这一医学史上伟大的发现，胰岛素也就成了多伦多大学在科研上的代表性成果。所以，搞科研，要有代表性的成果，要有代表自己水平的"代表作"。

我校的竞赛成绩是不错的，但在科研和项目上薄弱了一些。未来十年，我校要在竞赛大校、强校的基础上，向科研项目大校、强校攀登。办法之一，就是要把专家工作站建成一个全校性的、高水平、跨学科的科研教研阵地、产学研用创"五位一体"的平台，成为拿项目、做项目的龙头。欢迎各个学院、各个专业的科研骨干都加入专家工作站，充分发挥人才规模效益、协同作用。要力争在未来十年的时间内，取得一批突破性的成果。

锦城学院"四川省专家工作站"进站专家聘任合影

（三）以实行"三个并举"为措施，高质量完成"三个增值"目标的人才培养高地

我校应用型人才培养的精髓在于"三个并举"，即做人的教育与做事的教育并举，认知能力与非认知能力培育并举，帮助学生打牢基

础与促进学生"长板"发展并举。

"三个并举"是真正适应和回应社会需求的人才观；是适合"锦城"应用型人才培养的教育，而适合的就是最好的；是以人为本，尊重个性，促进人的全面发展、个性发展和可持续发展相统一的教育；是培养和塑造21世纪人才核心胜任力的关键。同时，"三个并举"也是"锦城"应用型办学的精华和鲜明特色，既区别于研究型和技术技能型大学，又区别于其他的应用型大学。

人才培养的根本目标在于促进学生的增值，同时，使这个过程中的参与者——教师和学校也实现增值。学生增值、教师增值、学校增值，加在一起就是"三个增值"。有的同志提出还有第四个增值，那就是"社会增值"，因为"锦城"的人才培养、科学研究和社会服务都在为社会作贡献，为社会创造财富，积累价值。这个意见也可以考虑。

建校以来，"三个增值"的成绩有目共睹，大家都能够体会得到。现在要研究一个新问题，那就是如何较为准确地计算和衡量这"三个增值"。我给学工部（处）出了一个题目，学生的增值怎么评价？比如今年在开学典礼上发言的胡顺同学，他从一个偏远的山村来到"锦城"求学，四年之后，十年之后，他的增值怎么衡量？可不可以建立一个评价体系，从认知能力和非认知能力两个方面计量和评估学生在校四年的增值，定性和定量相结合，把学生增值大概描述出来。同理，教师增值的问题，也请组织部和人事处研究。学校的增值，大家都可以研究。总之就是要可评价、可度量、可显化。

"锦城"校友范鹜反哺母校，为"邹广严教育基金会"捐款

（四）以"四化""五堂"为核心的校园硬环境、软环境高地

安德烈·焦尔当在《学习的本质》一书中说："学习的发展来自本人所处的物理环境和社会环境。越来越多的研究表明，环境在学习中发挥着决定性作用。"我校历来强调办大学就是办环境、办氛围。我们经常讲要"环境育人"，未来十年，我们要继续加强"四化"和"五堂"的建设，创造一流的校园硬、软环境。

"四化"是我当年在省政府工作的时候，领导全省城市化建设的口号，就是要对城市环境实行"净化、绿化、美化、亮化"[1]，这在校园环境的建设和管理上依然适用。建校十八年来，我们以"四化"为指导思想，建成了大气、优美的园林式校园，前几年我们搞了亮化工程，今年对亮化工程做了一些升级，师生反响很好，我看了网上的留

---

[1]关于"四化"的相关论述，可以参考《邹广严经济管理文集》（第五卷）中《一手抓建设，一手抓管理，努力开创我省城市管理工作的新局面》（第264—273页）等文章。

言，一致赞扬我们的校园环境好，师生都感到自豪。但也要看到，在"四化"方面，我们离一流水平还有差距，还要继续努力。

"五堂"就是我们的"五个课堂"，包括教室、实验室、生产基地、课外活动和网络课堂。"五个课堂"是立体的、饱满的、精彩的。今天说的是教室、实验室、网络等课堂的硬环境建设问题。环境和条件是重要的，1998 年，我在省政府工作的时候，省医院盖了一栋大楼，就是现在的第一住院大楼，当时争论要不要装空调。要知道，那时候华西医院都没有装空调。我说："装！"只要能够为医生工作和患者就医创造舒适环境，这钱就花得值！投用之后，大家都说好。后来华西医院建新楼的时候，就说省医院都装了空调，我们也要装。再后来，省里的医院就慢慢都装空调了，全省医院的条件逐渐改善。

我想，我们也要给"锦城"师生创造良好的工作和学习条件，也可以考虑逐步给教室安装空调。后勤处杨治国同志去中教集团广东的几所高校考察过，回来说这几所学校的教室里都装了空调。我看我们也可以考虑，未来十年逐步给教室装上空调。不是一蹴而就，而是逐步地配备。

（五）以"一馆""两室"为代表的良好学习、科研条件高地

"一馆"就是图书馆。为了更好地满足师生的需要，图书馆是应该扩建的，我倾向于在现有建筑的两边扩建，这样投资少、见效快、效果好。其他方案也可以提出研究。

"两室"就是教室和实验室。教室是最重要的教学场所，必须搞好。桌子、凳子坏了，投影仪老旧、效果不好……我的意见是要

及时更换，而且要换好的设备。当年学校初创的时候，旧桌子、旧板凳将就用，现在发展阶段不同了，不但要桌椅好，还要搞成智慧教室。此外，要补充建设一批自习室，为考研、考公等需要长期备考的同学提供良好的环境。关于实验室建设，还是那句话，每个学院至少要有一个"可用、可观、前沿"的实验室。在这个建设目标上，任何人不要阻挡，要当促进派，不要当促退派。除此之外，实验室的日常管理也要抓好，那些坑坑洼洼的地面，要尽快修补，要改善实验室环境，做好安全、清洁等日常管理，还要提高实验室的利用率。

搞建设是需要花钱的。以前我们是量入为出，有多少钱办多少事。现在阶段不同了，目标不同了，必要情况下也可以适度负债建设。要解放思想嘛，当年量入为出是对的，现在为了抢占新的高地，在确保发展安全的前提下，适度借债发展也是可以考虑的一个方案。

"锦城"学子在图书馆深度学习

（六）以在平等基础上重教爱生、亲师爱校为中心的新型师生关系高地

孔夫子之所以是伟大的教育家，除了他的教育思想、理念、实践、成果、影响以外，还有一个重要的方面，那就是他建立了堪称后世典范的师生关系。孔夫子了解学生，关爱学生，对学生循循善诱、谆谆教诲；孔夫子的学生尊重老师，维护老师，追随老师周游列国，即便是在非常艰难的时候依然不离不弃、风雨同舟。还有，"善教者使人继其志"，孔夫子的学生继承和发扬了孔子的学说，使儒学成为影响中国历史几千年的"显学"，我今年在蒙顶山会议上也讲了，这是一个学说传播的经典案例。可以说，孔门之师生关系，堪称典范。

我校很早就提出要建立在平等基础上的新型师生关系，具体来说，就是学生要尊师重道，老师要重教爱生。学生把老师放在仅次于"天地君亲"的位置，老师也要把学生放在心上，对学生的现在和长远发展负责。今年，我们又提出了入学教育要做到"两个热爱"，即要让学生热爱教师、热爱学校，做到"亲师爱校"。

近年来，通过"锦城"教师广泛的、建立在教育之爱基础上的"情感劳动"的投入，我校初步形成了学生"亲其师，信其道，爱其校，乐其学"的良好氛围。此外，校友也做得很好，校友办广泛联系校友，举办"十年返校""校友帮就业"系列活动，加强了学校与校友的联系，是很好的。我们要把校友工作作为对学生终身教育的一部分来做，学校的资源要充分向校友开放，支持校友免费回来"充电"学习。

从今年新生入学后的普遍满意反映，以及广大校友对学校、恩师的眷恋、支持、回馈可以看出，我校在教师重教爱生、学生亲师爱校方面，在健康的、新型的师生关系建设方面，确实走在了前列。"二人同心，其利断金；同心之言，其臭如兰"，师生关系也是一种竞争力！未来十年，我们要为继续巩固和发展这种竞争力而努力。

"锦城尊师节"上，学生们纷纷向恩师献花

三、为抢占高地，工作怎么干

（一）要有明确的思路，深入贯彻"锦城教育学"

抢占新的高地，要靠正确、成熟、前瞻、领先的思想去引领，那就是我们共同创造的"锦城教育学"。"锦城教育学"是办学、教学、求学的学问和艺术，是"锦城"师生员工共同创造、归纳和总结产生的，标志着我校的教育理论走向成熟，而理论成熟是一所学校成熟的标志。现在要重点做好如下几件事：一是要进一步创新实践，每一位

"锦城"员工都有责任丰富和发展"锦城教育学"，大家的成功实践都是"锦城教育学"的一部分；二是要总结提高；三是要传承落实，老员工要传给新员工，一代接一代地贯彻；四是要传播影响，扩大影响力。现在省内外一些高校颇为关注我校的动态，说明我们在省内外已经小有影响了，但这还不够，还要继续努力。

（二）建设高忠诚度的、强大的、高水平的、具有创新创造精神和能力的"三支队伍"

"为政之要，惟在得人"，搞教育也重在得人。抢占高地，没有一支忠诚、敬业、高水平的人才队伍是不行的。我们"锦城"有三支队伍，一是师资队伍，教师是学校的第一生产力，要着力锤炼一支师德师风高尚，师才师能突出，全身心投入"锦城"教育事业的队伍，这是我们抢占新高地的关键；二是辅导员队伍，所有辅导员都要成为教育、引导、服务学生成长的专家，学校也要为辅导员的发展创造良好条件，优秀的辅导员可以评教授、副教授；三是管理和服务队伍，要振奋精神，努力建设精干、高效、忠诚、多能的管理服务机关，着力提高学校的管理水平、服务质量、协作效能，为学校发展保驾护航，为广大师生排忧解难，让师生办事更便捷，工作学习更舒心。

（三）集中力量搞投入

由于公办学校有财政支持，和公办学校比，我们在绝对投入上有短板。从绝对数量上讲，我们拼不过。但是我们可以拼质量。怎么拼质量？第一是投入的方向，第二是投入的效果。据我在政府、企业多年来管投资的经验来说，我们要讲"握紧拳头，集中力量"八个字，也就是毛主席所说的"集中优势兵力"的原理，化全局上的劣势为局部上的优势。下一个十年，我们要集中力量办好一些大事、好事、关键的事。建校前十五年，我们在盖大楼上花钱多，今后花钱的方向，要在建设实验室、图书馆，改善教学、科研、学习、办公条件上加大投入。

还有一个很重要的方面是要继续提高教职员工的待遇。我还是那个观点，民办学校的工资不比公办的高30%的话，要办出高质量是困难的。我看了一个材料，哈佛大学教授的平均年薪是22万美元，而美国最好的公立高校加州大学的教授平均年薪是14万美元。哈佛能够办得好，与它能够用较为优厚的薪酬吸引、留住高端人才有关。待遇低了，优秀人才引不进、留不住，要想办成高水平就不可能。我们要继续按照"两个相适应"的薪酬原则，把足够的钱给对的人，坚持事业留人、待遇留人、感情留人，更好地聚才、用才、爱才，绝不亏待一个忠诚员工，激发干部师生干事创业活力，为抢占新高地注入蓬勃力量！

同志们，"欲穷千里目，更上一层楼"，让我们共同努力，奋斗十年，抢占四川高等教育新高地。期待十年之后，"锦城"能够"会当凌绝顶，一览众山小"！

2024年

抢高登峰谋突破

这一年，布局"超常措施"，在攻坚克难中奋力抢占"六大高地"；

这一年，深入推进"十大工程"，各项成绩再上新台阶；

这一年，"宝藏大学"形象深入人心，"就读锦城，锦绣前程"广为传颂；

这一年，人工智能赋能"锦城"教育，以改革创新之举为未来发展注入强劲动能；

这一年，携手华为、百度等龙头企业，聚力打造12家现代产业学院集群，实现"产教融合"跨越式发展；

这一年，"锦城教育学"系列丛书陆续出版，全体"锦城人"争做"锦城教育学"的传播者、践行者、光大者。

坚持一个中心，抓好三件大事

——在2023年总结表彰暨2024年工作部署大会上的讲话

（2024年1月15日）

大家下午好！今天上午，我们听了六位教师代表的发言，他们在自身岗位上深耕"锦城教育"，做得有深度、有成效；也听了督导组的教学督导报告，看到了我们在教学方面的成绩与进步空间；刘永湘书记就党建带动学校整体发展作了重要讲话；王亚利校长对2023年工作作了总结，并对2024年工作进行了安排部署，我都非常赞成。

邹广严校长在2023年总结表彰暨2024年工作部署大会上讲话

现在，我再强调一下我们今年工作的重点。

一、坚持以高水平的人才培养为中心，办高质量的教育和高水平的大学

（一）落实"一个中心"工作，根本落脚点在加强人才培养

我历来讲，学校所有的工作都要围绕一个中心，这个中心就是人才培养。2005 年建校时，我们的办学宗旨就明确了人才培养是中心。换言之，我们所做的一切，归根结底就是为人才培养服务，这点要十分明确，不能含糊。这也是全体"锦城"师生的共识。

人才培养看什么，主要看学生的发展。学生走出校园之后能否有所作为，是检验我们办学质量最根本的标准，其他都是过眼云烟。如果我们能培养出像比尔·盖茨、埃隆·马斯克，抑或像任正非、马云、马化腾，或者为母校武汉大学捐赠 13 个亿的雷军这样的人物，那可以说，我们人才培养的成绩是很好的。当然，我们已经培养出像哈佛女孩钟雨霄，川农大教授段吟颖，中国科学院科学家马跃博，"中国工程建设鲁班奖"获得者陈伟，"四川省科技进步奖"获得者田泽辉、刘杰，"四川十大杰出民营企业家"获得者尹柯等杰出校友，还有成千上万的工程师、企业高管、文化艺术工作者及党政军干部等。校友取得的成就体现了"锦城"人才培养的成功，不过我们还要继续突破。

人才培养做得好不好，对学生和学校的影响都是极为深刻的。最近网上有一个案例，复旦大学的两位毕业生，一位是在美国流浪十六年的博士孙卫东，另一位是失业博导茆长暄，可以说他们有非常好的

开局（孙卫东博士毕业后在华尔街工作，茆长暄毕业后在上海财经大学任教），占据着认知能力的高地，但为何自己的职场生涯和生活境况最终陷入窘迫？很多人在问，问题出在哪里？我认为，最主要的问题是在于，大学如果片面追求对学生认知能力的培养，而忽视非认知能力的培养，这样的教育是有缺陷的。不可否认，复旦大学具有较高的培养人的认知能力的水平，能把孙卫东、茆长暄他们培养成高级知识分子，这是不简单的。但是，很明显，这两位博士的非认知能力严重不足，一个是自律和逆商不足，一个不懂为人处世之道，以至于失去了工作。这两个案例也深刻说明了，注重学生的全面发展的重要性，证明了"认知与非认知能力并重"的正确性。从这个方面来看，我们"锦城"的教育是非常成功的！

所以，我校要"党、政、工、青、妇，师、生、教、管、服，文、工、经、管、艺，上、下、左、右、中"[1]都围绕着"一个中心"来做工作！我以前多次强调过："在'锦城'，没有离开人才培养的教育和活动。"有的同志还作了延伸："天上的云彩，只要经过'锦城'，都要为'锦城'的教育、'锦城'的人才培养服务。"这就是"人才培养是中心"的深刻内涵，我们要坚持这个中心不动摇。

（二）人才培养要突出特色，这是"锦城"人才培养的核心竞争力

做好人才培养最重要的一点，就是要抓住"锦城特色"。同志们，

---

[1] "党、政、工、青、妇"指党委、行政、工会、青年团、妇联；"师、生、教、管、服"指教师、学生、教学队伍、管理队伍、服务队伍；"文、工、经、管、艺"指锦城学院目前的主要学科门类；"上、下、左、右、中"指锦城学院及全体"锦城人"，都围绕"一个中心"做工作。

2005 年，我们学校是贴三本线招生，经过 5 年的奋斗，2010 年我们就突破了二本线。这不是教育厅为我们"划配"的线，而是我们靠自己的实力赢得考生踊跃报考"捅破"的天花板！为什么"锦城"能获得这样的成绩？因为我们办学有特色，人才培养有特色！

办学伊始，我们首创了三个特色：第一，"严"。"锦城"以"严"的教风、学风、校风著称，那时候号称"锦城高中"，家长们非常认同，因为中国的教育传统是"严师出高徒"，中国人相信"教不严，师之惰"。第二，"全"。我们提出"三大教育"，即"三讲三心"明德教育、"一体两翼"知识教育、"三练三创"实践教育，可以说，囊括了认知和非认知两个方面，也可以说，对应了布鲁姆的"三个领域"（认知、情感、动作技能）。第三，"特"。"特"，就是我有你没有，比如农场劳动必修、创业方案大赛、就业四大合作平台等等。这都是我们建校初期就提出并一以贯之的特色。

当今中国大学林立，总数已超 3000 所，影响一所民办高校生存和发展最核心的因素是什么？大家往往喜欢从政策环境不好、人口出生率下降、优秀老师难招等问题来找原因，其实影响民办高校生存和发展最致命的因素只有一个，那就是"平庸"！"平庸"就是普通、一般、没有特色！学生和家长凭什么选择"你"？民办学校没有公办学校的经费支持、教师编制、政策倾斜这些得天独厚的优势，我们拿什么和别人比？就得靠特色取胜！民办学校所能为人辨识者，特色者也！我们要抢占高地，从 3000 多所高校中脱颖而出，特色者也！我们要把"锦城"办成区别于其他大学的大学，就得拒绝"平庸"，办出特色！如果我们任何举措都要靠"一套指令"，参照"一把尺子"，使用"一个模子"，那就只能"落于人后"或沦为"千校同面"。所以，我们一定要突出"锦城"人才培养的特色，这不仅是"锦城"办学历史的积淀，更是未来发展的主题。

"锦城"人才培养特色最重要的法宝是"锦城教育学"。"锦城教育学"的创新前瞻、内容丰富、特色鲜明、可读可做，是"锦城"办学近二十年来全校师生奋斗的结晶。我们要不断完善好、实践好、传播好"锦城教育学"，这是我们特色制胜的关键所在。

（三）优秀的人才是培养出来的，我们要发挥好"锦城"人才培养体系的核心特色

1963年，毛主席在《人的正确思想是从哪里来的》开篇提出一个问题："人的正确思想是从哪里来的？是从天上掉下来的吗？不是。是自己头脑里固有的吗？不是。"他说："人的正确思想，只能从社会实践中来，只能从社会的生产斗争、阶级斗争和科学实验这三项实践中来。"

这让我们引申思考一个问题：优秀的人才从哪里来？是天生的吗？显然不是。如果天赋决定一切，那么教育就没有存在的必要。是自己生长出来的吗？也不是。正所谓"玉不琢，不成器；人不学，不知义"。因此，优秀的人才是培养出来的，引导、激励、帮助每一个学生走上成功的人生之路，就需要一套尊重人才成长规律、教育规律和科学规律的人才培养体系。

"锦城"的人才培养体系是什么？我们过去讲了很多，现在进一步归纳，就是"一个标准、三个环节、四大举措"。

1.一个标准

我校的人才培养目标是"培养高素质、复合型、经世致用、面向

未来的创新应用型人才"，具体的人才培养标准就是"做人第一，能力至上"，这是我们自建校以来就确定的"一个标准"。"做人第一"就是修养"三品"，即高尚的品德、高贵的品质和高雅的品位；"能力至上"就是"三力"，即学习力、思考判断力、行动力。

2.三个环节

确立标准后，如何实现人才培养？"锦城"通过"三个环节"来实现：第一是教育教学环节，第二是实验实践环节，第三是熏陶训育环节。

教育教学环节以理论知识传授为根本，重点培养学生认识世界的认知能力，包括知识传授和思维发展。"现代教育学之父"、德国教育家赫尔巴特反复强调，不存在"无教学的教育"，也不存在"无教育的教学"，人们是"通过教学进行教育"。迄今为止，教育教学仍是人才培养的主要环节。这个环节的重点任务就是要帮助学生理解、掌握知识体系，形成高阶思维。

实验实践环节遵循探索创新和学以致用的原则，重点培养学生发现和改造世界的应用能力，包括科学实验和社会实践。科学实验是获取经验事实和检验真理的重要途径，教会学生处理数据、分析现象、总结规律，是从数据到理论、从现象到本质的"认知实践能力"提升的过程；社会实践是着眼于知识的应用和对社会、自然界的了解，提高学生的动手能力，为学生从学校向职场过渡做准备，包括专业实训、工程实践、岗位实习、社会调查等，是"综合应用能力"提升的过程。我校一贯重视突破实践环节，这也是应用型人才培养的关键。

学生在专业实训

熏陶训育环节可以说是"锦城"的创新，重点培养学生融入世界的非认知能力，即通过"三隐三显"的方式帮助学生形成"两商六力"。熏陶是潜移默化、陶冶体悟的过程，训育是系统引导、训练习得的过程。推动非认知能力培育从"隐性化"走向"显性化"，是锦城学院人才培养的一大创举，所以我们不仅有养成培育、熏陶培育和体悟培育，还制定标准、创新课程、量化考核，培养学生具备适应21世纪发展的核心素养。

3.四大举措

"一个标准""三个环节"怎么落实？我校通过"四大举措"来落实，即"两课设计、三个并举、四个框架、五个课堂"。这也是"锦城"人才培养举措的特色和创新所在。

"两课设计"是龙头。"两课设计"既是教学环节的龙头（教学要先设计再实施），更是学校人才培养活动的顶层设计（人才培养方案要根据社会发展需求，遵循教育教学规律，体现"锦城"育人特色，做好顶层设计）。我们一再强调"设计是龙头"，设计是工程的施工图，是设备安装的说明书，因为凡事预则立，实施的前提靠设计。课程和课堂要有温度、有深度、有浓度、有梯度，人才培养要有质量，由什么决定？首先是设计决定的。设计决定了人、财、物、技的布局和资源的配置。

"三个并举"是内容。"三个并举"即"做人与做事的教育并举，认知与非认知能力培育并举，帮助学生筑牢基础和发展长板并举"，这是"锦城"人才培养的主要范畴。建校时我们提出的"三大教育"，其中"三讲三心"明德教育就是做人的教育，"一体两翼"知识教育就是认知能力培育，"三练三创"实践教育就是做事的教育。后来，我们又形成和发展了"长板理论"和"非认知能力培育"等理论和实践，这些都是"锦城"育人的特色，我们不仅要一以贯之，更要发扬光大。

"四个框架"是方法。毛主席说："我们不但要提出任务，而且要解决完成任务的方法问题。我们的任务是过河，但是没有桥或没有船就不能过。"高阶教学、深度学习、情感劳动、非认知能力培育这"四个框架"的突出创造就在于为我校高水平教学和人才培养提供了系统的可操作、可评估、可考核的工作框架和实施办法。思考问题要成系统，干好工作要有框架。"四个框架"就是我们教育教学和人才培养体系落地落实的"框架化"工作方法。

"五个课堂"是阵地。建校伊始，我们提出的是"三个课堂"（教室教学、实验室教学、生产实习基地教学），到2008年我们增加了课外活动教学成为"四个课堂"，2013年我们把育人的阵地扩展为"五个课堂"即教室教学、实验室教学、生产实习基地教学、课外活动教学、在线教学。所以，"锦城"没有离开人才培养的活动，"锦城"的所有空间都要服务于育人。

同志们，"四大举措"中的"三个并举""四个框架""五个课堂"大家已经非常熟悉，也都有诸多实践成果，今天不再赘述。下面重点深入地讲讲"两课设计"这个龙头。

（四）课程是知识等教学内容的载体，课堂是学校教育的主阵地，"两课设计"是上好课的施工图、说明书

党的二十大报告中提出，2035年我们要建成教育强国。落实教育强国，就是要强校，强校的重心就是强课。办好每一所学校，根本是教好每一个学生；教好每一个学生，老师就要上好每一堂课。而上好一堂课的前提就是"两课设计"。我们是2015年提出的"两课设计"，经过近十年的实践，取得了很好的效果，我看杨泽明等一些老师就有一些发明。当然，还需要进一步完善，我最近让高研院、教务处、总督办继续研究、反复考量，希望对"两课设计"这个龙头有所完善，重点就是内容、方法和评价三个方面。

1."两课设计"的内容

我们过去讲的"一个前提"（学情分析）、"八个方面"，着重是讲课堂设计的，现在我们就课程设计做一个补充和说明。

（1）课程设计的八条内容（1+8）

在过去的实践中，我校课程设计有单独进行的，也有合并到教学大纲里的。现在看来，我们必须更加认识到它的龙头地位。从词源学的角度来看，"课程"是从拉丁语"Currere"一词延伸出来的，意思是"跑道"或"奔跑"。也就是说，课程体系的设计，不仅涉及课程和课堂，而且涉及我校人才培养的整个过程。所以它属顶层设计，非

常重要。它是育人的核心和载体，决定了学生走什么路（课程内容），去什么地方（课程目标），用什么交通工具（课程技术环境），一路上都有什么风景，会有什么样的体验（课程教学方法）等。

课程设计的内容（1+8，1 指"学情分析"）：

1. 本课程的教育教学目标
2. 本课程在人才培养方案中的作用、在学科中的位置，以及相邻课程的关系
3. 本课程的主要内容（知识体系、重点、难点、特点）
4. 本课程实行高、中、低阶教学的顶层设计和规划
5. 本课程的实验实践环节
6. 本课程的延伸阅读和拓展（行业前沿）
7. 本课程计划使用的教学方法和技术手段
8. 本课程的评价、考核方法和次数

课堂设计的内容（1+8，1 指"学情分析"）：

1. 教学目标设计
2. 教学内容设计
3. 教学方法设计
4. 课堂互动设计
5. 课堂管理设计
6. 评价方式设计
7. 作业设计
8. 推荐课外读物设计

两课设计

设计的内容（双八条）

设计的方法
1. 要素式设计法
2. 剧本式设计法
3. 项目式设计法
4. 混合式设计法
5. 开放式设计法

设计的评价
1. 文本检查
2. 课堂考察
3. 教学反思和改进

邹广严校长首次提出的"两课设计"框架图

现在，我们进一步明确在学情分析的基础上，课程设计至少应包括下列八条内容：

第一，本课程的教育教学目标。目标的表述要清晰、具体并且可衡量。比如：学生学完这门课程后能够掌握什么核心知识？解决什么问题？思想和思维发生什么转变？知识、能力和素质三个维度达到什么标准？

第二，本课程在人才培养方案中的作用、在学科中的位置，以及相邻课程的关系。我们要让学生清楚地知道，本门课程"前置""后续""关联辅助"的课程有哪些；让学生对整个专业知识体系有清晰的认识，帮助他们更好地联动"跨学科"的课程内容。

第三，本课程的主要内容（知识体系、重点、难点、特点）。老师要让学生清楚地知道本门课程的基本的知识体系，重点是什么，难点在哪里，以及这门课程有怎样的特点。课程重点要"讲深，讲精"，课程难点要"讲透，讲活"。

第四，本课程实行高、中、低阶教学的顶层设计和规划。也就是按照我校"一基两轴三阶递进"高阶教学框架，老师要设计好本门课程哪些内容采用低阶、中阶教学，哪些内容采用高阶教学，特别是高阶教学，要设计让学生"跳一跳才能够得着"的学习挑战。

第五，本课程的实验实践环节。这个环节是培养应用型人才的重要一环，学校建设一批技术实验室，就是要给课程教学的科学实验提供更大的支持。老师们要精心设计，包括科学实验、社会实践和校外实习，都要安排合理、得当。

第六，本课程的延伸阅读和拓展（行业前沿）。我之前说过，每一门课程都要设计延伸阅读的书目，并且根据课程的进度推荐学生阅读。同时，大家还要不断拓展本课程、本专业涉及的行业前沿应用和发展现状，追踪新技术前沿，并融合到课程教学中去。

第七，本课程计划使用的教学方法和技术手段。比如："锦城教师八大教学法"中的哪种或哪几种教学法最能满足课程目标？这门课程需要怎样的技术和环境支持，传统教室、虚拟教室还是智慧教室？这些都要做好设计，也就是资源的合理配置。

第八，本课程的评价、考核方法和次数。包括形成性评价和总结性评价，也就是过程评价和期中、期末考核的设计。我多次强调，期末考试要设计适量的开放性题目，这是评价学生是否形成高阶思维和解决复杂问题能力的重要考核方式，老师们要设计好，教务处要检查好。

以上八条，可以说是八大要素、八大板块或者八大维度，前后没有顺序关系。

（2）课堂设计的八条内容（1+8）

过去已经讲过，不再重复，新进教师可以参考我于 2015 年 2 月 28 日在学校教学管理专题培训会上的讲话《进一步推行"两课设计"和"翻转课堂"，确保"锦城教育"的高质量》，进行补充学习。

总的来看，就是"一个前提、两个八条"。课程设计较为宏观，多以教学大纲的形式呈现；课堂设计较为微观，多以教案形式呈现。做好课程设计与课堂设计，强调教师既是教育活动的实践者，更是设计者，目的是把传统的"备课"提高到"教育工程学"的水平，把传统的"教书先生"提高到"教育工程师"的高度。

2."两课设计"的方法

我们说"两课设计"很重要，要落实它就必须有相应的方法（主要讲的不是"教学"的方法，而是"设计"的方法），它是课程和课堂设计的组织方式和进行方式。根据国内外专家和教师的经验，现提出几种设计方法供老师们参考。

第一，要素式设计法。其核心是把八项内容作为八个要素进行规划设计，这是目前老师们运用最广泛的设计法，它的优点是条目清晰、运用方便。这种设计方法也是国际教育界运用比较多的设计方法。

第二，剧本式设计法。就是把教学过程按进度编写或设计每一幕（课）的活动，像剧本指导演出一样来指导课堂活动。"1+8"有机融入剧本式设计中，呈现三个要点：一要有场景，二要有人物，三要有对话和动作。老师要发挥主导作用，扮演好三种角色：一要当好"编剧"（做好教学设计），二要任好"导演"（组织好教学），三要和学生一起做好"演员"（做好讲解、示范、点评、答疑等工作）。在剧本设计模式中，教师就要提前设定好各种角色，精心设计每个教学场景和对话活动，确保教学过程的演进性、教学内容的一贯性，以达到课程和课堂设计的目的。当然，有"剧本"并不是说师生没有再发挥的空间，好的课堂就是"预设"与"生成"的统一。剧本式设计是一项创造性的工作，计算机学院的徐艳老师就是"先行者"，她以实施高阶教学、引导学生深度学习为目标，重新撰写了近两百页《Java程序设计》课程的"剧本式"教案。希望今后能看到更多"锦城"教师创作出更多契合教学目标的"高阶脚本"。

第三，项目式设计法。就是把一课、数课或一个章节的课程内容，用一个项目串起来，用项目驱动的方法设计教学过程。我们都知道哈佛商学院的诸多课程，都是让学生参与到真实的项目分析中去。

上海教研院的夏雪梅博士提出了项目式教学设计的"六个维度"，即核心知识、驱动性问题、高阶认知、学习实践、公开成果、全程评价。这是可以参考的。选择一个复杂的、多方案的项目学习和分析，有利于促成学生的深度学习和高阶思考，属于高阶教学。

第四，混合式设计法。就是老师们在设计时，也可以根据课程特点和需要，在一门课程的不同章节，采用不同的方式设计或教学，即"要素—剧本—项目"的混合式设计。

第五，开放式设计法。美国特拉华大学教育学院实施"面向他者负责型学习者的'相对开放式教学大纲'设计方案"，核心是让学生在学前及学习过程中及时反馈自己的学习需求，教师可以适度调整、补充和拓展教学大纲，提升课程教学的针对性，实现师生共创的个性化、开放式的教学。这种设计方式我们也可以借鉴，当然，它更适合小班化教学。

总之，上述这些设计方式供大家参考，目的是通过"课程与课堂设计的最优化"，推动"教学过程的最优化"，实现"学生学习受益的最大化"。

3."两课设计"的评价

最后，"两课设计"该怎么考核和评价？我们目前主要是检查文本资料，这是必要的，但是不够，还需要进一步完善评价体系。"两课设计"是教师的基本功，我们必须科学地、全面地进行评价和考核。

考核有三个必须要做的步骤：一是文本检查，二是课堂考察，三是教学反思和改进。只有系统考核这三个环节，才算完整，老师们的"两课设计"水平才能得到正向反馈与提升。

　　"文本检查"就是检查教师的书面设计文件，看是否按学校要求的内容和方法进行了课程设计和课堂设计。这里特别要提出，为了优化一门课的教学大纲，应该考虑以课程组的形式开展集体"磨课"，通过"师师交互"实现一门课程设计的共识。同时，考虑到教学大纲还应包含国家教育部门和学校对课程教学的要求，我们要建立、健全、完善审批制度，学校和学院要成立专家组来审查课程设计，并由分管领导签批。

　　"课堂考察"主要是考察和评价课堂教学实践与设计的达成度，或者说考察教师是否按照"两课设计"进行教学，同时听取学生和同行的意见。

　　"教学反思"包括教师通过教学实践，并通过听取各方面的意见或反映，进行总结和反思，以做出改进和创新。老师们既要反思"所得"（设计和教学的成功之处），便于继续发扬长板；又要反思"所失"（设计和教学的不足之处），便于日后改进；还要反思"所惑"（教学过程存在的疑惑），便于一门课程结束后请教督导或与同事们交流探讨，以加深研究，解决问题；更要着力"创新"（通过反思形成教学创新），看看能否摸索出具有"锦城特色"的教学创新之道。

　　教学反思与改进今后如何考察？所有老师在一门课程结束后，应当撰写课程教学反思报告，报告由学院领导、同行和督导组进行评价，这样既能够提升自己的教学能力，又能够实现同行之间的教学交流，有利于全体教师教学水平的不断提高。

　　同志们，今天围绕人才培养的中心地位，我们系统归纳了"一个标准、三个环节、四大举措"的"锦城"人才培养体系，这个体系实现了既全面又有重点地育人。这是我们的特色，既要紧抓不放，还要落实落细，这就是我们自立于大学之林的法宝。

这里我还要补充强调育人的"两个方面军"。"锦城"特别突出非认知能力和认知能力并举，这就需要"两个方面军"来发挥作用：白俊峰副校长带队的方面军主要负责好对学生认知能力的培育（当然也有对非认知能力的培育），冯正广副校长、王丽丽副书记带队的方面军主要负责好对学生非认知能力的培育（当然也有对认知能力的培育），并形成相互促进的良好关系。这样，我们培养出来的人才才能真正适应社会的需要，不走流浪博士的道路，也不走失业博导的道路。所以，同志们，我们一定要把这个中心抓住、抓牢。

大家回去后讨论工作，都要围绕这个中心：一切为了人才培养；一切为了我们学生的教育增值，为了他们有光明的前途；一切为了像校友们期许的那样"就读锦城，锦绣前程；就读锦城，无限可能"。这次，刘永湘书记领导的学校主题教育工作有一个很大的特点，就是理论联系实际，联系学校的人才培养这个中心工作，这是贯彻习近平总书记的教育强国战略的落地举措。党政工团都要围绕人才培养这个中心开展工作和服务，一切为学生的前途着想。希望大家下去加强思考与实践，把人才培养这个中心的工作开展好、落实好。

二、抓好"三件大事"

（一）以评促建，积极筹备合格评估工作

迎接并顺利通过本科教学合格评估，是我校发展历程中不可逾越的一个关键节点，已经提上了学校的重要议事日程。目标就是争取早

评估，早通过，早合格。我看，首先要列一个时间表，然后倒排工期，做最充分的准备。

具体工作怎么做，刚才王亚利校长已经讲过了。我在这里着重强调"基本功"，包括教师教学的基本功和管理服务做事的基本功，要实现全员、全面过关。

1.教师教学的基本功

根据建校以来的经验，参考北大和其他一些高校的提法，我们归纳出教师教学的"六基六力"，即"六项基本功"和"六种能力"。

"六项基本功"是：

一是语言表达基本功。传道、授业、解惑，是教师的基本责任。这些都需要借助良好的语言表达才能实现，所以，语言表达是教学的基本功。

二是情感表现基本功。就是要贯彻我校的情感劳动框架，教师要敬畏课堂、重教爱生，衣着要得体，上课要有情感，富有感染力，不能像个机器人，照本宣科。

三是板书和PPT基本功。一个是传统技能，一个是现代技能，二者都要抓好，这是书面表达的基本功。这里我强调一下板书，这是传统的教学基本功，不可忽略，不能离开PPT就不能讲课了。板书和PPT都要纳入对教师的考核。

四是引导互动基本功。这是沟通交流的基本功，包括师生互动、生生互动。这样才能实现有交流、有温度的课堂。

五是利用新技术基本功。从多媒体到人工智能，从大数据到虚拟（增强）现实技术，都要善加利用，我们讲教技相长嘛！要让新技术赋能教育教学。

六是课堂管理基本功。对于课堂,有些老师"不敢管,不愿管,不善管",放任自流,这是严重的缺点。要增强管理意识,强化管理思维,提高管理本领,实现"教好"和"管好"有机结合,这样才能更上一个台阶。

关于"六种能力",我们之前提出过"锦城"教师"新的五大核心竞争力":一是能够激发学生学习欲望、动机、兴趣和热情的能力;二是能够以广博的视野、立体的思维组织跨学科教学的能力;三是能够实现教学相长、教研相长、教赛相长、教技相长的能力;四是能够设计和实施线上线下相结合的混合教学的能力;五是不仅能够传递知识,而且能够传递思维方式的能力。现在再加上一个"设计力",即课程与课堂设计的能力。

这六力应该是"锦城"教师的基本核心竞争力,如果"锦城"的老师们人人的"六基六力"都过硬,我看教学合格评估就能顺利通过。为此,全校上下,从校领导到各学院、职能部门,再到广大教

邹广严校长视察课堂,调研教学情况

师，都要高度重视，大练"六基六力"基本功。坚持数年，打牢基础，必有好处。

2.管理服务的基本功

管理服务也是一门科学，也要有基本功。我之前讲过机关有三大职能，分别是管理、服务、参谋。要履行好这三大职能，没有点基本功是不行的。例如：在事务管理方面，要优化制度和流程建设；在人员管理方面，既要"善良为本，立足于帮"，又要克服"好人主义""尾巴主义"等不良倾向；在服务上，要"上跑机关，下跑基层"，主动服务，同时要重视情感劳动，解决"色难"问题；在参谋上，"没有调查，就没有发言权"，要在做好调查研究的基础上，提出建设性的意见和建议，等等。这些优良的传统，我们必须坚持并发扬光大。

为了适应"抢占高地"的要求，管理服务的基本功也要与时俱进，进一步具体化。

凡上岗，必培训——这要成为"锦城"的一项制度。新员工上岗要培训，老员工要承担新业务，也要培训。学校要布置新工作，推广新理念，推行新方法，使用新设备，等等，都要先抓培训。

凡举事，必有章——大到学校的宏观治理要依据章程，小到各单位各方面的工作要有制度。管理工作首先要有章可循，就是依据规章制度来办事。无论大事小事，有的要制度，有的要规定，有的要细则，有的要纪要。

凡工作，必留痕——我们重视结果，也重视过程。比如招投标，招标、开标、评标、中标，每个环节都应有案可查；又如工程，施工完了必须建立档案，有什么变动都——标明；再如做项目（含比赛），项目的来源、项目的参加人员、项目的牵头人、项目的指导者、项目的资金使用、项目的获奖和利用等，都应清楚可见，不要项目做完了再扯皮。

凡考核，必"逗硬"——凡事要落实，必有考核，考核要有效果，必须"逗硬"。这就要有标准，有评估，有奖惩，要奖惩兑现。

（二）以二十周年校庆为契机，开展"十大工程"

2025 年是我们建校二十周年，所谓"二十弱冠"，古代汉族传统，当一个男子达到二十岁时，举行"冠礼"，标志着他长大成人。"锦城"办学二十年，也标志着一所现代化的大学走向成熟，迈向新的辉煌。因此，这是一件可喜可贺的大事。

二十周年校庆要提前筹备，总的精神是热热闹闹和扎扎实实并重。除了庆典、晚会、展览、学术研讨、联谊等常规活动外，还可以搞一些工程。我想起 1959 年中央搞了"十大工程"（又称"十大建筑"）。受此启发，我们可不可以也搞"几大工程"？根据大家的意见，我归纳了一下，大致也有"十大工程"。

1.学术工程。就是编写《锦城教育学》。学校层面，要把二十年来"锦城"形成的关于办学、教学、求学的学问和艺术，做一个系统的总结、梳理和展示。学院层面，各学院也应该有《锦城教育学》的分册或者分篇。

2.安居工程。即推动建设锦城嘉苑（二期），让更多的教职员工安居乐业。

3.兴业工程。一是准备在 2024 年至善大楼投用的基础上，再新建一栋大楼，暂定名为"科技孵化楼"；二是完善"院士、专家工作站"平台建设，要面向所有学院，使之成为科学研究和创新创造的高地；三是在抓好信息化基础建设的同时，筹建或升级一批数字化、智能化的前沿实验室，继续走在新一轮技术革命的前列。

4.乐业工程。包括建设教职工活动中心，升级教师休息室等，让教职员工能够更加舒心愉快地工作。

5.慧学工程。包括建设智慧教室，扩建自习室，建设学生活动中心，等等。别的学校有的，"锦城"学子也要有，而且还要更好！

6.幸福工程。包括增加职工健身计划，改善体检计划（增加体检项目，找个更好的合作医院），谋划子女上学计划，等等。

7.健康医疗工程。首先办好现有的校医院，联系省内几所好医院，使"锦城"师生的健康有医疗保障。同时，筹建一个全新的、现代化的校医院，既服务师生，又服务社区。

8.仪容仪表工程。根据校庆需要和职工愿望，再为教职员工制备一套工装。但有个条件，大家要经常穿。

9.硕士点建设工程。我校现在被列为四川省新增硕士学位授予立项建设单位，这是学校再上台阶的新契机。要建咱们就要集中力量，狠抓落实，要上速度、上质量，超越同类院校更早正式获批硕士点。

10.产教融合工程。谁与大企业联合得好，谁发展得就好，这是办应用型大学的真理。我们每个教学院能不能找一家大企业或者前沿技术领域的企业，共同建设产业学院，争取全校在一两年内搞它十几个产业学院？关键是要解放思想，改进方法，不要总想着要企业投资、政府批准涨学费，才能办产业学院。

我看大家都热烈地鼓掌，那就是表示非常赞成。下一步就是要抓好落实。首先，我建议学校要成立二十周年校庆筹备委员会，既要综合统筹，又要分工负责，谁办庆典，谁搞晚会，谁组织展览，谁开展学术研讨，谁负责某一项工程，等等。总之，我的意见是要行动起来，组织要落实，资金要落实，行动要落实，党政工团都要行动起来，拿出点劲头来，为建校二十周年，为"锦城"师生的福祉，为学校事业的长远发展做点好事、实事！

（三）制定第三个十年发展规划，抢占四川高等教育新高地

我校之前做了两个十年规划，都起了很好的作用。现在要制定的是第三个十年发展规划。

2035 年是一个很重要的时间节点。从国家层面来说，是要总体实现教育现代化，迈入教育强国行列（教育强国不等于每个学校都强）；从人口问题来看，2035 年将是高等教育生源的拐点（人口下降不等于每个学校都生源紧张）。所以在"锦城"，必须抓紧契机奋斗十年，抢占四川高等教育新高地。

学校的前途关系到每一位教职员工的前途，所以学校兴亡，人人有责。未来十年，是教育现代化的十年，是竞争加剧的十年，也是"锦城"攀高峰、抢占高地的十年！十年之后，谁能够站在"五楼"，谁就"柳暗花明又一村"；谁上不去，就是只能被滔滔洪水淹没。

我给大家讲两个案例，然后抛出一个问题。

第一个案例：华为的"备胎计划"。华为在多年前做出过极限生存的假设，预设有一天，所有美国的先进芯片和技术将不可获得，而华为仍将持续为客户服务。到了 2019 年，这个假设应验了，伴随美国开始制裁华为，华为的"十年备胎"海思芯片"一朝转正"，确保

了大部分产品的连续供应。

第二个案例：新东方的"转型案例"。新东方本来是做教培的，后来转型做"东方甄选"，据说业绩还不错。

我现在问大家一个问题："锦城"是做高等教育的，我们有没有"备胎"？能不能搞不下去了就"转型"？

我的观点是不太可能！古今中外，有学校消亡后又重建、重生的，例如芝加哥大学。但从未见过哪所学校消亡后，能转型做其他领域业务的。历史上没有这样的先例！

所以，我们面对的是"自古华山一条道"！在2035年拐点来临之前，我们必须保生存，图发展，强"肌肉"，上"五楼"，奋斗十年，抢占四川高等教育新高地！

我们不但要总结创造出一个"锦城教育学"，更要将其落到实处，发扬光大，广为传播。我们的人才培养必须是高质量、有特色的，我们的学校必须是高质量、有特色的。否则的话，生源竞争如此激烈，考生凭什么报考"锦城"啊？

为了抢占高地，我们在之前提出的"三大措施"（即深入贯彻"锦城教育学"，建设高忠诚度的、强大的、高水平的、具有创新创造精神和能力的"三支队伍"，集中力量搞投入）的基础上，还要做好如下工作。

1.要明确"六大高地"的具体目标，突破一些"天花板"

今年9月28日，我提出了"六大高地"：以"四大框架"为核心的高质量教育教学高地；以省级专家工作站为代表性平台，以国赛、省赛为舞台的创新、创造、科研、竞赛高地；以实行"三个并举"为措施，高质量完成"三个增值"目标的人才培养高地；以"四化""五堂"为核心的校园硬环境、软环境高地；以"一馆""两室"为代表的良好学习、科研条件的高地；以在平等基础上重教爱生、亲师爱校为中心的新型师生关系高地。

这"六大高地"可以算得上是一个方向和轮廓，要抢占这"六大高地"必须结合各院系实际，很多指标还要具体化，措施还要细化，许多"天花板"还有待突破。

录取分数线的"天花板"。这是个综合性很强的指标。我们这几年在川招生的分数线，文理科均比本科线高40分，基本已定型。要达到老牌地方公办高校的水平，至少还得增加20分。这个录取分数的"天花板"怎么突破？

升学率（包括国内考研和出国留学）20%的"天花板"。我们现在还没有突破10%，纵观全国，毕业生考研率和留学率双双达到10%的学校很多。我们怎么达到"双10%"的目标？

基金项目的"天花板"。比如国家自然科学基金，我们还是零，社科基金也不多。此外，省内的纵向、横向项目也不突出，有影响的科研成果缺乏。这块短板如何突破？

锦城学院"抢占高地"图

2.要实施"双目标管理"和"阶段性目标管理"

我们要搞好一个中心，完成三大任务，要靠广大教职员工的持久努力和不断高涨的积极性。而要做到这一点，学校的管理工作要跟上。根据我的经验，就是要实施"双目标管理"和"阶段性目标管理"。20世纪80年代，我在长钢工作的时候，用了20年的时间，在企业经营管理的实践中总结提炼出一个"双目标管理"加"阶段性目标管理"的办法。所谓"双目标管理"，就是把企业的生产经营目标和员工的生活福利目标挂起钩来。职工的收益随着企业的效益上下浮动，所谓"工厂兴旺我富裕，工厂衰落我损失"。当时长钢实行一套明确的、催人奋进的、进攻性的效益目标体系，并配套切实的、和经济效益密切相连的、激励性的福利目标体系。结果是政通人和、干劲十足，办公楼晚上都是灯火通明，整个厂区热气腾腾，实现了"产值翻番，工资增倍"。

后来，我在川投集团担任董事长，也用这一套办法。我对川投的干部讲："有两种确定目标的方式：一种是考核指标定得很低，激励机制也很少，松松垮垮，伸手可得；另一种是指标定得比较高，跳一跳才能达到，同时辅以高的绩效考核，激励也高。"大家都说第二种方法好。仅用两年时间，就达到了效益翻三番、工资增倍的效果。

在"锦城"，我们也延续了这样的思想，提出了"两个相适应"的原则。"两个相适应"就是学校工资的总水平与学校的社会地位相适应，员工个人的工资水平与本人对学校的贡献相适应。大家都知道，在工作要求上，我们是不断给大家加码的，一年一个新要求，"锦城"教师、辅导员、管理服务队伍的努力和奋斗是比别的学校更多的。比如"两课设计""四个相长""高阶教学""翻转课堂"等，别的学校可能不强调，但我们强调；辅导员的"三访两沟通"、非认知能力培育、学生的长板培养等，别的学校可能不强调，但我们强调；精干、高效、忠诚、多能的管理服务机关建设，别的学校可能不强调，但我们强调。我们建立了一套责任制，即学生的问题由教职工解决，教职工的问题由学校解决，学校的问题由理事会和政府解决，不允许久拖不决。同时，我们也是采用"小步快跑"的方式，不断提高大家的薪酬福利待遇。所以，我们的教职员工有压力，也有动力。

我还是那句话，不能"又要马儿跑，又要马儿不吃草"。要想调动大家为"锦城"教育事业冲锋陷阵，抢占高地，短期内可以靠觉悟，但长期来看要靠思想工作加福利待遇，激励措施得跟上才行。当然，丑话也要说到前头，要"两个相适应"，不是不适应也要涨工资，也不是贡献少也要进步。谁工作不认真、不合格，拉了学校的后腿，那恐怕也只有对不住了。

除了物质激励要跟上，我看还可以搞一些荣誉性的精神激励。比如除了按常规评定学术职称和评选"夫子育人奖"以外，还可评选一

邹广严校长为"夫子育人奖"一等奖获得者杨泽明老师（右一）和肖江老师（左一）颁奖

批"锦城"名师、青年导师等等，搞一些称号和头衔，这是一种职业成就感、自豪感嘛。我看物质和荣誉都要舍得给出去。

所谓阶段性目标管理，就是既要明确大目标，又要明确阶段性目标。"千里之行始于足下"，十年发展目标还是要"分步走"，要落实到每一年或者每三年怎么走、怎么干，要定一些具体的、可考核的指标。在此基础上，要分解任务，做到"发展重任大家挑，人人头上有指标"。据说川大就是任务分解的，各二级学院院长的责任很大，我们也要把任务分解下去，实现"人人有责，各负其责，共担大责"。

好了，今天就讲这么多，总的就是"坚持一个中心，抓好三件大事"。同志们，让我们共同努力，创造"锦城"更加美好的明天！

"锦城"共青团是一所大学校

——在锦城学院共青团表彰大会上的讲话

（2024年3月11日）

　　团委再次获得"全国五四红旗团委"称号，学校党政联席会议决定颁发八万元奖金，算是大奖、重奖，我向你们表示祝贺！

　　团委的同志请我给共青团题个字，我就写了"锦城学院共青团是一所大学校"。列宁曾说，共青团的任务可以用一句话来表示，就是要学习，所以，共青团首先应该是一所大学校，现在我就讲讲这所大学校。

邹广严校长为"锦城"共青团题字

一、"锦城"共青团为什么是一所大学校

全国的共青团都是大学校，而"锦城"共青团尤其是一所大学校。特别在哪里？因为在"锦城"所有工作里，人才培养永远是排在第一位的，而共青团在"锦城"人才培养体系中发挥着关键的作用。

我历来讲，"锦城"没有离开人才培养的活动。"锦城"共青团是"第四课堂"主阵地的重要组织者和实施者，是"熏陶训育"环节的主导力量，是"锦城"育人的"两个关键方面军"之一，承担着不可替代的育人使命。共青团的工作不是简单搞活动、办比赛、组织志愿者。它需要我们贯彻落实学校的人才培养理念和举措，需要我们让青年学生群体在团学活动、社团活动等各类活动中，去体验、体悟、领悟"锦城教育学"。这就需要我们精准地设计、理性地实施每一次实践和活动，以真正实现"锦城"人才培养的目标。所以，能把共青团这所学校办好，这个担子不轻。

在这所学校里，学生学习什么？我们说，在"锦城"的教育教学环节中，学生要学习和领悟认识世界的认知能力，这当然很重要。而在共青团这所学校里，我们则更强调社会实践活动的锻炼、显隐结合的熏陶训育，练就融入世界的非认知能力。学校的杰出校友都说，自己当年当过共青团或学生会的干部，当过部门的部长，或当过社团的团长，等等，这都是给学生锻炼的机会。很多学校说自己是培养领导者的，我开玩笑说不一定，因为领导能力不是书本教出来的，也不是上课听来的。领导能力、沟通能力、组织能力都是熏陶训育、锻炼出

来的。当一个支部书记、当一个社团的负责人，那都是锻炼。锻炼很重要，"锦城"共青团就要尽可能让学生在锻炼中获得成长。

那么，在"锦城"共青团这所学校，我们要培养什么样的人才？

邹广严校长与"校长特别奖学金"获得者合影

二、"锦城"共青团这所大学校的任务

（一）要培养共产主义的接班人

按照团章规定，共青团是党的助手和后备军，是学习共产主义的学校。所以"锦城"的青年们要努力学习马克思列宁主义、毛泽东思想、邓小平理论、"三个代表"重要思想、科学发展观和习近平新时代中国特色社会主义思想，努力成为共产主义的接班人。

（二）要培养社会主义的建设者

锦城学院的责任是为党育人、为国育才，所以"锦城"的团组织也担负了培养社会主义建设者的光荣任务。社会主义建设者，不仅要有觉悟，还要有本领。一百多年前，列宁说只有懂得电气化才能建设社会主义。现在我们面临数字时代的变革，是否可以说，只有懂得信息化、数字化、人工智能，才能建设社会主义？今年的全国两会政府工作报告也特别强调"要以广泛深刻的数字变革，赋能经济发展、丰富人民生活、提升社会治理现代化水平"。所以，"锦城教育"提倡，要学习科学知识和科技前沿，认知能力与非认知能力并重，要能就业、会创业，适应社会主义建设岗位的需要。

为党育人，为国育才

（三）要培养"锦城教育学"的创造者、继承者、传播者

"锦城教育学"是"锦城"师生近二十年来共同创造的成果，是关于怎么办学、怎么教学、怎么求学的学问。办学就是要全心全意地为学生服务，就是要给千百万青年学生创造学习机会，就是要办一所公益性的社会主义大学；教学是以"一个龙头、四个框架"为核心的

高质量教学，不但要教知识，还要培养思维和能力；求学就是学做人与学做事并重，认知与非认知能力协调发展，坚持深度学习、强度学习、科学学习。

同志们，不论你到"锦城"的时间长短，你都要对"锦城教育"有所创造、添砖加瓦，都要有所落实、传承继承，都要有所传播、发扬光大。你们发表的大小文章都要体现"锦城教育"的精神。创新创业学院的李峤同志就很好，他应邀去一所职业院校演讲，就大力宣传"锦城教育学"。这就是把"锦城教育"放在心上，并传播出去。

大家想想看，我们学校现在能够在社会上立足，能把一部分学校"甩"在后头，靠的是什么？就是靠"锦城教育"的特色。人家没有做到的，我们做到了；人家后做到的，我们先做到；人家做不到的，我们能做到。例如"高阶教学"是别人没有做到的，我们做到了；劳动教育、创业教育等，别人做的时候，我们早十多年前就做了；再看"两课设计"，大都笼统讲"教学设计"，没有分清课堂设计和课程设计，而我们把它搞清楚了，还系统归纳出"两课设计"的内容、方法、评价等实施要点，初步形成了理论体系，做得更科学、全面，更符合教学规律了，这就是领先。

所以同志们，我们"锦城"要有自己的特色，比如说劳动和创业教育，比如说中华民族传统文化和人文教育，比如说认知能力和非认知能力全面发展，以及非认知能力的隐性化和显性化相结合，这方面我们是有所创造的！计科学院前几年就开始"第四课堂"答辩了。这些都是我们的特色，我们要紧抓不放，落实落细，还要传播远扬。

（四）要培养抢占"六大高地"的骨干分子

抢占"六大高地"是我们"第三个十年"生存发展的关键所在。我形象化地说要上"五楼"，我们现在是在"三楼"。有地区发大水，把一楼淹了，二楼有危险，三楼相对安全，但是也有危险。要想抢滩登陆、趁势发展，你就得上四楼、上五楼。一两个人上四楼、五楼不行，得大家一起上！全面抢占"六大高地"是学校的整体目标，但是具体到一个部门、一个老师，都得有自己的目标。你的目标是什么，你抢占了哪个高地，都是有重点的、有差异的。共青团的任务就是要在各方面培养骨干，青年教师是骨干，青年学生也是骨干，要为学校"抢高"做好人才支撑、骨干支撑。

（五）要培养锦城学院的杰出校友

什么是杰出校友？当了科学家是杰出的，当了企业家是杰出的，当了工程师像刘杰、田泽辉这样获得四川省科技进步奖二等奖是杰出的，当了教授像段吟颖这样成为博士生导师是杰出的，当了小行长也是杰出的，我们学校培养出200多个行长，市级行长都有五六个，这些都是杰出的。等到二十周年校庆的时候，我们邀请各行各业的校友，开个行长工作会议，开个总经理工作会议，开个教授工作会议，开个文化艺术工作会议，让我们的杰出校友发表演讲、传授经验，也展示学校多年来的人才培养成果。

你的工作做得好不好，就看将来你培养的校友是不是很突出。谁带的学生里出了杰出校友，老师和辅导员一起受表彰。同志们，学生毕业以后印象最深刻的是辅导员。我毕业以后老师能记住一半，但辅导员我都记住了。因为接触多，涉及的事情多，是不是？所以辅导员、团干部要担负的责任就是培养人才。大家千万要记住，做工作不是开一个会、搞个活动、搞个比赛、打个篮球就行了。我要调整大家的思想，学校一切工作都是为了培养学生。做任何工作都要想，通过这项工作怎么培养学生。

所以，共青团这所大学校要培养出一大批骨干、一大批优秀分子、一大批杰出的校友。共青团的每一个活动都要着眼于为党育人、为国育才，都要着眼于通过每一个活动锻炼学生、培养学生。这样我们学校不人才辈出都很难。在路桥集团，我们很多学生都当上骨干，科长以上的都有一百多人；在中国邮政储蓄银行，我校就有几十个小行长。到了这个县有我们的校友，那个县又有我们的校友，都在当地发展得不错。你说厉害不厉害？

数百家校友企业返校招聘

同志们，我今天就借这个题字，做个发挥："锦城"共青团是所大学校，"锦城"共青团担负着培养"锦城"杰出青年的责任。我希望你们在这个过程中，自己不断地成长，同时培养和带动学生不断成长，大家共同增值。这既是刘永湘书记、王亚利校长的责任，也是在座的各位的责任。

　　谢谢大家！

让锦城学院成为再学习、终身学习的重要基地

——在2024年学校继续教育工作会上的讲话

（2024年3月19日）

今天我们召开继续教育工作会，相关部门、学院都做了工作汇报，王校长、白校长也都强调了继续教育对国家、学校的重要作用，都讲得很好。在这里，我主要讲三点。

一、对外开展培训是一所学校办学实力、地位和形象的象征

若干年以前，我曾组织中层干部学习过一本书——《成功大学的管理之道》，特别学习了英国华威大学的经验。其中一个很重要的观点是，在学校管理当中，不仅包括教学硬件等有形资产管理，还包括大学形象、荣誉等无形资产的管理。也就是说，大学不仅要做好学科、专业知识的教学工作，还要注重学校形象的建设。从某种意义上讲，学校的形象直接反映了学校的地位和声誉，学生和家长选择学校，实际上选择的是学校的形象。那么，大学形象具体包含什么要素？在校生学习成长和毕业生就业情况、校友发展状况、教学质量、师资力量、科研成果、校园文化，还有是否有研究生、留学生等，都可算是大学形象的重要参考。

今天，我想重点强调的是，对外开展培训，亦是大学地位、形象的象征。只有被社会、市场认可的大学，才能开展培训。正如《成功大学的管理之道》一书指出，大学与工商界、就业市场等存在紧密联系，而大学的声誉在学生从业前景、短期培训市场、产业研究等方面都有很大的影响力，特别提到"大学的声誉和人们的认可度在短期培训市场方面表现得非常重要，公司更愿意请排名前列的大学做培训，而不是那些'名不见经传'的学校。名牌大学的教学设施一般也是最好的，公司选择这样的大学，自然是顺理成章的，这反映了市场的反作用"。此外，根据英国教育统计局的数据显示，英国规模最大的短期继续教育培训项目，往往是由那些最优秀的大学来承担的。

因此，我们可以得出结论，只有最优秀的大学才有资格开展对外培训，反过来也可以说，能够开展对外培训的大学也都是最优秀的大学。

邹广严校长在2024年学校继续教育工作会上讲话

二、开展对外培训是提升学校声誉的重要途径

我记得我们曾经研究过"大学的形象建设"专题，其中列了很重要的一条，那就是要给大企业做培训，给党政干部做培训，甚至给国际友人和团队做培训。同志们，口口相传的影响力可不能小觑。我们要赢得前来参训的单位、集体、个人更多的信任和好评，让继续教育工作形成良性循环，能够在更大层面上，提升学校的美誉度，扩大影响力！

多年来，"锦城"也是这样落实的。例如，外国语学院为柬埔寨商务部、旅游部部长做培训，工商学院为川投、紫坪铺公司、路桥集团的管理干部做培训，等等，这些都取得了显著成效。去年，我校对外培训总人数达2260名，包括行业主管、党政干部、工程技术人员等。可以说，能够承接并成功给这些行业精英做培训，是高校服务社会这一重要职能的体现，这对学校的声誉而言非常重要！

因此，我希望大家能将开展对外培训视作提升我校办学影响力的重要途径，并将培训的项目、参与人数等具体数据放进学校的招生宣传册中，积极提高学校在招生市场上的竞争力！

三、让"锦城"成为终身学习的重要基地

刚才王校长提到，很多高校都在开展继续教育，而"锦城"要争取做得更好，把这件事提高到树立学校形象、提升学校地位、扩大学校影响的高度来做。再延伸一下，就是如何让锦城学院成为高水平继

续教育的重要基地，吸引和服务更多业界人士来"锦城"终身学习。

首先，必须做到"两手抓"，这也是工作基础。即一手抓学历教育，牢牢把握学历教育这个根本，提升本科教育质量；一手抓非学历教育，打造继续教育品牌，提升教育档次和影响力。在学历教育方面，目前我们做得还不错，现在关键就是要在非学历教育上下功夫。重点要瞄准党政干部、大企业、大公司开展培训，通过培养政、商界精英群体，形成口碑传播效应，使"锦城"的非学历教育也成为一块招牌。

锦城学院举办"锦城国际日"，与国际名校建立合作

其次，要创造最好的条件。就是要拿出王牌来，配备最优秀的老师、最先进的教学环境、最完善的配套设施，采用最优的招生策略，举各方之力，以最高标准做好这件事情。实际上，我们的教学条件是很好的，配套也很完善，图书馆、运动场、食堂等一应俱全，完全能为参加培训的学员提供优质的学习、生活保障。但是继续教育的招生环节是我们的薄弱点，下一步，我们就要着力培养一支专业化、职业

化的招生队伍，走出去为"锦城"广纳贤才。

再有，还应吸纳精英。在目前的阶段，要实行宽松的政策，充分发挥教师特长。谁擅长讲课就讲课，谁擅长组织就组织。坚持"声誉第一"，做到"放水养鱼"，让大家在"锦城"劳有所得、勤有所获。很早之前我就说过，要办好"锦城"这所大学，就是"人要来自五湖四海，派要出自三教九流"。被称为战国四公子之一的孟尝君，"好客养士"，有门客三千，其中不乏一些"鸡鸣狗盗之徒"，还有像冯谖一类，直言要待遇、讲条件的，孟尝君都礼遇有加。后来，孟尝君被困在秦国，恰恰是这些被世人看不起的"鸡鸣狗盗之徒"救了他；在齐国被贬时，也得益于冯谖之前的"焚券市义"，才让他"狡兔三窟"，得以安身。举这个例子，就是希望我们的领导能慧眼识珠，要察人之所长，用人之所长，不必求全责备。我们搞培训，也需要有不同长处的人相互配合，共同建成一支群策群力的精锐团队。

锦城学院继续教育高级研修班合影

　　总而言之，把继续教育办好，各单位要配合起来，双管齐下，做到"两手都要抓，两手都要硬"。既要培养本科生、研究生，又要培训行业精英、高管、党政干部、工程技术人员等人才，让锦城学院成为再学习、终身学习的基地。

做好"两课设计"是实现高质量教学的第一步

——在2024年度新进教职员工培训会上的讲话

（2024年4月9日）

今天我与各位老师探讨两个关于"两课设计"的问题，一是为何要重视"两课设计"，二是如何落实"两课设计"。这对于推动"锦城教育"的高质量发展至关重要。

邹广严校长在2024年度新进教职员工培训会上讲话

一、为什么高度重视"两课设计"

老师们，现代教育学的一个核心观点就是要重视教学，德国教育家、"现代教育学之父"赫尔巴特在《普通教育学》中强调，人才培养是通过教学活动来实现的。从某种意义上来说，没有离开教育的教学，也没有离开教学的教育，教育和人才培养的主战场，还是在教学。正是基于这样的认识，我校提出了"锦城课堂大于天"的教育理念。首先需要老师们将课堂看得"比天大"，才能让学生们信服、追随。梅贻琦先生提出"从游论"，也就是这个道理。那么，教师如何才能真正落实"课堂大于天"的理念？第一步，也是最重要的一步，就是做好"两课设计"（课程设计与课堂设计）。如果我们的老师上课都是随意发挥、信口开河，想怎么讲就怎么讲，不重视"设计"，那么，如何能实现教学的高质量？如何能达成人才培养的目标？更遑论把"锦城"办成一流的大学了。《礼记》中说："凡事预则立，不预则废。"因此，在这个意义上，我们要求老师重视课堂，首先要做好"两课设计"。

从严格意义上来讲，我校有"三课设计"，除了课程设计、课堂设计外，还有课程体系设计。实际上，我校从2005年建校起，就高度重视课程体系建设，强调学校、学科和专业都应建立完善的和科学的课程体系。例如，大家熟知的"三大教育"——"三讲三心"明德教育、"一体两翼"知识教育、"三练三创"实践教育，就是我校设计的育人课程体系，要求每个专业的课程应包括基础课、专业基础课、专业课、专业方向课等，此外教育部教指委还指出了专业核心课程等。由于这些内容是由教育部和学校牵头设计，所以对教师就不展开讲了。现在重点需要老师们动手做的，主要是课程设计和课堂设计。

正如毛老师刚刚讲的一样，衡量我们"两课设计"做得好不好的标准，就是看学生愿不愿意选择我们，家长愿不愿意把孩子交给我们培养，这就是我们的行动指针，也是我们教育教学的最终目标。当然，达到这个目标需要有一个过程。目前，我校的招生录取分数线基本稳定在超出本科线40分左右，多年位居同类高校第一，甚至超过了一部分公办高校，"读民办就选锦城"已经成为很多考生和家长的共识。能做到这一点很不容易，这是全体老师携手共进的成果。但还不够，我们还要更进一步，不懈努力，让更多学生和家长赞同"读二本就选锦城"，让"锦城"成为有口皆碑的一流应用型大学，这就是我们坚持做好"两课设计"，坚持高质量教育教学的重要意义！

二、做好"两课设计"要注意什么

学校要求大家搞好"两课设计"，具体怎么贯彻？我讲三句话。

"锦城"教师认真准备"两课设计"

（一）谋定而后动

《礼记·大学》里讲"知止而后有定，定而后能静"，就是要

"谋定而后动",用白话文讲,就是想好了再行动。智者和愚者的区别就在于智者通常都是想好了再行动,而愚蠢的人通常是不假思索就行动,不做规划、不计后果。刚刚杨泽明老师给大家做了经验交流,大家都看到,他的"两课设计"做得很详细,写了一页又一页,几乎把方方面面都考虑到了。不能光是自己想好了,还得想想受众,也就是我们的授课对象。我们为什么要搞学情分析?就是为了提高课程的针对性,上课不考量授课对象的知识基础、学习特点、发展目标、心理预期等情况,只顾自己想好了,是行不通的。因此,老师们应当把"我怎么教这门课"这个问题想好,没有想好的话和同行讨论一下,再不行跟领导商量商量,想好了再行动。

(二)万变不离其宗

针对课程设计和课堂设计的内容,我校提出了两个"1+8"(一个前提、八个方面)的要求。在设计方法上,我们提出了要素式设计法、剧本式设计法、项目式设计法、混合式设计法、开放式设计法等五种设计方法。要说明的是,这些方法大家可以运用,但不是绝对不能变通。刚刚几位老师也进行了分享,正如教务处文副处长所说,他和徐艳老师对剧本式设计法的看法和观点并不完全一致。其实,剧本式设计法具体怎么设计、怎么呈现、怎么应用,大家也可以有自己的理解,甚至你还可以搞出第六种、第七种设计方法。如同我们的教学法,现在有"八大教学法",以后可能发展到十种、十五种,甚至更多。这些方法不是万古不变的真理,大家可以进行改造和创新。总之,在教学方法、设计方法上,可以变,允许变。

教师以"两课设计"为龙头开展教学

　　但万变不离其宗，这个"宗"就是人才培养目标。在"锦城"，所有教学活动、教学环节都不能离开人才培养这个总目标。刚刚各位老师讲得都很好，我们学校培养的是应用型人才，例如，工科就是要培养高级工程师，文科就是要培养能说会写、懂技术应用的技术型文科人才。不论是课程设计还是课堂设计，老师们得把人才培养目标深深印在脑子里，每一堂课都应明确相应的知识、能力、素养，不能"脚踩西瓜皮，走到哪里算哪里"。现在有的同学向校长信箱反映，个别老师讲课漫无边际，不讲知识、能力和思维，天天只知道讲自己当年怎么"过五关斩六将"的那些经历，讲了半天，结果与本课无关，学生都听烦了。所以老师们，任何时候，教学和"两课设计"都不能脱离人才培养这个核心，这是不能变的。

（三）先规范后自由

　　教育界常讲"教无定法"，实际上前面还有一句，叫作"教学有法"。我们一方面强调教育教学的创新与自由，另一方面也不能忽视教育教学的规律性和规范性。"教无定法"意在提醒教学不可教条和机械，"教学有法"则强调了教学本身是有章可循的。例如，我们推行的案例教学法、问题导向法、项目驱动法等教学方法，实践证明都是行之有效的。在教学中，不讲方法不行，没有规范更不行。

给大家举一个我自己的例子。我是天津大学化工系毕业的，在校期间学习了无机化学、有机化学等许多课程和知识，毕业后我进入钢厂实习。在做化学分析时，我发现，对特殊钢的化学分析是有操作规程的，得严格按照操作规程办，不能仅凭自己的知识和经验行事，否则你测出来的数值别人不认可。很多时候，别人指定你用某种方法测，你还得遵循。但这是不是就意味着不能发挥呢？当然不是，比如，我可以先按照指定的方法测，然后再用其他办法去验证，在掌握各种规程后，甚至可以创造一种新的方法。所以，先要规范，然后才是自由发挥。你在发挥前首先得讲规律、讲规则，采取一种大家普遍认可的规范方法。大家不要只看到一些老师讲起课来滔滔不绝，很轻松的样子，实际上人家在背后做了大量的工作，下足了功夫去备课。不经过规范的训练，上来就可以把课讲得很好的，恐怕没有，谁都不是天生的大师。老师们要知道，教育是有规律的，教学也是，学生的认知发展亦然。我们现在是先规范后自由，或者说是边规范边自由。创新是在掌握教育规律的基础上去创新，不能背离规律、背离常识。总而言之，我们首先要熟悉、掌握、符合教育规律，然后在这个基础上进行反思、创新和发展。

这三句话就是告诉大家，学校要求做什么以及为什么要求大家这样做。各位要先"谋定而后动"，要时刻牢记人才培养目标，要在规范的基础上开展创造性的工作，根据不同的学院、专业和课程，创造出因地制宜、因课制宜、因人制宜的"两课设计"方案，做到既有规范性又有创造性，既遵守规则又富有创新精神。

在座的各位多是新进教师，你们的首要任务是了解"锦城"。我要告诉大家的是，"锦城"历来是凭党性原则、凭教育规律、凭良心办学。建校之初，我们就旗帜鲜明地提出办应用型大学，那个时候，别的高校都提要办教学研究型、研究教学型、"小常春藤"等类型的学校，而我们一直很坚定，定位明确并一以贯之，后来大家也开始学我们搞应用型。2005年，我们开始搞劳动教育时，也不是人人都赞成，现在劳动教育成为我们在全国都知名的特色教育。2006年，我们把创业教育作为必修课，这在全国都属于首创，后来搞中华传统文化教育，仍然走在全国高校前列……所以老师们，办教育需要有定力，要坚持，不能随波逐流、朝令夕改，只有沿着一条道路不断前进、不断发展，才能不断地取得更好的成果。

新进教职员工共学"锦城教育学"

最后，希望每位老师都能发挥自己的创造性和智慧，不仅把教学搞好，还要把科研搞好，把社会服务搞好，更要善于总结和分享经验及成果。期待大家都能为"锦城教育学"的发扬光大添砖加瓦，为"锦城教育"的高质量发展作出更多更大的贡献，培养出更多的优秀人才！

构建"锦城教育学"的话语体系，
扩大"锦城教育"的话语权和影响力

——在全校宣传工作会议上的讲话要点

（2024年4月17日）

"锦城教育学"是具有"锦城"特色的教育学。它既是中国的教育学，也是世界的教育学。它是"锦城"师生建校二十年来的探索、实践、创造、创新的丰硕成果，因此它也是实践教育学。

全校宣传工作会议现场

当前，我们要共同努力，建立"锦城教育学"的话语体系，取得"锦城教育"在全国乃至世界的话语权。这个话语体系应由三个系统组成，即理论体系、实践体系、传播体系。

"锦城教育"的理论体系，既应包括普遍性和基础性（即它是立足本土、扎根中华大地的，也是放眼世界、兼收并蓄的），又应具备其特殊性和创新性（即它是"锦城"特色的办学、教学、求学理论体系）。我们正在撰写《锦城教育学》，将完整体现这个理论体系。

邹广严校长在全校宣传工作会议上讲话

实践体系，应体现"锦城教育学"落实的情况和成果。例如，教学实践、科研实践、实训实习实践，第四课堂和非认知能力培育实践、产教融合培养应用型人才的实践，以及校友在社会各岗位上的实践，等等。

今天是宣传工作会议，我着重讲一讲传播体系。习近平总书记指出，我国哲学社会科学在国际上的声音还比较小，处于"有理说不出、说了传不开"的境地。"锦城"的教育，二十年来创新探索很多，很多举措走在全国前列，但是发言权很小，除个别项目，如劳动教育以外，影响也不大。这说明构建传播体系很重要，争夺话语权很重要。

要建立"锦城教育学"的传播体系，首先要建立独具特色的"语言表达子系统"。要有原创性的名词、概念、范畴、命题等，要有自己的逻辑思维和表达方式。既要准确，又要生动活泼，为大家喜闻乐见，令人印象深刻。比如"锦城课堂大于天"——这个提法很独特，也给广大师生和教育同行留下了深刻的印象。

其次，要建立具有"锦城"特色的平台和媒体"运营子系统"。在泛媒体时代，各种平台和传媒很多，但概括起来无非两类：一类是官媒，如官办的报纸、杂志、电台、电视台、网站等，其阅读量不一定很大，但具有权威性。另一类是自媒体，利用微信、微博、抖音、头条、视频号等开设个人账户，发出短小信息，有的阅读量、传播量很大，影响不可小觑。这两类媒体都要充分沟通和应用，我们既需要官媒的肯定与加持，又需要自媒体的广泛传播。

再次，是要建立起传播"锦城教育学"的时时、处处、事事的"机会子系统"。例如，开会（工作会、研讨会、座谈会、交流会等等）发言是机会，课堂（对内、对外）讲授是机会，接待参观者是机会，外出访问交流是机会，参加赛事是机会，出版和发表也是机会。总之，机会很多，阵地很多，关键是"锦城人"要以传播"锦城教育学"为己任，利用一切机会讲好"锦城"故事，宣扬"锦城"理念。

总之，要通过对"锦城教育学"理论和成果的宣传和传播，展示"锦城"的综合实力和特色，打造"锦城"品牌，传播"锦城"声音，讲好"锦城"故事，进一步扩大"锦城教育学"的影响力，提升"锦城教育"的话语权。

砥砺十九载，至善庆华章

——在至善大楼落成庆典上的讲话

（2024年5月9日）

大家上午好！为了响应中共中央、国务院关于"教育强国"的号召，为了达成教育部关于本科教学工作合格评估的有关要求，为了学校自身高质量发展的需要，我校又一座标志性建筑——至善大楼，今天落成了！值此十九周年校庆之际，我谨代表学校，向工程的策划者、设计者、建设者（包括施工、监理和管理人员）、参与者、配合者表示衷心的感谢！

成都锦城学院至善大楼落成庆典现场

至善大楼的建成意义重大，清华大学老校长梅贻琦提出了一个教育观念："所谓大学者，非谓有大楼之谓也，有大师之谓也"。他强调了大师的重要，也并不完全否定大楼。在现代科技高速发展的今天，没有一定的物质条件是办不好大学的，"锦城教育学"认为，办大学要有三根支柱，即大师、大楼、大道（大好风气）。刚刚黄总介绍了至善大楼的建设情况，内设教室、实验室、小剧场、展览馆、招生就业大厅、接待宾馆等，是我校兴业工程、乐学工程建设的重要成果，为我校高质量发展、高水平教学提供了可靠的保障，这是我校的硬实力！同时，这栋建筑也体现了我校的办学理念、精神和文化，大楼的建筑风格、颜色、布局以及周边的环境都充分体现了我校坚持以人才培养为中心的崇高理念，这是我校的软实力！

邹广严校长在至善大楼落成庆典上讲话

今天的典礼结束后还有几项重要工作需要大家继续做好。第一，施工单位、监理单位，包括大大小小的分包单位，要自始至终本着止于至善的精神，继续做好收尾工作。大家知道，一栋建筑封顶很快，但接下来还有大量的细节工作要完善，所谓慢工出细活，川海建设有限公司和锦城公司要加强管理，做好后续工作，一块砖头、一棵树、一株花都不得马虎，务必做到善始善终，止于至善。第二，校内有关单位要积极配合，充分发挥主观能动性，抓紧时间做好内部设施配置工作，该买的买、该添的添，合理做好规划和设计，争取早日投入使用。第三，学校建设的任何一项基础设施，都要坚持"可用、可观、高效"的三项原则，至善大楼不仅要建好，还要利用好！各个单位要结合自身工作，做好计划，充分提高大楼各项设施设备的利用率。

至善大楼全景图

同志们，"锦城教育学"的核心理念是以人才培养为中心，我校的一切建设规划、教育教学活动都是为了"锦城教育"的高质量发展，为了给党和国家培养优秀的人才。我相信，至善大楼的建成将为我们达成目标及今后十年攀登、抢占四川高等教育高地作出新的贡献！预祝锦城学院今后十年创造更大的辉煌！

谢谢大家！

关于大学教师权威的重塑和应用

（2024年6月）

一、大学教师要有权威

学校是一个在规定时间内完成一定教育教学任务的机构，所以近代以来，各级各类学校均有法定的学制和规定的教育教学内容。要做到并做好这一点，就必须讲效率、讲效果。讲效率和效果的条件之一是教师要有一定的权威。教师权威是传道、授业、解惑的需要，是履职的基本条件，如果教师说话没人听、没人信，教师规定的课堂纪律

邹广严校长在相关材料上做的批注和笔记

没人遵守，教师布置的作业学生不去做，教书育人的任务就很难完成，所以，教师权威是维护教学秩序和提高教育效果的重要保证。

我们倡导师生平等，学生不迷信权威，但教师不可以没有权威。正如德国教育家赫尔巴特所说，教师应该在教育中处于绝对的支配地位，在学生心目中享受崇高的权威，这是一个不需论证的教育前提。

但就是这样一个不需论证的问题成了问题。近代以来，在倡导民主和平等的同时，社会舆论把教师正当的权威当作封建等级制度进行批判。另一方面，后现代主义的部分学者认为信息化促使知识的来源多元化，所以教师权威就可有可无了。还有一些人把教师权威混同于"专制"和"命令"，这就使教育界不敢讲、不愿讲教师权威了。教师放弃权威的后果就是不管理，学生学习效率低下。

二、教师权威的来源

教师的权威从哪里来？大致来源于三个方面。

第一，社会性赋予。古今中外，几乎所有国家都很重视教育、尊重教师，给予教师很高的社会地位。在中国古代，天地君亲师五者并列，尊师重道是传统，到了近代，教师又被称为园丁、人类灵魂工程师等。同时学校又给予教师一些学术和行政权力，例如对学生成绩的评价权、课堂秩序的管理权、课外学术活动的组织权等。

第二，争取性赋予。学位（如硕士、博士）、职称（如讲师、教授）、社会性学术职务（如院士、专业学术团体成员或负责人）以及双师型教师、名师等称号，这些对于教师建立其个人权威均有帮助，但需个人努力争取。

第三，内生性赋予。主要是指教师个人的人格人品，学问修养，通常指教师的师德师风、师才师能等个人素质，这些都需要个人长期努力、逐步积累。

三、教师权威的树立和运用

我们说教师应有权威，这是教育教学的需要。但教师的权威不是天上掉下来的，也不是你当了教师就自然而然产生的，而是要靠你去争取，去积累，去树立。

（一）教师权威的树立

首先，国家规定和传统授予的教师的崇高社会地位，是给教师这个群体的，你只有履行了教师的职责和获得了学生、家长、学校及社会的认可才能拥有。

其次，教师的渊博知识和人格魅力是教师权威最重要的两个条件，所有教师必须努力学习，提升修养，力争在学术领域取得成绩，在师德师风上为人称赞，正如陶行知先生所言，学高为师，身正为范，这是素质决定权威，腹有诗书气自华嘛！

最后，外赋性的因素要积极争取。不同的身份可能会带来不同的权威，例如，在大学教书，教授和讲师通常是不一样的，如果你是两院院士，那就更不同了。所以，职称、学位、称号、社会荣誉性兼职等，都是教师权威加持的重要因素。

教师应树立教师权威

（二）教师如何运用权威

有了权威之后，有两个倾向是不好的。一个是放弃权威，不利用权威，例如，不管理课堂、不认真评价学生成绩等，另一个是过度依赖权威，似乎什么事都要说一不二，没有讨论和探讨的余地。正如著名教育家苏霍姆林斯基说，对孩子的权威是教师非常困难的考验之一，教师对学生的权威应该是有智慧的。权威在教育中是把双刃剑，用得好有助于教育，用得不好有副作用。

教师要清醒地认识到，现代大学教师的权威和传统的教师权威是不同的。首先，它建立在民主和平等的基础之上。教师与学生的人格平等，学校以学生为本，是教师基本价值的体现。教师对学生的教育，除少量需灌输之外，大多是指导、引导、领导。按照佐藤学的说法，它不是一言堂，而是平等对话。

其次，教师的权威仅仅是相对的，而不是绝对的。现代大学所教学生之知识，很多都不是一种绝对的、固定不变的终极真理，有些答案具有不确定性和多样性，因此，应允许并鼓励学生独立思考，提出问题。教师不但要"自以为是"，还要在某种情况下"自以为非"，这和教师权威是不矛盾的。

最后，教师的权威多属于学术性质，很少是行政性质，除了管理课堂等少数几项，大多不能用行政办法来行使。行政权威多以制度体现，而学术权威重在通过"感召"让人信服。有人形容政府的行政工作和学校教育工作的区别在于，前者是"我布置，你照办"，后者是"我提出，可讨论"。教师的学术权威对于学生的熏陶和影响会起到人生导师和精神领袖的作用，为学生树立一个努力追求的标杆。这种权威，有可能会影响学生的一生。

以教师权威引领课堂，影响学生

"锦城"教师要正确树立和运用教师权威，更好地促进教学和人才培养。

凝神聚力编好《锦城教育学》

——在2024年改革发展研讨会暨第19期暑期干部学习班上的讲话[1]

（2024年8月）

一、"锦城教育学"的重要意义

自2005年以来，锦城学院全体师生经过艰苦卓绝的奋斗，共同办成了三件大事，或者说取得了三大成就。

第一，成功创立了一所现代化的大学，建成了现代化的校园，拥有先进的教学实验设施、丰富的图书资源以及便捷舒适的后勤场地等。而且，学校的建设规模不断扩大，建设水平持续提升，发展势头良好。今年暑期，很多新生及家长专程来看学校设施怎么样、校园环境怎么样，据说都是非常满意的。

第二，建设了优秀的队伍，包括师资队伍、管理队伍和服务队伍。这三支队伍对学校的发展至关重要，没有他们，再好的思想、理念都难以付诸实践，再多、再好的学生都难以得到优质的教育。可以说，这三支队伍的数量和质量直接决定着我们学校的前途和命运。

---

[1] 本文根据邹广严校长在开班会和闭幕会上的两次讲话综合整理。

第三，形成了一套具有完整体系的"锦城教育学"。这一体系涵盖了"锦城"的办学之道、教师的教学之道以及学生的求学之道，既是"锦城"全体师生共同努力和实践的结晶，也是学校运转的"软件"。因此，在即将迎来建校二十周年之际，我们决心编撰《锦城教育学》，进一步深化认识、凝聚共识。接下来，我就如何编写《锦城教育学》谈几点意见。

邹广严校长在 2024 年改革发展研讨会暨第 19 期暑期干部学习班上发表讲话

二、《锦城教育学》的编写要突出特色

在编写《锦城教育学》时，务必要认识到，"锦城教育学"既是世界的教育学，借鉴、吸收了国内外的先进教育理念，也是中国的教育学，符合在中国大地办学的要求，有着厚重的中华传统文化底蕴，同时更是"锦城"的教育学，是对学校教育教学实践的总结和提炼。

概而言之，"锦城教育学"既未脱离教育学的普遍原理，又自成一家，独具"锦城"特色。总的来说，《锦城教育学》有突出的三大特点。

（一）体例新

《锦城教育学》的编写体例，要从学校的办学实际出发，创新性地划分成办学、教学和求学三大板块。纵观国内外众多教育学著作，目前还没有任何一部采用这样的编写体例，所以说"体例新"。

"办学篇"着重回答了"办一所什么样的大学"这一关键问题。对那些历史悠久的大学来说，不存在探索办学路径的问题，因为他们具有上百年历史，拥有一套成熟的办学体系。但"锦城"是从零开始的，我们从零开始办一所学校，首先就要搞明白要办一所什么样的大学、谁来办这所大学、这所大学怎么生存和发展、内部怎么管理等问题，这就涉及学校的定位、办学宗旨、办学主体、人才培养目标、管理思想、规章制度等等，以上内容构成了"办学篇"的主体。

"求学篇"是"锦城教育学"区别于其他教育学的独特所在。在一般的教育学著作中，更多地研究教师怎么教，对学生怎么学则较少研究。"锦城"则在教学实践过程中，创造性地提出并实施了"三大教育""四大计划""五个课堂""深度学习""长板原理""非认知能力培育"等内容，为学生构建了一整套全面、多维度的求学体系。这一篇章的内容应该囊括从择校、入校、在校、出校发展的全过程。

"教学篇"作为"锦城教育学"的主要内容，同样别具一格。大的方面可以分为"教学中心""教学主体""教学设计""教学实施""教学评价"等。这一篇章里面有很多"锦城教育学"的精髓，从"锦城课堂大于天"理念到"师生同频共振共鸣"，从教师的"高阶教学"到"情感劳动",等等。

总之,如果我们想要将这些有特色、做得好的"锦城"实践向社会展示出来,首先就要打破传统教育学著作的编写惯例,在体例上大胆创新。

(二)内容特

"锦城教育学"的特征,我们之前讲过很多,比如立足本土,博采众长,敢于创新,勇立前沿,富有"锦城"特色,等等,这是就其自身特点而言的。如果横向比较,则可以总结为四点:"人无我有""人有我优""人后我先""人普我特"。

"人无我有"——我们创新了教育学的"长板原理",开展专业建设的"逆向革命",提出师生"同频共振"理论,等等,这些都是我校独树一帜的话语和实践。

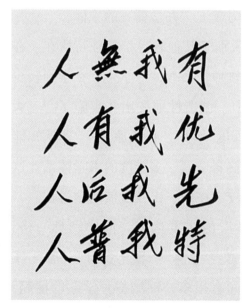

邹广严校长手稿

"人有我优"——尽管"锦城教育学"和其他教育学有相同部分,但在执行层面更实际,更具体,更有成效。我校实施的"四大框架"(高阶教学、深度学习、非认知能力和情感劳动)就很好地体现了这一点。"四大框架"虽然是从国内外著名教育理念发展而来,但"锦城"成功将其落实、落地,做到了可操作、可实施、可评价。

　　"人后我先"——"锦城"开创了多个"最早""第一"。以"中华民族传统文化教育"为例，早在2005年"锦城"建校之初，就将其作为普及性的教育之一，列入每一个学生的必修课。2014年，教育部倡导全国的学校都要做这件事的时候，我们已经有了9年的实践经验。又比如文传学院一直搞"技术文科"，与"新文科"的理念不谋而合，很多公办高校都来取经，这就是人后我先了。还有覆盖全体学生的劳动教育，我校也领先十几年。

　　"人普我特"——现在教育的一个弊端是"千校一面"，而"锦城"始终坚持"学校谋特色"。比如，"能力至上"这一点，目前国内很多高校都在强调能力培养，但主要聚焦于学生认知能力与考试能力的提升，而"锦城"则独树一帜地提出认知能力和非认知能力并重，让非认知能力培育登上了高等教育的大雅之堂。这毫无疑问是极具特色的，也是我校在学生能力培养上的特别之处。

劳动教育等特色教育已在"锦城"开展二十年

（三）效果好

有位教授在一档节目中提到，锦城学院办了不到二十年，竟培养出了 200 多位银行行长，可以称为"宝藏大学"。这是"锦城教育学"效果显著的一个例证。我们常说，校友的成功就是"锦城"的成功，校友的成功也间接说明了"锦城教育学"的成功。参观过校友馆的很多领导、专家、同行们无一不对"锦城"校友人才辈出表示赞赏。再比如，今年我们的一个学生考四川大学的研究生，虽然初试分数不是最高的，但因为在面试过程中表达能力强，受到老师们的青睐，被录取了，这充分彰显了"锦城"非认知能力培育的成果。以上都是我们人才培养效果的有力证明，是学校高质量教育的最好落脚点。所以，在撰写《锦城教育学》时，要很好地展现这些成果，只有这样才具有说服力！

三、人人都要参与创造、实践、总结、光大"锦城教育学"

未来，我们需要做的是创造、实践、总结并光大"锦城教育学"，努力在高等教育领域取得话语权。习近平总书记在哲学社会科学工作座谈会上指出，当前，我国哲学社会科学在国际上的声音还比较小，还处于有理说不出、说了传不开的境地。厦门大学潘懋元教授尝试建立了中国的高等教育学体系，但仍然有很大的丰富和发展的空间。可以说，我们现在的工作既是在探索"锦城"的教育学，也是在为中国的高等教育学体系建设添砖加瓦，这是一个光荣而艰巨的任务。

人人参与创造。同志们，"锦城教育学"并非凭空而来，而是"锦城"全体师生共同参与、共同总结、共同创造的。"四全三高""学生在哪里，老师就在哪里""锦城课堂大于天"等都是大家在日常教学、工作和生活中共同创造、提炼出来的。这些宝贵的经验和智慧，在丰富"锦城"教育实践的同时，也为"锦城教育学"的形成和发展提供了坚实的基础。

人人参与实践。创造只是第一步，实践才是检验真理的唯一标准。在战场上，每个士兵都有自己的职责和实践。班长有班长的实践，排长有排长的实践，师长有师长的实践，司令有司令的实践。同样地，在践行"锦城教育学"方面，学生有学生的实践，教师有教师的实践，管理者有管理者的实践。我们每个人都要将"锦城教育学"付诸实践，通过实践来验证其可行性和有效性。

人人参与总结。在一场战役中，不论是谁，不管仗打得漂不漂亮，下了战场，都要总结、反思。这次暑期会就是一个很好的契机，希望每个人都能充分利用这次机会，认真审视自己在创造和实践"锦城教育学"过程中的经历和贡献，做好总结，并上升到理论。

人人参与再创造。根据辩证法的规律，人类对事物的认识是一个"实践—认识—再实践"的螺旋式上升的过程。因此，"锦城"的每位成员都应该在总结、反思的基础上，再提炼、再创造，不断丰富和完善"锦城教育学"。

人人参与光大。理论的推广和宣传同样重要。一方面是要做好"硬推广"，要通过发表、出版等方式将"锦城教育学"的核心理念和成果公之于众，让更多的人了解和认同"锦城教育学"。另一方面，也要做好"软宣传"，将"锦城教育学"的理念融入日常的教学、科研、管理和社会服务之中，在各种会议、学术交流、教育论坛等公开场合积极宣传。

四、编写《锦城教育学》要处理好几个关系

《锦城教育学》并非仅仅是一个工作总结，也不是一本简单的回忆录或"锦城"办学史。它是一门真正的学问，是理论、观念、实践、成果的有机统一。这门学问，既要科学，又要可学，不仅要对我们继续办学具有重要指导意义，还追求能够给广大读者带来启发和收获。

第一，"锦城"特色和普遍原理的关系。"锦城教育学"首先是教育学，既是世界的教育学也是中国的教育学，更是"锦城"的教育学，它要符合教育的一般原理，但同时也必须要有自己的特色。比如说，孔夫子讲"因材施教"，西方教育学讲"个性化培养"，这就是一般的教育原理，"锦城"提出人才培养的"长板原理"，并形成了一套理论和实践的体系，这就是特色。我强调既要符合教育的基本原理也要有"锦城"特色，因为市面上基本原理类型的著作已经汗牛充栋了，没有特色就没有竞争力和吸引力。

第二，理论支撑与"锦城"理论的关系。在编写过程中，适当地交代背景是必要的，但要避免过度贩卖他人的理论。如果其他理论过多，"锦城"创造和特色就被冲淡了。旁人的理论是一个背景，"锦城"的理论是前景，只有前景没有背景就失去了纵深，单调苍白，但背景大于前景则是"紫之夺朱"，主次不明，只有将背景和前景合理地搭配起来，才能构成一个和谐的结构。比如，陶行知先生曾说，教

学就是先生教学生学。这是一个普遍原理，放在《锦城教育学》"教学篇"的框架中，是一个理论背景，也可以作为一个话题的引子。但如何教学生学？这是"锦城教育学"致力于解决的问题。我们提出的师生"同频共振"理论，创造了"高阶教学""深度学习""非认知能力培育""教师情感劳动"四大框架，这是我们的独特创造，自然应该作为主体。又比如我们提出的"三课设计"（课程体系、课程、课堂），很多教育家也提出过类似的概念，但都是笼统地将课程、课堂和课程体系混到一起。而我们的发明是，课程体系设计的主体是学校和学院，课堂和课程设计的主体是教研室、教师。我们在设计的方法、设计的评价、设计的考核上也有所总结和创造，这是"锦城教育学"的独特之处，这些内容自然应该作为主体。

第三，回顾历史和"锦城教育学"理论的关系。不能将《锦城教育学》写成校史或回忆录，但可以在书中写明某一理论提出和发展的历程，这既可以反映出我们的探索和认识是逐步深化和提高的，同时也可以更加彰显一些理论和实践的领先性。比如说劳动教育，现在全国的学校都很重视，但"锦城"从建校之初就重视，2005年提出，2006年就开辟校园农场，把劳动列为每一个学生的必修课，让学生读土地"无字书"，大力弘扬"劳动光荣，创造伟大"，这在当年的高等教育界也算得上是"空谷足音"了。所以，在编写过程中，可以史论结合、以论带史，但要注意历史只是为了衬托这一理论，体现我们做得早、做得好，且走出了一条路来。

第四，理论与实践效果的关系。教育是一项实践性很强的活动，实践是检验真理的唯一标准。这次会议上，有的同志提出"锦城教育学"理论可以被称为"能力学派""实践学派"或者"成长学派"，就是因为我们重视育人的效果。毕业生广受社会认可，出路好，校友发展好，人才辈出，校园和谐，师生关系融洽，教学和科研显性成果多，等等，都是效果好的方方面面。昨天有一位校友说，她最不怕的就是面试，原因是在"锦城"接受了非认知能力培育教育，表达能力好，这就是教育实践的效果！实践效果，有点有面，我们既要深入阐述理论，也要充分展示实践效果，这是理论和实践相统一的必然要求。

第五，独立成篇和风格统一的关系。在讨论环节中很多同志都提出了风格统一和章节布局的问题。我们的教育学是既有系统性，又有模块性的。我们是按照"办学""教学""求学"三大模块来编写的，在章节布局方面，哪个章节该放到哪一模块，我认为可以先大胆做，做了再说，做出来再调整也是不晚的。此外，对于是否可以单独发表的问题，我认为也是可以的，比如"以赛促学""以赛促教"，如果能单独发表，怎么不可以呢？各位主编、副主编们对以上问题也应该再做充分讨论，使《锦城教育学》每一篇既可以自成一体，风格上又能相对统一，兼顾系统性和模块性。

正确地把握和处理好这五个关系，对编好《锦城教育学》至关重要！我们会制定鼓励政策使大家的辛勤劳动得到相应的回报，学校会为此项目划拨专门的经费，科研处应将此项目列为重点科研项目。

求生存，图发展，过三关，
抢高地，上水平，赢胜利

——在2024年改革发展研讨会暨第19期
暑期干部学习班上的讲话[1]

（2024年8月）

今年暑期会除了研究《锦城教育学》的编写问题外，我们还讨论了学校第三个十年（2025—2035）发展规划的问题，结合大家的讨论，我谈几点意见。

邹广严校长与干部们合影

---

[1] 本文根据邹广严校长在2024年暑期会开班会和闭幕会上的两次讲话综合整理。

一、正确认识第三个十年的机遇与挑战

今后十年，既是发展机遇期，也是风险渐进期和竞争加剧期。

（一）发展机遇期

一方面，今后十年内生源总体稳定。根据专家推测，从2025年到2035年，高等教育适龄人口数量将稳定在1500万至1700万，到2035年左右达到高峰，随后逐年下降，至2040年左右将断崖式下降到900多万。这也就是说，我国高等教育适龄人口数量至少还有十年的稳定期，如果我们抓住机遇，提高质量，这将是一个很重要的发展机遇期。

（二）风险渐进期

风险和危机并不是从2025年或者2035年之后的某一年突然爆发的，而是逐步积累、逐年显现的。我们现在喊"狼来了"，事实上"狼已经来了"。具体表现是2024年的招生工作，一些高校出现了"两低一多"现象，即报考率低、报到率低、征集志愿与补录次数多。比如，有的学校无人报考，有的学校报考人数不足招生计划的50%，有的学校报到率仅80%左右，有的学校几次补录还招不满学生等，这些都是危机已然来临的征兆。

（三）竞争加剧期

这样一个形势下，高校间的竞争必然加剧。最近，教育部公布

了《全国高等学校名单》，与2023年相比，今年普通高等学校增加了48所，其中，职业本科高校新增18所。因此，尽管未来十年生源总量基本稳定，但并不意味着所有学校都能受益。从本科层次来看，公办、民办和职业本科必将共同"争夺"生源。只有那些办学质量好、社会声誉高的学校才能受益。而那些质量欠佳的学校，未来的挑战已不再是招不够一万就招八千的问题，而是面临招不到学生、关乎生死的问题！

二、应对未来竞争带来的困境

在这个特殊时期，公办、民办高校之间的"分层固化"现象，将成为我们面临的最大难题。从近几年的招生录取形势中，我们可以清晰地看到这种"分层固化"的现象。尽管我们的高考录取分数线一直稳居全省民办高校第一，但是想超越更多地方公办院校还面临困难。曾经"锦城"的录取分数线是居于全省本科高校中上游水平的，包括公办在内。我们必须清醒认识到外部局势的变化，同时摸清自身发展的空间，以进一步调整优化发展策略。

（一）民办高校存在的固有劣势

第一，与公办院校相比，民办院校整体收费偏高。这是客观事实，因为没有财政拨款，这是我们最大的劣势。当前，价格因素越来越成为择校的重要考量，较高的学费无疑把民办高校置于招生的不利境地。实际上，如果"锦城"和公办院校差不多标准的学费，我们是不愁生源的，在排名上也能超过更多的公办院校。那能不能干脆把学费降到和公办大学一样甚至更低呢？客观条件不允许！我们没有财政拨款，现阶段，学费仍是支撑学校运营的最主要经济来源。如果降低学费，学校的各项工作，包括教学设施、学术研究、校园维护、职工薪资以及学生服务等多个方面都将受到严重影响。所以，我们要平衡好收费和招生之间的矛盾。收费既不是越低越好，也不能越高越好，而是要找到一个平衡点，既能兼顾学校的生存和发展，又能确保学费合理，让家长和学生乐意选择"锦城"。

第二，与公办学校相比，民办院校的办学质量整体偏低。我不是说每所民办院校的办学质量都差，"锦城"的办学质量就很不错！因为我们始终坚守办学的初心和良心，我们的教职员工都明白一个道理，如果我们收着较高的学费，但是办学质量不好，学生出路不好，那我们就愧对学生、愧对家长、愧对社会！所以我们的各项工作都很努力，人才培养成效还是非常显著的。但放眼整个大环境，部分民办高校还是存在师资水平差、办学条件差、学生出路差的问题。首先是师资水平差。好师资引不进、留不住，教师流动频繁，这无疑会影响教学质量的提升与稳定。其次是办学条件差，存在基础设施不健全、教学经费投入不足等问题，比如实验室数量不足、住宿条件简陋，等等。我校在给所有宿舍配备空调的基础上，今年又给绝大部分教室安装了空调，还新建了一批智慧教室、实验室以及考研自习室，给学生创造了一个更加舒心的学习、生活环境，办学条件是很好的。最后就是学生出路差。很多企事业单位对民办学校带有偏见和歧视，这加剧了学生面临的就业难、选调难、考研难等问题。以上因素加在一起，总体拉低了民办院校的社会声誉。

第三，社会层面存在对民办院校习惯性的歧视。在"所有制挂师"的情况下，社会对民办，不论是学校还是企业，都存在习惯性歧视，"公办就是比民办好"的思想根深蒂固。这种习惯性的偏见，在短期内是难以彻底消失的。

以上三个问题是摆在我们面前的客观现实，如果应对不当，处理不好，很可能给我们带来两个严重后果，那就是"两个流失"。

一是生源流失。以今年的招生情况为例，除了我校及少数优质院校外，大部分民办学校都在补录，甚至很多公办学校也加入了补录的行列。补录就是生源不饱满的信号，如果不加以重视，就会演变为生源危机。

二是优质师资流失。这是更可怕的事情。梅贻琦先生曾言："大学者，非谓有大楼之谓也，有大师之谓也。"锦城学院虽不自诩为大师辈出，但也云集了相当多的良师、导师！学校坚持给教师涨工资，目的就是为了让大家没有后顾之忧，保证优质教师资源不流失。我们一定要认识到，教师是立教之本、兴教之源，优质的师资是学校最宝贵的财富！社会对优秀人才的争夺是激烈的，学校与学校之间存在激烈的人才竞争。如果我们不能够留住优秀教师，则必然沦为平庸，甚至发展为生存危机。

（二）公办、民办高校分层现象及其不利影响

2017年，"锦城"的文科分数线超过了10所公办学校，理科超过了6所，当时我们信心满满地说要冲到第一梯队；2018年，文科超越了7所，理科超越了5所；2019年文科、理科均只超越了4所；到2020年，文科只超越了1所，理科3所，并且这三所均不是高校本部。鉴于"锦城"的录取分数线一直是四川民办高校里最高的，因此可以

说，到 2020 年，四川高校的公办、民办分层基本形成。

分层固化的缺陷在哪里？就是这种分层不是以教学的质量、办学的水平来划分的，而是表现为以所有制来区分的。作为民办高校，似乎无论怎么努力都无济于事——这就是严重的威胁！我们不怕竞争，但怕分层固化。我们不甘心只停留在金字塔底部，而是要下定决心，攀登新高地，跃上新台阶，努力打破分层固化。

三、第三个十年发展规划的主题

未来十年发展的主题，初步可以概括为：求生存，图发展；过三关，抢高地；上水平，赢胜利。

有同志认为"求生存"这个提法对"锦城"来说会不会太低了点，我认为不低。柯达曾是世界上最大的胶卷相机生产商，也是第一台数码相机的发明者，但在数码相机时代很快就走向了衰败；泰坦尼克号游轮号称永不沉没，结果撞上冰山，很快就沉没了；在华为事业如日中天的时候，任正非喊出"华为的冬天"，叩问"华为的红旗到底能打多久"……中国古话说得好，生于忧患，死于安乐。要发展就得先"求生存"，必须强化生存意识、危机意识，只有认清形势，克服弱势，才能创造优势。

"图发展"有两个方面，一是抓住未来十年的生源饱满期，在规模上稳中有进；二是在稳规模、增规模的基础上，"过三关，抢高地"。"过三关"就是要通过合格评估、审核评估和硕士点建设，同时要抢占"六大高地"。只有成功地"过三关、抢高地"，我们才能"上水平，赢胜利"。

四、把握机遇，冲破固化，另辟蹊径，实现突围

全世界高等教育大众化，特别是普及化之后出现了三个现象。一是学校同质化严重。对此，我们提出"学校错位竞争，人才分类培养"来应对，效果是很好的。第二个现象是普遍存在教育质量下降的问题，对此，我们建立了以"四大框架"为核心的高质量教学体系，在人才培养质量上狠下功夫。第三个现象就是2020年左右出现的公、民办高校分层固化现象，表现在社会对民办教育存在歧视和偏见，一些家长和考生对民办教育有误解，这些刻板印象和固有成见就像人们心中的大山，使得我们的雄心壮志遭遇了挫折。所以，现在我们就要研究，在分层固化的形势下，学校要如何另辟蹊径，打破固化，实现突围。

党的二十届三中全会提出要"超常布局急需学科专业"，这个"超常布局"的提法很好，我们也要提出一些"超常措施"来实现突围。具体来说，对内我们要进一步贯彻落实"锦城教育学"，继续守正创新，老老实实地办好教育，培养好人才，这些是根本。同时，要挣脱固化，没有特殊措施是不行的。我们之前提出了"四个联系"的理论，现在可以考虑把这"四个联系"再延伸一些，发展为"四靠两树立"。

（一）关于"四靠"

一靠党和政府的支持。要跳出当前的困境，没有党和政府的支持是行不通的。因此，我们必须积极响应和配合党和政府的各项决策部

署。也就是说，党和政府最关注什么，我们就应该把什么做好，以此赢得认可和支持。例如，争取设立全省的研究中心，像是BIM中心等，这将极大地提升学校的声誉和地位。再比如，当前省、市政府对人工智能、智能制造等领域都给予了高度重视，我们应该积极响应并主动配合政府的战略方向，努力做出标志性成果，以争取更多的关注和支持。

二靠开放办学和改革创新的驱动。党的二十届三中全会提出鼓励国外高水平理工类大学来华合作办学，我们以前也讨论过诸多国际化发展的措施。我这里要强调，各学院要高度重视升学率，一是留学，二是考研，这是重要指标。我们的阶段性目标就是将全校的留学和考研成功率提升到20%以上，这不仅是上水平的一个标志，而且是带动全校教风、学风持续改善的龙头和抓手。

三靠知名企业和协会的赋能。我们今年在这方面很有成效，与华为、百度、中国税务协会等企业和协会合作建立了产业学院。还是那句老话，你和谁站在一起，就决定你是什么样的人。所以我们在选择合作伙伴时，要选择那些具有影响力和实力的企业或企业家。通过与他们的深度合作，可以获得更多的资源和支持。同时，我们还要认识到，合作就是差异化的价值交换，以此实现互惠共赢。所以，所有合作都应有舍有得，重点在于权衡利弊。

四靠社会名人的传播。特别是那些具有广泛影响力的名人。在当今社会，名人的言论往往能产生显著的影响。例如教育界知名人士张雪峰，如果他公开表示对"锦城"的认可，那么"锦城"的知名度肯定会进一步提升；再如褚殷教授，他在节目中盘点"宝藏大学"，把"锦城"列入其中，这也是对学校的支持。因此，我们可以邀请一些社会名人来校考察、交流，让他们深入了解学校，亲自验证我们的教学质量和办学成果，帮助我们扩大办学影响力。

以上都是在我们对内贯彻"锦城教育学"，老老实实做好教育工作，做到学校认真办学、教师认真教学、学生认真求学的前提下的"强化措施"，并不是投机取巧、走后门、抄捷径。

（二）关于"两树立"

除了"四靠"，我们还要"两树立"。

一是要树立名师。大学乃"大师之谓也"，大学要"有"名师，也要"捧"名师。名师是怎么来的？在自身素质过硬，是良师、导师的基础上，其知名度有时候也要靠"捧红"。我认为咱们应当捧红一批"锦城名师"，政府给的头衔，要积极争取，学校能给的头衔，要舍得给。争取未来十年内，每个学院至少要有一两位名师。为此，要积极推荐和支持优秀的教师去当评委、当专家，推荐他们去比赛、拿奖，把他们培养成学科、专业的带头人，扩大他们的学术影响力和社会影响力。

二是要树立名校友。杭州师范大学出了马云这样的知名校友，其知名度得到了很大提升。同样，浙江省某金融类专科学校也因为培养了一位某行总行行长

邹广严校长题字：奋斗

而声名鹊起。这充分说明，知名校友对于提升学校声誉和地位具有举足轻重的作用。在美国，高校之间的竞争往往体现在获得诺贝尔奖的人数上，这也凸显了名校教师和校友对于学校声誉的重要意义。因此，各学院都应该积极考虑树立一批知名校友作为典型。我们要出更多的工程师、行长、作家、企业家、文化名人、大学教授和科技先锋等优秀校友，要有更多的"鲁班奖""科技进步奖"等荣誉的获得者，要扎实做好校友工作，进一步树立知名校友形象，更好地展示学校办学成果，提升学校的声誉和地位。

总之，"四靠两树立"是我们在未来十年抢高登峰的一条思路。其他方面，大家可以再思考，再讨论。例如，科研是我校的薄弱环节，要出台一些政策，鼓励科研发展；关于加快硕士点建设的问题，建议将硕士点建设、本科合格评估、审核评估一体谋划和推进，等等。这些意见都值得重视，希望有关单位继续做一些更深入的研究，以后我们再专题讨论。

与"锦城教育学"同行

——在2024级新生开学典礼上的讲话

（2024年9月26日）

大家上午好！今天，我们举行2024级新生开学典礼，来自全国各地的一万两千余名新生，包括本、专科生和专升本学生，来到"锦城"，加盟"锦城"，我谨代表学校师生员工向你们表示热烈的欢迎，并向信任和支持我们的学生家长、各股东单位、奖助学金设立单位和个人、雇主和友好合作单位以及海内外的校友们表示衷心的感谢和崇高的敬意！

成都锦城学院2024级新生开学典礼现场

同学们，这是具有里程碑意义的时刻——随着你们踏入校园，锦城学院就此迎来了第二十年的崭新篇章！从 2005 年起，我们就在这片土地上，建设了一所设施齐全、环境优美的全日制本科大学，培养了一支能征善战的师资队伍、管理队伍和服务队伍，为社会输送了近十万名优秀校友，为社会主义建设作出了卓越贡献！同时，在这个过程中，通过全校师生员工的丰富实践和理论探索，按照习近平总书记关于加快构建中国特色哲学社会科学的要求，我们形成了扎根中国大地又富有"锦城"特色的"锦城教育学"。

"锦城教育学"是关于"锦城"办学、教学和求学的学问和艺术，包括"锦城"的办学思想、办学理念以及高质量教学、人才培养等，内容丰富、特色鲜明，具有"人无我有、人有我优、人后我先、人普我特"的优势和特点。可以说，"锦城教育学"是"锦城"的标志和名片，也是我们办学的灵魂和指针。你们到"锦城"来求学，首先要了解校情，不但要了解宿舍、食堂、教室、运动场等，还要了解"锦城"的办学之道、教学之道、求学之道，这就是"锦城教育学"，它将伴随你们大学生活的全过程。今天，我想就"锦城"如何办学，教师怎样教学，你们应该如何求学，做一次分享。

一、办好人民满意的教育，是"锦城"办学的使命担当

2005 年，我们创办"锦城"的初衷是什么？就是创造机会让有志于上大学的孩子"有学上"。今天，我们发展"锦城"的动力是什么？就是让孩子们"上好学"。满足青年学子对高质量高等教育的需求是我们奋斗的方向，办好"锦城"是全校师生员工的共同追求。

第一，我们创办的是一所公益性大学。二十年来，学校始终按照党中央的指示，坚持社会主义办学方向，办好人民满意的大学。从建校起，我们就明确非营利性的办学属性，将所有收入全部用于教育教学和人才培养。我校所有股东没有从学校拿走一分钱，学校的全部资源、全部工作、全部活动都为同学们的成长服务。我们建设了最好的校园，最好的教室、宿舍、图书馆和实验室，聘请了优秀的师资和管理人员。同时，我们得到了广泛的社会认同，中国电信提出"支持教育，首先支持'锦城'"，这成为800余家合作伙伴的共同心声，社会各界对我校的捐资助学更是累计突破1亿元。正是因为对"教育公心"的坚持，今天的"锦城"终于办成了"近者悦，远者来"，社会支持、广受赞誉的大学！

时任四川省委教育工委书记李建勤同志（右一）来校视察，邹广严校长向其介绍学校办学情况

第二，我们创办的是一所负责任的大学。学校没有脱离人才培养目标的活动，没有离开人才培养的人、事、物，没有不辅导学生的教

职员工。"锦城"奉行"教育不放任、管理不放羊、考试不放水"的三不原则，要求大家认认真真读大学，杜绝松松垮垮混大学。与此同时，做到"三个不落下"，即绝不让任何一位因天灾人祸等突发事件致贫的学生辍学，绝不抛弃每一位有意愿学习的同学，绝不放弃每一位有就业意向的毕业生，这就是"锦城"的责任与担当！

第三，"锦城"是一所应用型、创业型的大学。同学们，中国式现代化的实现，不但需要一大批科学家去发现世界、认识规律，也需要一批工程师、大国工匠去改造和建设世界，还需要一批企业家、创业者把先进技术转化为产品和服务，共同发展社会主义生产力。在国民经济中，应用型人才始终是产业发展、就业岗位的需求主体。早在2005年建校时，多数地方高校还在争办研究型、教学研究型、研究教学型大学时，"锦城"创造性地提出"学校错位竞争，人才分类培养"的思路和策略，旗帜鲜明地办应用型、创业型大学。到2015年，地方本科院校开始逐步向应用型转型，我们已经在这条道路上早走了十年！正是因为"锦城"不跟风、不攀比，定位准、定位稳，一以贯之，笃定前行，终于走在了全国应用型大学的前列！

第四，我们办的是一所面向社会、面向实际，学生高就业、就好业、能创业的大学。我校率先提出"跳出教育看教育，跳出教育办教育"，从产业需求出发，以岗位调查为起点，开展专业建设的"逆向革命"。我们遵循市场经济发展、教育发展和人才成长的三大规律，形成全校"真干、实干、会干"的大好风气。我们与华为、百度等高新技术企业共建现代产业学院，与中建集团、京东、毕马威等国内外知名企业合作创办方向班，打通人才培养、实习就业的"四条高速公路"。我们构建应用型人才培养的"锦城"模式，帮助学生练就过硬的职业竞争力。这些都让"锦城"校友在各行各业备受欢迎、脱颖而出！我们有从事全国全省重点工程项目，荣获"四川省科技进步奖""建设工程鲁班奖"的卓越工程师校友群体，有参与国家探月和行星探测计划、超算项目，走在铸造大国重器前沿的科学家校友群体，有常出现在大众荧幕，荣获"中国新闻奖""百花奖"的传媒及文艺界名人校友群体。我们培养了6000多名党政军干部，1万多位职业经理人和企业高管，还有3000余名创业精英，他们从就业岗位的竞争者变为就业岗位的创造者，为社会提供了3万多个就业岗位。这是"走进锦城是成功，走出锦城更成功"的生动体现，更是习近平总书记"培养社会主义建设者和接班人"论述的有力践行！

第五，"锦城"是一所思考未来、面向未来的大学。教育本质上是面向未来的事业。面对极速发展的时代，"锦城"从来不是"被动适应"，而是"主动前瞻"。早在2010年，我们就试水在线教学，首创"海量平台教学法"。2016年，我们提出"追踪新技术革命前沿，培养未来型人才"，超前布局"未来教育"。近年来，我们又率先打开"人工智能赋能教育"的新局面，成立人工智能学院，获批全省民办高校中唯一的院士专家工作站，开设"AI大模型基础"通识课。可以说，"锦城"就是敢为人先，全力将同学们培养成具备新思维，掌握新科技，服务新产业，胜任新岗位，赢在未来的时代新人！

同学们，每一所大学都有它的精神特质。曾有专家评价我校是有情怀的人办有情怀的教育。这份情怀将永不褪色，指引"锦城"办成全国一流、世界知名、百年长青的大学！

邹广严校长、王亚利校长（右二）、刘永湘书记（左二）与华为、百度等企业领导共同启动学校"师生'数字素养'提升行动"

二、把人才培养做到最好，是"锦城"教学的不懈追求

教学是人才培养的主要环节，课堂是教学的主战场。"锦城"坚持"教学质量是学校的生命线"，力争把教学做到一流，把人才培养做到最好，开辟一条独具"锦城"特色的教育教学之道。

"锦城"认为，教师是教育高质量的决定性因素。教育的关键在教师，教师的水平就是大学的水平。大学之高，不是楼房之高，而是教师的水平之高；大学之大，不是占地面积之大，而是学生的前途远大！"锦城"是一所尊师重教、弘扬教育家精神的大学，它汇聚了一支由业界精英与知名学者组成的师资队伍，涌现出了全国优秀教师、四川省教书育人名师、四川省高校辅导员年度人物等优秀代表。他们充满活力、富有创意、学识渊博、专业精深；他们既会教书，更懂育人，既有权威，又有慈爱；他们的师德、师风、师才、师能全面过

硬,将"知识的广度、技能的精度、视野的高度、研究的深度"结合起来,是赢得了同学们的喜欢、尊敬甚至敬仰的引路人!所以长期以来,我校学生评教的优良率高达95%,这是高质量教育教学的最佳证明!

在"锦城",全身心投入"锦城"教育事业是教师的"第一师德"。没有时间和精力的投入就没有真正的教育。"锦城"教师以饱满的热情引导学生,唤醒学生自信、自励,以真挚的感情关爱学生的点点滴滴。他们全天候服务学生成长,把培养人才的时间延伸至8小时工作以外,为学生答疑解惑、指导竞赛、规划未来,做到"学生在哪里,老师就在哪里"。也正是如此,"锦城"学子亲师、信道、爱校、乐学,和老师一起铸就了具有"锦城特质"的新型师生关系!

在"锦城","课堂大于天"是师生共同的价值追求。学校要求教师做好课程与课堂的"两课设计",为同学们创设有情感温度、有知识浓度、有发展梯度的课堂;要求师生带着问题进教室,共同做课堂的设计者、参与者、创造者和评价者;要求师生对待课堂不但要付出脑力劳动,而且要付出情感劳动,要像见贵宾一样尊重,像做祭祀一样敬畏,像初恋一样有激情,像约会一样有期待,像演员上台一样有表现欲,像探险家一样有好奇心!

在"锦城",改革和创新是教学走在前列的"两大法宝"。我们从2011年开始,就持续推进"三大教学改革":在教学内容上,根据社会需要和知识的更新发展重组教学板块,做到了内容上"接近前沿、立足应用、前后衔接、左右贯通";在教学方法上,创新了项目驱动、问题导向、模拟仿真、以赛促学、在线教育、案例教学、"翻转课堂"、头脑风暴等"八大教学法";在教学评价上,强调平时成绩与期末成绩并重、标准考核和开放考核并重、考试评价与多元评价并重。可以说，"锦城"的每一步都紧跟时代步伐，引领教学变革，让创新的应用型人才"冒出来"！

在"锦城"，以"四大框架"为核心的教育理论创造了高阶教学和创新思维的高峰。我校的教学改革是不断地爬坡上坎、抢高登高的过程。2021 年，我们集大成地总结和创新出教师高阶教学框架、情感劳动框架、学生深度学习框架、非认知能力培育框架，这"四个框架"把世界教育理论的前沿与"锦城"的优良办学传统结合起来，实现了知识传授、思维发展和能力提升的三位一体，达到了高阶性、创新性、挑战度的深度融合，促成了"锦城"人才培养水平的极大飞跃，这无疑是我校教育创新的一大高峰！我们完全有信心、有能力把同学们培育成优秀人才，也坚信，我们不仅能把"锦城教育学"创造出来，还能传承下去，发扬光大！

三、学生受益最大化，是"锦城"求学的中心目标

教育的本质不是选拔，而是培养。作为"锦城"教育的受益人，你们只有与"锦城"教育"同频共振"，形成合力，才能实现受益最大化。换言之，大家需把对"锦城教育学"的理解转化为积极主动的求学实践——想学、肯学、会学，学了还要会用、会创。在这个前提下，希望你们能够做到以下几点。

第一，坚守"做人第一，能力至上"的育人标准。这是我们自建校起就明确的人才培养核心目标。多年来，学校坚持"做人的教育"与"做事的教育"并举，构建完整的课程体系，开展"三讲三心"明

德教育、"一体两翼"知识教育、"三练三创"实践教育，让你们上好大学最重要的"两门大课"——"会做人"与"会做事"。"会做人"就是做一个善良的人、一个明理的人、一个有高尚品德的人、一个脱离低级趣味的人、一个有益于社会的人；"会做事"就是要有想做事的愿望，能做事的方法，做成事的本领。可以说，这些都是"锦城"应用型人才培养的精髓！

第二，坚守"全身心投入学习"的第一使命。教育是百业之基，学力是万力之母。学习就是每个"锦城"学子的第一要务。大学该如何学习？"锦城"倡导强度学习、深度学习、科学学习。首先要全身心投入，投入时间和精力。大家都必须忙起来，忙着读经典、泡图书馆、早晚自习、挑战难题。你们的李彬学姐两年通过ACCA全部14门考试，今年毕业的李健学长，以专业笔试全国第一的成绩考上北京大学研究生，他们都是强度学习的典范。"深度学习"的关键在于思考。"锦城"创造"一点两面、三抓五评"的深度学习框架，帮助你们在提问探索中学、在批判质疑中学、在解决问题中学。"科学学习"就是让学习更加得法，学校推介"十种学习法"，用脑科学、认知科学赋能学习。以上都是一个卓越学习者的进阶之路！

第三，坚守"实践出真知，运用知识才是力量"的治学之道。除了学习，还要注重实践。在"锦城"，搞好一个项目比考出一个高分更重要，解决一个现实难题比拼凑一篇论文更重要，干好一件事情比空谈理论更重要。"锦城"学子的核心竞争力在于学以致用，能够解决实际问题，既能想出来，还能说出来、做出来。因此，希望你们深入实验室、生产基地、课外活动课堂，在企业专家提供的真实项目中"真题真做"；践行"三自三助三权"计划，自律管理，自觉实践；

主动参加高水平竞赛，不仅要"为奖而赛"，更要"为学而赛"。近年来，我校学科竞赛获奖率稳居全国同类高校前列，与"双一流"高校相比也毫不逊色，是名副其实的竞赛大校、竞赛强校，每个"锦城人"都能在这里实现"学赛相长"。所以，请大家都积极投身到火热的实践中去，沉淀底气，积攒力量！

锦城学院2024年"学生升学深造促进论坛"现场

第四，坚守"非认知能力与认知能力协调发展"，实现两个并重。同学们，前段时间媒体将我校评为"宝藏大学"，盛赞"锦城"建校不到20年，就培养了200多名银行行长。许多人想问，"锦城"学子何以能在激烈竞争中脱颖而出？这是因为我们在全国高校中率先提出非认知能力与认知能力并重，让长期被忽视的非认知能力登上大雅之堂，不仅发展学生的智商，还着重培养情商、行商。"锦城"创新"非认知能力培育"框架，让你们能在良好环境中得体悟、受熏陶、厚养成。我们启用全国首创的"大学生非认知能力培育中心"，打造80余个非认知能力培育工作坊、150余个学生社团及丰富的"第四课堂",让你们在锻炼与实操中,培养领导力、社交力、自制力、亲和力、抗压力。我可以负责任地说,在这些方面,你们将获得领先的优势!

把长板发挥极致的"锦城"青年史雨昂(左一),荣获"全球华语科幻星云奖"专项奖金奖,著名科幻作家刘慈欣为他颁奖

第五,坚守全面发展与突出长板的个性化成才之路。二十年来,"锦城"形成了一套完整的、旗帜鲜明的人才培养体系,涵盖教育教学、实习实践、熏陶训育三大环节,贯穿人才成长的方方面面。可以说,"锦城"实施的是"全人"教育,尽可能帮助同学们实现全面发展。同时,我们还鼓励同学们发挥禀赋的力量,挖掘并发展自身潜能和独有优势——这是"锦城"教育创新的"长板原理"。我们为同学们提供更包容、更弹性、更精准的个性化教育,尊重和支持你们的爱好和兴趣,为大家举办个人演唱会、书法展、摄影展、收藏展等。我

们更期待你们能发展学业和职业性特长，就像史雨昂同学在校期间发表作品超百万字，成为全球华语科幻文坛新星；余晟睿同学自制我校第一台高精度3D打印机，获首届中国"互联网+"大赛省级金奖……还有不少校友将"学业长板"发展为"事业长板"，段吟颖同学毕业十几年就被评为211大学教授、博士生导师，可谓出类拔萃！所以，我衷心希望，我们"锦城"的同学能"人人有长板，个个有亮点"，拥有舞台，获得掌声！

同学们，大学是人生新的阶段，新的开始总是伴随美好的期待。让我们共同努力，与"锦城教育学"同行，做"锦城教育"的创造者、践行者、传承者、光大者！让我们全校师生共同奋斗，去实现学生增值、教师增值、学校增值的宏伟目标！我坚信，你们都能创造一个光明的未来！

谢谢大家！

抓住"一个机遇"，重塑"三种关系"

——在2024年"锦城尊师节"教师座谈会上的讲话

（2024年9月27日）

明天就是"锦城"的"尊师节"了，今天是第29期新进教职员工培训结业的日子。我们在此庆祝和研讨的主要目的，是继续弘扬"锦城教育学"，践行"锦城教育家精神"，全力营造"亲师信道、爱校乐学"的大好氛围！刚才大家的发言都很好，特别是在创造发明、贯彻落实、推广并光大"锦城教育学"方面，讲得十分生动，也取得了许多成绩，这说明二十年来，我们下的功夫没有白费。我们要继续传承这种光荣传统。在这个前提下，我还想再给大家讲几点内容：抓住"一个机遇"，重塑"三种关系"。

一、抓住"一个机遇"

抓住"一个机遇"就是要抓住适龄人口的生源机遇。根据国家相关数据预测，高等教育学龄人口2025年至2035年还将持续增加，2035年达到顶峰后将呈逐年下降趋势。也就是说，我国高等教育适龄人口的刚性需求至少还有十年的增长期。在这十年内，我们的生源能保持相对稳定，这是我们赢得生存和发展的机遇窗口期。

"锦城尊师节" 教师座谈会现场

但我们也必须清醒地认识到，这十年我们面临的竞争是非常激烈的。借用哈佛大学著名教授、"竞争战略之父"迈克尔·波特的"五力模型"理论来分析，未来我们将面临来自公办高校和全国高水平民办大学的"同行竞争者威胁"，来自部分优质职业本科院校作为"新进入者的潜在威胁"，以及国外高校和中外合作办学项目的"替代品威胁"。所以，尽管未来十年外部生源是整体稳定且客观有利的，但不等于所有学校都能享受到这一红利，只有那些高质量、高水平的院校才会受到考生和家长的青睐，也才能真正享受生源红利。事实上，今年的高考招生呈现上升的补录趋势已经透露出了这一信号——不少民办高校，甚至一些公办高校都存在学生招不满的情况，也就是说，生源危机已经悄然走进高等教育。若我们不抓住这十年难得的机遇，不抢先登高，那么下一个面临生源危机的就是我们。

如果说，十年内是高校"好与差"的竞争，那么十年后竞争呈现白热化，则是高校"生与死"的竞争。同志们，尽管我们现在是安全的，但是面临十年后适龄人口的"断崖式"下降，谁也无法预料被水淹没的是不是我们。泰坦尼克号在撞上冰山之前，船上的人都载歌载舞，没有一个人想到可能会出现的危险，这就是缺乏危机意识！对此，我十分赞赏华为创始人任正非老先生，他时刻思考的不是华为的成就，而是华为的危机，时刻在担心下一个倒下的会不会是华为。所以，我们必须有危机意识，居安思危，未雨绸缪，在大水漫山之前，抢先登上四楼甚至是五楼，生存下来！而抢高的关键在于提升学生对教师的满意度、对学校的满意度。学生满意就代表着家长满意、社会满意，而且这种"满意"评价是会迅速扩散和传播的。如果我们把学校办得好，注重教师队伍建设、学科专业优化、教育质量提升等，让学生对学校的各方面都满意，让"锦城"在社会上享有盛誉，那么我相信，在十年以后，无论外界的学校再多元、竞争再激烈，学生仍然愿意选择"锦城"，相信"锦城"，就读"锦城"！

总的来说，这十年就是我们教育质量爬坡上坎、抢占高地的重要时期，也是我们不断积累、扩大声誉的黄金时期，更是"锦城"在应用型办学中走在前列、大有作为的关键时期！所以，全体教职员工一定要瞄准时机，抓住机遇，全力抢占四川乃至全国高等教育新高地，让"锦城"立于不败之地。

二、重塑"三个关系"

学校如何在未来竞争中超常布局，帮助教师构建核心竞争力？我认为，首先要从教师与社会、教师与学校、教师与学生之间的关系入手，明确教师定位，重塑"三个关系"，进而实现"锦城"教师的高水平发展。

（一）重塑"社教关系"

第一个关系，"社教关系"，也就是教师与社会的关系。传统意义上的大学是象牙塔，教师们只需在这里全神贯注地做学问，承担"单纯的知识传授者"的角色。但"锦城"办的是应用型大学，面向的是社会，培养的是应用型人才，尤其是在人工智能快速发展的形势下，这就更要求教师走出象牙塔，走向社会，不能在"小圈子"里做文章。

具体而言，我们将"引进来"和"走出去"相结合，做到"三个参与"。要求教师要有开放的视野，深度参与科技发展前沿，追踪并引领高新技术变革；鼓励教师开展"四大合作"，主动参与产教融合，近年来，学校和华为、百度及知名会计师、税务师事务所等企业合作办了很多产业学院，用产教合作的方法培养人才，也与川大等院校、研究机构合作申报课题，开展研究，帮助教师提升自身水平；我们还激励教师成为行业头部专家，深度参与行业实践，不仅成为"双师型"教师，更成为自身行业领域、专业领域的专家，增强"锦城"实践的影响力与话语权！

对于应用型大学的教师而言，最重要的是，要能全方位介入社会发展，并解决社会上的难题。同志们，教师是社会的一个重要组成部分，是学校的第一生产力，更是社会的第一生产力。我们国家实施教育强国战略，就是基于这一认识。因此，一所学校要想长久地生存下去，仅靠埋头造车是行不通的。纵观国内外名校，它们一定都是"社教关系"的卓越代表，都是将教育与生产劳动、社会发展相结合，并且解决了社会的现实问题。比如多伦多大学之所以名震世界，就是因为该校的教师发现了胰岛素，推动了人类健康和社会的发展。所以，我们"锦城"教师开展的各项工作，不论是以赛促教，还是实践实训，抑或是教学科研等，都要把解决社会难题、为社会创造价值、对社会有所贡献当作自己的终极目标，只有这样才能让社会对"锦城"刮目相看，才能让"锦城"处在社会的视线里！

（二）重塑"校教关系"

"校教关系"，就是教师与学校的关系。传统观念认为，教师仅是一个雇员，学校与教师之间是管理与被管理的关系。而哥伦比亚大学诺贝尔奖得主拉比教授曾反驳其校长艾森豪威尔："教授并不是哥伦比亚大学的雇员，教授就是大学本身。"我们也强调这个观念——教师与学校不是雇佣关系，教师同学生一样，都是这所大学的主人！

1.学校赋予教师的"主体"力量

"锦城"教师的"主人翁"地位如何体现？学校通过强化"三感"，赋予教师"主体"力量。

首先，学校要给教师安全感，这是教师稳定开展教育事

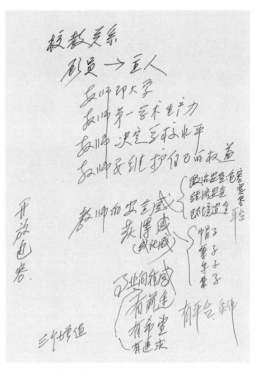

邹广严校长手稿

业的心理基石。为何有些教师宁愿去偏远的公办大学任教，也不愿选择到部分民办大学工作？就是因为公办院校有事业编制，让教师从心理上感到更安全。而我想强调的是，"锦城"的"编制"也是坚实可靠的！这种"编制"是"锦城"为教师提供了政治安全、环境安全与经济安全的基本保障，使大家完全可以在"锦城"安心从教，长期从教。大家可以看到，今天到场的许多老员工，已经在"锦城"工作了十几年甚至将近二十年，可见我们教师队伍的高度稳定性，也说明了学校对教师队伍的重视程度与支撑力度，教师对学校的充分信任与满腔热爱。从建校起，"锦城"就强调"四个不搞"，即不搞"末位淘汰"，不搞"平均主义"，不搞"非升即走"，不搞"不教而诛"，不因教师说错一句话、做错一件小事就给予责备或惩罚。相反，我们给教师提供和谐、包容、宽松的工作环境，允许教师在完成学校"规定动作"外，开展各类科研、竞赛、课题等"自选动作"。更重要的是，解决教师的基本生活保障，提供足够养家糊口的薪酬，让你们都有票子、房子、车子。我们也严格遵照国家规定，全额为教师缴纳社保，而这在全省五十余所民办高校中只有两所能做到，其中一所就是我们锦城学院！这些最基本的安全感，是"锦城"每一位教师都能享有的保障。

其次，让教师拥有满满的获得感。"锦城"不辜负每一位全身心投入、对学校有贡献的教师，让你们的每一分付出都能收获幸福与回报。疫情以后，面对市场经济压力，不但没有裁员、没有降薪，甚至坚持"两个相适应"原则，毅然决定每年为优秀教职员工涨薪的，同类院校中只有我们"锦城"！同时，我们还开拓出一条清晰明确的晋升路径，让那些全心、全意、全力付出的教师收获"帽子""票子"，还有"位子"。当然，这种获得感不仅来自物质层面，更来自教师的个人成长。自建校起，我们就不遗余力地帮助各位教师增值。从"两课设计"到"高阶教学"，从"四师建设"到"数字素养"，从教师竞赛到高水平科研……总之，我们全方位、无条件地支持你们的进步与提升，让你们成为良师、名师、大师。可以说，在"锦城"，你们收获的不只是一份工作，而是一份充满幸福感与成就感的事业。

我们还赋予教师对美好未来的向往感。同志们，"选择锦城，锦绣前程"不仅适用于学生，对教职员工也同样适用。"锦城"是有着明确规划战略、发展路径且时刻思考未来的学校。自建校伊始，我们就下定决心把"锦城"建成"西部领先、国内一流、世界知名的应用型大学"，成为一所"百年长青"的名校！多年来，经过全校师生员工的扎实苦干，取得了显著的办学成果。如今的"锦城"，录取分数线稳居四川省民办高校榜首！学生就业高居全省第一梯队！在学科竞赛榜单中也跻身全国前16%，更是开创了一整套独具特色的"锦城教

拥有安全感、获得感、向往感的"锦城"教师

育学"……可以说，"锦城"有远大目标，有崇高追求，在这里工作的你们也将拥有无限可能、无限希望。在不久的将来，荣誉、职称、社会地位等，都能成为每位"锦城"名师的"标配"！

2.教师履行好自身的"主体"责任与权利

同志们，在这所能给你们安全感、获得感、向往感的学校，你们就是这里的主人。做主人，就要履行责任，行使权利。

一方面，践行责任与操守。首先要有主人翁意识，时刻将学校发展的重点、难点、热点放在心上，全身心投入"锦城"的教育事业中，心里想的、手上做的都是"锦城高质量发展"！同时，把学校的目标当作自身的目标，把"锦城"的发展愿景和个人的职业愿景结合在一起。坚守"四全三高""三不放水"，深入贯彻"锦城课堂大于天"，主动践行"四大框架"，创造、传播、光大"锦城教育学"，自觉投身到"百年锦城梦"的伟大实践中去！

另一方面，行使权利与义务。每位"锦城"教师都应当参与学校民主管理，参与学校改革、建设和发展，建立健全工会和职代会制度，合法、合理、合规地维护自身利益，在工作中更有尊严，在生活上更得体面。但同时，作为利益共同体，你们还要时刻维护学校的权利。在涉及学校办学属性、办学方向、办学自主经费，以及涉及学校与政府、学校与股东等各方面关系时，要充分维护学校独立法人的地位和自主办学的权利。同志们，要知道，捍卫学校的权利就是捍卫你们自身的权利！正因学校的兴衰荣辱与每位教师的命运息息相关，所以"以法护校"是教师天然的使命。你们应与学校心连心、肩并肩，随时随地和学校站在一起。更重要的是，珍惜和爱护学校声誉。有名校才能有名师，学校的高度直接决定教师的发展空间。所以说，人人都是"锦城"的"守门员"和"宣传员"！这也是每一个"锦城"教师应尽的义务。

（三）重塑师生关系

这些年来，新形势下的师生关系普遍存在一些问题。从整个社会层面来看，尊师重教正在形成社会风气。但个别学校、个别学生不尊重老师的现象也时有发生。我们"锦城"的师生关系一直较为良好，有些方面甚至可称为模范。其原因在于，"锦城"重视师生关系最本质的"道"，即"尊师重道"和"亲师信道"。

重"道"的前提，在于有"道"。"尊师重道"和"亲师信道"都是中国传统文化中关于师生关系的重要理念，但二者各有侧重。"尊师重道"最早见于《后汉书·孔僖传》——"臣闻明王圣主，莫不尊师贵道"，指的是社会、学校和政府以及学生要尊敬师长、尊重知识，重在"尊"。而"亲师信道"出自《礼记·学记》——"故安其学而亲其师，乐其友而信其道"，意思是亲近师长，深信所学之道，重在"亲"。既要让学生"尊师"，还要让其"亲师"，这就是"锦城"新型师生关系的内核所在。

1.尊师重道：教师权威和人格魅力

"锦城"认为，尊师重道就是教师要有学术之道和人格魅力之道。同志们，教师的学术之道就是要有学问和权威，权威是开展教学的基础。但教师权威不是天然的，而是需要个人去争取的。一方面，社会和国家赋予教师崇高的地位，但这需要你们履行教师的职责才能得到；另一方面，教师权威来源于你们的学术成就和行业影响力，需要你们个人去建立和维护。就是要博学多思，在专业领域不断深耕，搞好教学，搞好科研，搞好比赛，做到有论文、有成果，建立学术权威。同时，要不断提升学历，成为硕士、博士；也要积极争取职称，比如副教授、教授；积极去获得社会荣誉，树立行业影响力。只有这样，才能获得师道尊严。

此外，教师要有人格魅力，简言之，就是要有"德"。这种"德"不仅体现在教师个人的道德品质上，更体现在其对学生的言传身教中。教师不能只做教书匠，还要去塑造学生的灵魂和品格。何谓"学为人师，行为世范""德高为师，身正为范"？作为教师，我们必须坚持"师德第一标准"，要发扬"教育家精神"，时刻以高标准、严要求来约束自己，不断提高自身修养，用自己的道德情操去感染学生、引导学生，从而赢得学生的尊重和爱戴。蔡元培先生被毛泽东誉为"学界泰斗，人世楷模"，为了挽救民族危亡，他舍弃安逸富足的生活，投身革命事业、教育事业，秉持着"养成共和国民健全之人格"的思想，注重学生品德、人格修养的塑造。在担任北京大学校长后，他整顿校园内官僚风气，提倡"思想自由，兼容并包"，短短几年，就令北京大学成为全国学子无限向往的第一学府。这就是教师人格魅力的至高境界，"一个灵魂唤醒另一个灵魂"，以人格影响人格，以人格塑造人格。

2.亲师信道：教师的情感劳动与投入

亲师信道的重点在于"亲"，就是要有"情"，强调的是情感的付出。要做到这一点，首先教师要对学生的学习负责。当然"锦城"的教师在教学上大多是非常负责的，都是按照"四大框架""两课设计"来实施教学，按照"三个并重"来考核的。同时，教师也要对学生的成长、发展以及心理健康负责。老师们，"以学生为中心"这一点很重要，教师应该要去了解学生的特长，用心去感知他们的需求，耐心去引导他们成长，尊重他们的人格和思想，只有这样学生才能充分地信任你，你们才能走进学生的世界。当然，更重要的是，要时刻践行"锦城教师情感劳动框架"，与学生建立起亦师亦友的新型师生关系，才能让学生在"亲其师，信其道"的基础上"爱其校，乐其学"。

亦师亦友的新型师生关系

最后，在今天的"尊师节"上，我要对各位教师的辛勤付出表示感谢，也要为你们对学校作出的卓越贡献表示感谢！我坚信，在大家不懈的努力和坚定的信念下，我们必将实现锦城"百年长青"的宏伟目标，"锦城人"的明天一定会更加灿烂！

谢谢大家！

了解学情，抓住特点，
全力以赴实现人才培养的最终目标

——在"锦城"辅导员素质能力大赛之2024年专升本入学教育辅导员专项比赛上的讲话

（2024年10月24日）

这次专升本入学教育辅导员专项比赛开展得很好，刚才刘书记已经对本次比赛给予了充分的肯定，现在，我就辅导员学生工作的开展，再补充几点意见。

2024年专升本入学教育辅导员专项比赛现场

一、入学教育的基本逻辑和人才培养的基本目标

不论是专升本学生的入学教育还是本科生的入学教育，其基本逻

辑都是要让学生"亲其师，信其道，爱其校，乐其学"。换言之，就是要让学生喜欢我们的老师，喜欢我们的学校，并乐意在这里好好学习、健康成长。要实现这一点，就要求辅导员清楚明白，学生为什么选择到"锦城"来。刚才唐毅等多位辅导员都提到，要让我们的学生在将来找一份好工作、体面的工作。这非常正确！这正是学生来到"锦城"，取得本科学历的主要目的。

多年来，"锦城"始终将就业视为人才培养的必由之路和学校发展的"生命线"，实施了诸多帮助学生好就业、就好业的特色举措。其中，"双证培养"是我们自建校起就提出的，是让学生获得更强职业竞争力的关键。因此我们说，"锦城"辅导员人才培养的基本目标，是确保每位学生在毕业时取得"双证"，获得"双能"。

所谓"双证"，即包括学历证书以及职业技能资格证。第一，必须拿到毕业证。这既是学生的首要任务，也是衡量学校教育质量的关键指标。如果专升本学生在"锦城"上了三年学（本校专升本在校生是五年），却连毕业证都拿不到，那么说明我们的人才培养方案是有问题的。因此在这一点上，教务处要下功夫，充分打磨人才培养方案，确保教育教学质量。另外，还需特别注意，专升本学生的基础必然是有好有坏、参差不齐的，对此，要对学生的基本情况全面摸底调查，有针对性地排课、教学，满足不同层次学生的需求。总之，就是要想尽一切办法，做足一切努力，让学生合格毕业！当然，如果学生有更大的目标，比如考研、考博、出国深造等，学校一定全力支持！第二，要取得职业技能资格证。这是社会衡量个人专业技能水平和岗位胜任力的重要凭证。如果会计专业的同学拿不到初级会计师资格证，英语专业的同学没有专业四级、八级证书，建筑专业的学生没有通过建筑师资格证等，将来就业是很难的，尤其是在当今竞争压力剧增的时代。所以，帮助学生取得职业技能资格证是很有必要的。我们要求学生至少要有一个职业技能资格证，当然，如果能拿两个甚至三个那就更好了。

总之，各位辅导员老师首先必须明确入学教育的基本逻辑和人才培养的基本目标，就是要让每一个学生都能爱校、乐学，拥有"双证""双能"。

二、三个结论——留好第一印象、培养感情和学会比较

从你们的发言中，我可以引申出三个结论。

第一个结论，学生的第一印象很重要。"良好的开端是成功的一半"，不论是学生还是教师，要了解一个新的事物，进入一个新的环境，那他对此的第一印象很重要。中国有句古话叫"一见钟情"，就是说一见面就喜欢上了，而有的地方、有的人，去了一次、见了一面，第一印象不好，就此别过。可以说，辅导员的入学教育工作，就是为学生留下好的第一印象的工作。这决定着学生对学校的印象、评价和感情。因此，不论是新生入学前在联系群中为其答疑解惑，还是开学后的第一次见面、第一次班会、第一次谈话，都是学生了解学校、适应大学生活的重要窗口。所以，各位辅导员要重视并留好第一印象，做好"情感劳动"，全身心投入，全天候服务，做到"学生在哪里，老师就在哪里"，让学生感到温暖、幸福，对学校一见钟情。

第二个结论，学生与学校的感情是可以培养、教育出来的。在中国传统社会中，先结婚后恋爱的情况并不少见，有的也过得很好，为

什么？就在于感情是可以在日常的相处中慢慢培养的。同样，辅导员也要在与学生的日常学习和生活中，通过教育、培养，让学生对学校日久生情。美国人本主义心理学家马斯洛在"需要层次理论"中，将人的需要从低到高分为生理需要、安全需要、归属与爱的需要、尊重需要和自我实现需要五类。"锦城"为学生提供了受教育的平台和在校学习生活场所，但是如何进阶到"归属与爱的需要"？这就要求辅导员们发挥好桥梁作用，做好"三访两沟通""四大职责"；就要在工作和生活中讲好"锦城故事"，传递"锦城声音"，树立"锦城形象"，让学生知校、爱校、荣校，培养学生对学校的认同感和归属感。这里我举一个例子，在我校承办的全省大学生原创微电影大赛上，某院校的学生到我校来领奖，他发表感言时骄傲地说"我毕业于全国规模最大的一所艺术院校"，这就是学生对学校的自豪感。我们的辅导员老师就要发现、发掘学校的特色和优点，并时常讲给学生听，培养、引导学生们对学校的自豪感、自信心，让我们的学生也在外面说"我来自全国最好的一所民办学校"。这实际也满足了他自我实现的高阶需要。

第三个结论，比较是帮助个体快速成长的教育方法。刚才你们的发言提及很多比较，譬如专科教育和本科教育的比较，我认为这类比较很好！通过对比二者在教育目标、教育内容以及教育要求等方面的异同，能够为我们的专升本学生群体提供更科学、有效的教学方法和教学模式。除此之外，学校和学校之间、课程和课程之间，甚至同学之间、校友之间都是可以比较的。正如古语所言："权，然后知轻重；度，然后知长短。"通过科学比较、合理区分，分析自己与他人在能力、思想、行为和成就等方面的差距，来评估自己的个人价值和社会价值，可以说，这是一个深化自我认知、实现自我超越的过程。所以，各位辅导员老师不仅要自己学会比较、善用比较，还要鼓励我们的学生在比较中进步、成长。比如，我们有的校友在十几年内就当了博士生导师，有的成了银行行长，有的是高端就业者，还有的是创业代表……我们在为这些优秀校友感到骄傲、自豪的同时，也应教育学生"见贤思齐"。既然学长学姐能做到，那么他们也理应能做到，而且后来者居上，要做得更好，有更高的成就。

三、一个前提——要了解、理解、喜欢和热爱学校

最后我要强调，辅导员的所有工作，都应在一个前提的基础上开展。那就是，我们的辅导员老师要了解、理解、喜欢和热爱学校。如果我们的辅导员对学校的办学思想和理念不了解、不认同，就无法让学生爱校；如果辅导员对教育事业都不喜欢，就无法让学生乐学；如果辅导员对"锦城教育学"都不热爱，就更无法让学生明白我们"锦城"区别于其他学校的独特魅力。

同志们，"锦城"有太多创新、初心和艰辛，值得你们和全体"锦城"学生了解与认同。例如，学校创新了"长板原理"，是扬长；而其他学校更多地讲"短板原理"，是补短。补短当然也没错，但短板只能决定一个人不能做什么，而长板才确定你能干什么。一个人要想在社会上立得住，就要有自己的长板。所以，我们提倡"长板"教育，要让学生的长板更长、亮点更亮。这是我们独特的教育理念，辅导员不仅要清楚知道，还应该给学生讲解，让学生明白学校做这些的目的。

辅导员利用"晚点名"为学生讲解"锦城教育"特色理论

再比如，我们办学的初心，就是为了让有志于上大学的孩子们"有学上"和"上好学"。现在社会上存在一个误区，认为民办学校都是为了赚钱。但"锦城"不是，我们自建校起就坚持非营利性办学属性，二十年来，学校所有学费全部用来办了教育，为学生建设了最好的图书馆、最好的教室、最好的宿舍，还实现了空调全覆盖，在这一点上，除了个别公办的重点学校以外，只有我们"锦城"做到了！

还要给学生讲，"锦城"现在取得的一切，都是在很困难的情况下实现的。作为民办院校，我们的资金来源很有限。公办学校有生均财政拨款，还可以向政府部门申请资金支持，但"锦城"都是靠学费滚动发展。可以说，我们是把每一个"铜板"都用在了教育上！从最初的二层小平房到四维、仁爱、信义、忠孝大楼，再到如今总建筑面积5万多平方米的至善大楼。可以说，"锦城"的一砖一瓦一草一木都是"锦城"全体创业者、建设者在艰苦岁月里不断奋斗出来的，不断开拓出来的！而这些，都需要我们辅导员在内化学校的办学宗旨、教育理念、教育思想的基础上，将其转化为对学校的热爱，对"锦城教育学"的热爱，并传达你们的热爱，才能让学生对你们、对"锦城"一见钟情、日久生情。

　　总之，希望全体辅导员全力以赴做好人才培养工作，时刻牢记自己的使命，使我们的孩子们都有一个光明的前途——这就是我们教育的最终目标！

"长板原理"与高校人才个性化培养的基本路径

——《新时代个体成长密码——长板原理》序

（2024年12月2日）

2013年，在多年对人才培养规律进行研究和开展教育实践的基础上，我提出了教育和人才培养的"长板原理"。在此之后，成都锦城学院全校师生进行了很多研究和实践去丰富和发展这项理论，取得了很好的育人成果。实践证明，"长板原理"是高校人才个性化培养的一种突破，也是面向未来教育改革的必然选择。

一、什么是"长板原理"

"长板原理"是针对"短板原理"（亦称"木桶效应"）而言的。"短板原理"由美国管理学家劳伦斯·彼得提出，意思是盛水的木桶是由许多块木板箍成的，若其中一块木板较短，则盛水量就会被这块

"长板原理"聚焦于发现和发挥个体的优势长板。图为《新时代个体成长密码——长板原理》一书封面

短板所限制。换言之，木桶的盛水量取决于它最短的那块板。这个理论认为，一个企业、一个组织的管理水平是由其短板决定的，所以，要发现自己的短板并设法补齐它。

彼得提出的"短板原理"是对企业管理而言，而我们提出的"长板原理"是对教育和人才培养而言的，其要点是：一个人、一所学校，在他（它）的基本面良好的情况下（即木桶的木板是合格的，人的德智体美劳发育是良好的，一所学校的基本条件是具备的），他（它）的成功，并不取决于组成"木桶"的最短的那块板，而往往是取决于最长的那块板。至于那块短板，是否需要补齐，可视情况而定，一般情况下需扬长避短。换言之，我们要下的功夫不是补短板，而是扬长板，让长板更长、亮点更亮。

这可以从很多成功人士的案例中得到证明。例如：著名学者钱锺书考清华时数学是短板，但文学是长板，数学这块短板不影响他成为伟大的学者；数学家陈景润喜欢埋头做学问，不擅长人际交往，但是他把数学研究到极致，就成了著名的数学家，等等。他们充分发挥了自己的长板，最终获得了成功。

二、"长板原理"的理论基础

"长板原理"不是凭空而来的，古今中外都有相应的理论和教育实践。

（一）中国传统的经验

我的家乡流传这样一个习俗，一个孩子生下来过百天的时候（当地叫作"过百岁"，其他很多地方也有过周岁时"抓周"的习俗），家长要对其进行一次测试：在他面前放一本书、一杆秤或一个算盘，让这个孩子去抓那些东西，若抓书，则认为这个孩子将来喜欢读书，若抓秤或算盘，则认为他将来会做生意。这实际上是家长重视对孩子天赋的预测，以利于日后有针对性地培养孩子的兴趣和爱好。不过这种预测的方法是很原始的。

在中国传统的就业理论当中，例如"七十二行，行行出状元"，七十二行都有状元，那就不只是科举一个状元，这"状元"指的就是长板。民间还有一句话叫作"一招鲜，吃遍天"，这一招是什么呢？就是长板。

可见，中国传统中虽没有专门的"长板原理"，但有类似的经验总结。

（二）加德纳的"多元智能理论"

美国心理学家霍华德·加德纳提出了"多元智能理论"，这个理论打破了以单一智商测定评价一个人的局限，提出了人具有8种基本的智能（语言智能、音乐智能、逻辑数学智能、空间智能、身体运动智能、内省智能、人际关系智能、自然智能）。但是这些智能的长短是不同的，有一种或几种是突出或较突出的，其余是短板或较短的。只要我们善于发现，培育其较长的智能方向，他成才的可能性就会大增。这个理论为个性化培养和"长板原理"提供了心理学基础。

（三）智商、情商和行商的理论

众所周知，法国实验心理学家阿尔弗莱德·比内设计了一种测试人的智力水平的方法，叫"智力测验"，测出的结果称为"智商"，即 IQ。智商测定的内容主要包括人的注意力、观察力、记忆力、想象力和思维力等五个基本要素，其所反映的潜能主要还是认知领域的。中国的高考和美国的 SAT 考试基本是这个方法的演化和变种，它对智力的判定是一元化的。

但人的能力或潜力当中不单是智力，智力只是一部分，还有其他部分，例如情商，简称 EQ。哈佛教授丹尼尔·戈尔曼与萨洛维等认为，情商由自我意识、控制情绪、自我激励、认知他人情绪和处理相互关系这五种特征组成。戈尔曼的经典之作《什么造就了领导者》一文，更是促进了"情商"概念的广为流传、深入人心。

情商水平也是可以测验的，尽管当前尚没有一套成熟的测试方案。心理学家通常根据个人的表现进行判断，他们认为情商高的人具有以下特点：社交能力强，不易陷入恐惧或伤感，能控制自己的情绪，容易合作，对事业投入，富于同情心并有较强的亲和力，等等。而情商低的人，往往自我意识差，缺乏自信，以自我为中心，说话做事较少考虑他人的感受，不善于控制自己的情绪，人际关系差，承受挫折的能力较弱，等等。

显然，情商高低也反映了一个人的潜质和智能，也是一种长板或短板。

我们在智商、情商之外，还提出了一个"行商"的理论。按照布鲁姆的"教育目标分类法"，动作是区别于认知和情感的第三个领域。动作技能主要包括知觉、反应、基础动作和操作等方面。我们把这些目标归纳起来，拓展一下，提出"行商"的概念，这种能力就是动手的能力，行动的能力，付诸实践、拿到结果的能力。我们观察到，在某些领域，不乏这样的成功者，他们的智商、情商未必出众，但胜在敢想敢干，行动能力强。可见，行商高低也反映了一个人的潜质和智能，也是一种长板或短板。

三、"长板原理"在教育和人才培养领域的应用

（一）教育者实现育人理念的转变

我们要坚信人人有亮点，个个有特长！我们要普及这样一个观点：我们可以很普通，但是一定要有特长；我们可以很平凡，但是一定会有亮点。教师的责任就是发现和挖掘学生的亮点和特长。对尚未表现出亮点和特长的学生，要发展他的潜力，培养他的特长；对于已经表现出亮点和特长的学生，要使他的特长更长、亮点更亮！要形成"长板原理"的氛围，使拔尖的人才"冒"出来。

对于个人长板的认识，有几点要说明。

首先，人的长板是存在并且可知的。人人都具有多种潜能，人人都有爱好和兴趣，人人都有优势的一招或强项。但是，其中有一种是主要的，这就是长板。人们可以通过观察、大数据分析和测量对长板的长度做出判定。

其次，长板是可变的，具有可塑性、伸缩性。如果长期受到抑制，得不到发展，它就会停滞甚至萎缩。例如王安石笔下的古代神童方仲永，本来天赋极高，但其父"不使学"，最后只能是"泯然众人矣"。反之，如果通过适当方法培养和发展，可以使长板进一步拉长。例如钢琴家郎朗，他有音乐智能这块长板，通过勤学苦练，就成了著

名的钢琴家。

第三，长板是相对的，不是绝对的。它是一个人所具有的多种素质、本领、特长、才能，"三商"中相对较长的那一种，不能用绝对的标准来衡量。也就是说，每个人的长板都是相对于自己的各种"板"而言，不是用绝对的标准量出来的。

（二）以一套教育技术和方法辅助学生

学校作为教育机构，尤其要思考如何在实践层面科学而高效地发掘和发挥学生的长板。

AI 长板学子徐嘉祁同学（左一）荣获国家工程研究中心授予的"文心×飞桨最具影响力开发者"（全省第一个获得该奖的本科生），他也是麻省理工 EI 会议审稿人

第一，要对长板进行分类。我们把学生长板分为"学业性和职业性长板"和"非学业性和职业性长板"。"学业性和职业性长板"是与所学专业相关的，未来可以发展成为自己的职业相关的特长。当

然，个别人的业余爱好，也有可能发展成为职业特长。例如我校工商学院学生张皓宸，他爱好写作，现在成了知名的"90后"作家。"非学业性和职业性长板"就是与学业和职业无直接关联的，但是可以对学习、实践和生活起到影响的特长，比如霍华德·加德纳的"多元智能"中提到的音乐智能、身体运动智能、内省智能、人际关系智能、自然智能等。

第二，要对长板进行测定。根据"长板原理"及其基础理论，我们采取了"问卷自报法""出考试题法""实践观察法""数据分析法"等多种方式建立学生的长板数据库，通过筛查和分析，推测学生的长板倾向。

第三，为学生的长板提供个性化的支持。对学生的非学业性、职业性长板或特长，即所谓的业余爱好，学校表示尊重和支持，并创造条件使其有发挥的舞台；对学生的学业性、职业性长板，但与学生所学的专业不一致的，学校要尊重学生的禀赋和志趣，让其"选其所爱"，能够较为自由地选择（转）专业；对学业、职业性长板，且与所学学科专业及未来职业方向大体一致的或相辅相成的，该长板应作为因材施教的根据，纳入"个性化培养计划"，创造条件重点给予支持，包括制定不同的教学计划，建立不同的课程体系（通过选课），使用不同的教学方法，等等。在就业和职业选择上，应指导学生扬长避短，一般地说，其长板应该是选择的方向，而短板则是不宜选择的去向。

（三）形成利于长板发挥的校园文化氛围

一方面，我们要创造一种鼓励创新、宽容失败、发挥长板、包容缺点的氛围；另一方面，我们要改变评价标准和方法，不能用同一个标准来衡量所有的人。总的来说，贯彻"长板原理"是在德智体美劳和通识教育的基础上，依托潜能，扬长避短。对长板不突出的学生不必揠苗助长；对长板突出的学生不必求全责备；对所有的学生力求扬其所长。

发挥长板的锦城学院青年

在成都锦城学院，所有学生都有挖掘潜能、发挥特长的权利和责任，所有教师和辅导员都有发现、了解、培养学生长板的职责和任务，学校所有部门都要为学生长板成长开绿灯，大力支持。

成都锦城学院多年来的教育实践有力证明了"长板原理"的科学性和有效性。在我校的校友中，已经和正在越来越多地涌现出一批批优秀的党政军干部、企业家、工程师、银行行长、文化艺术工作者等，这充分证明了"长板原理"成效显著。

现在，锦城学院一批学生工作专家将"长板原理"的理论研究和育人实践成果总结成书。对此，我深感欣慰。如果此书能够为教育的个性化培养和青年朋友们的个性化发展提供一些有益的参考，则幸甚！

2025年
廿载锦程向未来

这一年，高擎"教育强国"旗帜，贯彻"强校、强师、强教、强学、强人才培养"战略体系，矢志育人使命；

这一年，号召全体员工做好"十个坚持"，以全体教职员工百分之百的优秀，让学生百分之百的满意，办好人民满意的教育；

这一年，以教学质量建设为核心，创新提出"师生交流互动十种方法"，要求全体教师把"锦城课堂大于天"落实到底，打造堂堂金课；

这一年，"锦城"以人才检阅为中心，以校友成长为重点，举办二十周年校庆；

这一年，《锦城教育学》正式成书，力争在高等教育领域树立话语权；

这一年，正式编制"第三个十年发展规划"，在教育大变革的时代，图发展、谋突破、创新局。

以质量为中心，以抢高为目标，
坚持不懈地落实"锦城教育学"

——在2024年总结表彰暨2025年工作部署大会上的讲话

（2025年1月13日）

刚才，刘书记与王校长对学校2024年的工作做了总结，也对今年的工作重点做了安排部署，我都很赞成。我就着重强调一点——我们要在前二十年的基础上，继续坚持不懈地落实"锦城教育学"。我原来讲过，一个好的事情、好的计划、好的方法，要想到了、做到了，还要坚持下去，才会取得最后的成功。"锦城"想到了很多，也做到了不少，现在就是要坚持下去，把过去行之有效的理论、方针、路线、措施落到实处，并发展之。所以，新的一年，我们要以质量为中心，以抢高为目标，努力做好"十个坚持"。

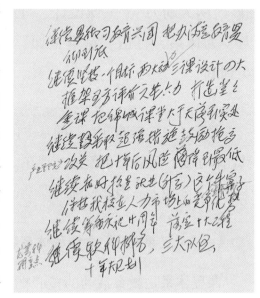

邹广严校长手稿

一、继续坚持贯彻习近平总书记"教育强国"战略思想，以党建为引领，牢记办学初心和使命——将"办好人民满意的教育"进行到底

这个问题刘书记刚才已经做了详细报告，我就不赘述了。关键在于落实。就是要把"教育强国"转化为"强校、强师、强教、强课、强学"，最后达到"强人才培养"的核心目标；就是要继续实现"三个增值"——学生增值、教师增值、学校增值；就是要做到"三个满意"——学生满意、家长满意、社会满意。

二、继续坚持以人才培养、学生发展为中心，以"一个标准""两大动力""三课设计""四大框架""五方评价""六基六力"为体系，打造"堂堂金课"——把"锦城课堂大于天"落实到底

关于"一二三四五六"的基本内容，过去都已经讲过了，大家也都比较了解，我就不再赘述。现在，重点要把以上内容落实到课堂教学这个主阵地上。因此，围绕课堂这个中心环节，我讲几点意见。

（一）"三课设计"之课程体系建设

课程体系是教育活动的核心框架。从2005年建校起，我们就强调，各专业要构建符合自身特色的课程体系。比如，培养工程师是什么课程体系，由哪些课程来组成。尽管教育部教指委提供了指导性文本，但应用型大学与研究型大学在人才培养方向上存在本质区别，课程体系不能一概而论。因此，我们要根据学校实际、专业特色建立有针对性的课程体系。

1.课程体系建设的责任主体

2005年，学校已向系一级领导提出了课程体系建设的任务。现在，我进一步明确，课程体系建设的责任主体是校、院、系三级领导。课程体系建设具有宏观性和系统性，不是由单个教师决定的（教师的主要职责在于做好课程与课堂设计），校、院、系三级的管理层必须承担起统筹规划的责任，依据专业特点、技术发展、社会需求、学生成长的需要，科学设计、动态调整课程体系，确保教学内容紧密围绕人才培养目标，为学生的全面发展、个性化发展提供可靠保障。

2.课程体系建设的主要内容

传统的课程体系主要侧重认知能力培养，例如专业知识课、专业基础课、通识课等。但"锦城"强调"非认知能力与认知能力并重"，所以从横向来说，课程体系内容要包括认知能力与非认知能力两个方面。从纵向上看，课程体系应包含理论课、实验课和实习实训课三个关键环节。因此，课堂建设、实验室建设以及实习实训基地建设都是课程体系建设中不可或缺的部分。我们不敢想象，理工科学生没有进过实验室，不懂得如何分析处理数据，那他如何能够毕业；也不敢想象文科生没有实习实践经历，他将怎样获得竞争力。

（二）课堂互动是高阶教学、深度学习的重要环节

在"四大框架"中，高阶教学和深度学习是帮助学生实现"两个飞跃"的关键。现在，我想重点强调的是，课堂互动是高阶教学和深度学习的核心要求和重要环节，没有互动就没有教育，没有互动就没有高阶教学。

但在现实教学中，师生互动、生生互动、人机互动恰恰是我们的薄弱环节。这学期，我听了多位老师的课，缺乏对话、交流、互动是最显著的问题。因此，增强教师课堂互动的能力，是提高教学质量的重中之重，刻不容缓。

为了深化大家对课堂交流互动的认识，我专题撰写了《交流互动是高质量教学的核心环节》一文，请各单位认真研究，做好落实、再落实，这是我校现阶段教学改革的重点任务。

（三）打造"堂堂金课"

所谓打造"堂堂金课"，就是要做到每一堂课都达到高质量，实现百分之百的优质教学，刚才王校长也强调了这一点。说实话，每位老师"堂堂金课"这个要求很高。我们学校能做到这一点的老师也不少，比如今天上午受到表扬的那些老师，值得大家学习。但目前我们仍有一部分老师做得不够好。根据督导组的报告，现在基本功不合格的老师有几十人，"两课设计"不合格的有几十人，贯彻"四大框架"不合格或者存在问题的也有几十人。同志们，家长把孩子送到我们手里，倾尽所有交学费，结果教师把课上得不好，这怎么可以呢？这是误人子弟，是缺乏教育良心的！所以，我们必须坚持打造"堂堂金课"，要让学生有收获，做到学生满意、家长满意、社会满意！

三、继续坚持"超常措施"，努力抢高攻关，把十年后的风险降到最低

关于未来十年的形势，去年暑期会已经做了专门研讨。这里，我再重申一遍，希望大家提高认识：第一，未来十年依旧是发展机遇期；第二，必须清醒地认识到，危机已经来临。

我有个本家，是小学校长，他给我讲现在部分幼儿园已经倒闭了，小学正在普遍缩班，比如原来40个班，现在变成30个班。而适龄人口降低的影响，很快就将波及初中、高中、大学。"山雨欲来风满楼"，实际上，这些影响已经初见端倪了，主要体现在三个方面。一是无人报考。上海有一所大学，学费高达十几万，专业设置也比较普通，没有吸引力，导致学生都不愿意报考。没有学生报考是很危险的，时刻面临倒闭的风险。二是缺额严重。在广西、广东、湖南等地，有多所民办院校出现了缺额报考的情况。例如，湛江某学院缺额达到4000人；湖南某医学院，在当地是很不错的，却也缺额2100人；还有山东某学院，我们曾去考察过，是当地民办学校的佼佼者，但在去年经历了三次补录后，仍缺额1300人。三是学生不报到。有些学生虽然填报了学校，但却没有来校报到，报到率极低。

所以，同志们，危机已然来临，我们必须提高警惕。我非常赞同任正非老爷子的观点，他说他时刻思考的是华为何时会倒下。而我们要思考的是——在洪水来临之前，如何能够登上四楼、五楼，避免危机。我们之所以强调要做好"三课设计"，打造"堂堂金课"，就

是为了让我们在未来激烈的竞争中能够立于不败之地。又比如，今年夏天四川持续高温，一些学校被迫推迟开学，而我校的教室和宿舍都安装了空调，为师生提供了舒适的学习、生活环境，这也是一种竞争力。再比如升学率，我们的阶段性目标是20%，如果五分之一的学生能考研或者出国，那我们的竞争力、吸引力是不是更上一个台阶？

以此类推，实验室建设、产教融合等领域的"四楼"和"五楼"，目标在哪里？如何实现？希望大家高度重视，深入研究，行动起来，抢高登峰，早上"五楼"。

四、继续坚持抓好招生、就业"生命线"，保持我校"进口旺，出口畅"的竞争优势

一直以来，学校都将招生、就业视为教育事业发展的"生命线"，今后也要继续做好这项工作。

招生方面：去年的招生，我们在舆论环境极为不利的情况下，依然取得了"四大突破"。一是声誉突破。宣传处与外界媒体紧密合作，联合打造了"宝藏大学"这一形象，有效地提升了学校的知名度和美誉度。二是规模突破。招生规模成功突破一万两千人，这是历史最高纪录。三是录取排名突破。尽管去年的录取分数线与以往大致相当，但录取排名实现了较大提升，文科排名前移了1500位，理科更是前移了3000位。四是报到率再创新高。本科报到率达到了97.26%，专科报到率为81.76%，专升本报到率高达93.88%。以上四点，充分体现了学生及家长对"锦城"的信任与向往。

就业方面：2024届毕业生就业率最高的是计算机学院，达到了94.37%；财会学院的就业率为93.77%；智能制造学院的就业率是92.97%，位列第三。

访企拓岗，送生到岗，让"锦城"学子好就业、就好业

考研升学方面：学校阶段性的奋斗目标是——全校考研、出国的升学率突破双10%（或者综合20%）。基于此，要重点致力于提高"三率"，即报考率、上线率和录取率。可考虑开设考研班，采用分班、分科教学的方式，为有需求的学生"开小灶"。要解放思想，大胆聘请最好的老师为学生授课，并给予老师们合理的报酬。同时，教务系统要开展分类教育，针对不同学生的不同需求和特点，制定个性化的教学方案。相关部门也要积极行动，比如学工系统可以设立一个促学中心，为学生考研升学提供支持与引导；国际教育方面要继续拓展国际名校，建立"升学基地"。当然，我们也要研究政策，有效规避潜在风险。

图书馆为学生准备考研、出国提供良好环境

五、继续抓好"三支队伍"建设，打造能攻坚克难、敢打硬仗、能打胜仗的"钢班子、铁队伍"

要努力树立一批在专业领域内具有较强影响力的名师，培养一批在思想、学习等方面指引学生成长、成才的导师，造就一批优秀的教育事业管理服务者。

以管理服务者的要求来说，第一，要服务态度好，要以饱满的热情、充分的耐心、高度负责的态度对待师生；第二，效率要高，能够迅速响应并解决问题，避免拖延；第三，就是要出效果。在今后的述职工作中，我们要改变以往的模式，重点比较谁做的实事多、好事多，谁为学校师生作出的贡献更大。不干实事，只讲"漂亮话"，不是"锦城"的风格。

为此，我们要把政策、资源向关键岗位、优秀人才倾斜。要让那些为学校作出贡献的优秀人才有"帽子"、有"票子"、有"位子"，而且只讲标准，没有比例，越多越好！今天我一进学校就看到了一个好景象，宽二十二米的大道旁停满了老师的车，档次都还不低，这说明大家生活过得还不错。上午听了总督办的报告和六位代表的发言，感觉相当多的同志们都做得很好，都在为学生增值、教师增值、学校增值努力奋斗。我想，本着"两个相适应"的原则，老师们的汽车再多一点、再好一点也是应该的！

同志们，榜样的力量是无穷的。我在省政府工作的时候，曾兼任过四川大学工商管理学院院长，组织开展评选"十大名师"，取得了很好的成效。希望学校统筹，各学院结合实际，探索开展类似的活动，将学院中最优秀的教师、辅导员和管理者选拔出来、树立起来，以点带面，推动学校"三支队伍"的建设和发展，为学校事业的持续高质量发展打造一支"铁军"。

六、继续对标"软科排名"，全力提升关键指标，争取排名进入全国民办高校前三

第三方排名是影响学校声誉的重要因素之一。因此，对标第三方评价标准，着力提升关键指标，是提升学校声誉、促进事业发展的有效途径。

目前国内关于学校排名的机构有很多，经过综合考量，我们选择将"软科中国大学排名"作为对标参考。但遗憾的是，在这个排行中，2022年我们获得全国第5名的位次，2024年我们却下滑到了全国第10名。尽管我校在四川乃至西部仍保持领先的位置，但在全国范

围内的位次却后退了。原因何在？

　　"软科排名"共有十个关键指标，分别是办学层次、学科水平、办学资源、师资规模与结构、人才培养、科学研究、服务社会、高端人才、重大项目与成果、国际竞争力。其中，我们最欠缺的就是"科学研究"。与排名全国第二的珠海科技学院相比，在这一项上，他们的得分是 3.6 分，而我们仅有 0.4 分。这一差距主要体现在两个方面，一是缺乏国家项目，如国家自然科学基金项目、国家社会科学基金项目；二是核心期刊的论文数量较少。

　　鉴于此，我建议学校相关部门深入研究并调整政策，改善这种状况。刚才王校长提出可以引进科研学术带头人，我非常赞同。对于那些能够带来国家级科研项目的"银龄"教师，可以考虑允许他们不上课或者少上课，将主要精力放在科研上。对于我们现有的在职教师，一方面要求他们上好每一堂课，保证教学质量；另一方面，也要积极鼓励和支持他们开展科研或高水平竞赛。

　　过去，我们在学生学科竞赛上投入了很多，成效也非常明显，但高水平的奖项不多，在"软科排名"中的影响权重并不大。因此，我们要调整奖励比例。降低省级奖项的奖励标准，而对于那些带领学生团队获得"中国国际大学生创新大赛"（原"互联网＋"大赛）、"挑战杯"等重要赛事国奖的老师给予重奖，确保把资金用在刀刃上。当然，我们依然鼓励老师、学生参与省级竞赛，因为我们秉承的是"教赛相长""以赛促学"的理念，不仅要"为奖而赛"，而且要"为学而赛""为教而赛"。但必须明确政策鼓励的重点，对"指挥棒"做一些调整，全力以赴将"软科排名"提升到同类高校全国前三，这也是我们实现"抢高"目标的重要标志。

七、继续筹备二十周年校庆，贯彻落实"十大工程"，办成"以人才检阅为中心、以校友成长为重点"的特色校庆

今年是"锦城"建校二十周年，校庆要办出特色、办出水平、办出效果。作为应用型大学，"锦城"的校庆不能和四川大学、电子科技大学等研究型大学一样，以展示学术高度、深度为中心，而要另辟蹊径，敢于不同。我们常说"校友的成功就是'锦城'教育的成功"，所以，这次校庆主题，就是要以"校友成长"为重点，以"检阅人才培养成果"为核心。

我们当然可以办学术论坛、学术讲座，但最好能紧密围绕校友的成就来进行。例如，我们可以举办校友"行长大会""创业者企业家大会""工程师大会""会计师大会""审计师大会""作家大会"等等。除了行业专家讲座外，最主要的，还是请校友们现身说法，讲述自己如何成为行长，如何成功创业，如何经营企业。这样的大会，一方面可以促进同领域校友的交流，实现经验互通、智慧共享；另一方面，也能打破各专业的壁垒，毕竟当行长的校友有来自财会学院的，也有来自金融学院的，工程师校友有土木学院、建筑学院的，也有计算机学院、智能制造学院的，达成全校各专业的大融合，促进跨学科的交流与合作。

各行业大会的名称要具有吸引力，能够引起自媒体和新闻媒体的关注，要有一定话题热度、宣传效果。宣传处可以联合各学院、各部门提前规划，充分利用这一契机，进一步扩大宣传，提升学校的知名度与影响力。

　　我去年讲过，要以二十周年校庆为契机，开展"十大工程"。在这方面，我们已经取得了显著的成果。特别是"慧学工程"中的"智慧教室"项目，为教学活动提供了更为先进的教学设施；"兴业工程"方面，"至善大楼"的顺利落成以及空调设施的安装，显著提升了学校的硬件设施水平；"乐业工程"则通过打造"教职工之家"和"教师休息室"，为教职工创造了一个温馨舒适的工作与休憩空间；"幸福工程"推出的"干洗店"、体检机构升级等等，得到了广大教职工的高度认可；在"仪容仪表工程"方面，学校为每位教职工定制了新工装，二十周年校庆正好用得上。特别值得一提的是"产教融合工程"，今年，学校与华为、百度、浪潮等行业龙头企业建立了12个产业学院。今后，大家要充分发挥这些产业学院的作用，将其打造成为人才培养、实习就业、科学研究以及培训认证的综合性基地。"学术工程"方面，"锦城教育学"已经做了系统、专题的讨论，各编辑正在紧锣密鼓地撰稿。

　　还有两个重大工程尚未完成，需要继续谋划推进。一个是"安居工程"，也就是锦城嘉苑的二期建设；另一个是"硕士点建设工程"，虽然这在一定程度上不完全取决于我们，但我们仍要积极争取。总之，今年，我们要继续推进、完善"十大工程"，为师生创造更加舒适、美好的学习和工作环境。

　　我还要强调的是，这次校庆要全校总动员，校院联动，全员参与。要集海内外校友、友好合作单位、兄弟院校等的广泛力量，积极拓宽影响力，进行一次普遍的爱校、荣校教育，营造"亲师爱校"的大好氛围；要通过回顾历史、明确使命、展望未来，再创新的辉煌，把"锦城"的社会知名度和在教育界的发言权提高到一个新的高度。

八、继续做好第三个十年规划的编制工作，作为学校未来十年的行动指针

未来的十年，我校处于"求生存，图发展；过三关，抢高地；上水平，赢胜利"的关键阶段。要抓住未来十年的黄金发展窗口期。除了要贯彻落实以往行之有效的系列举措外，最关键的就是要处理好三个关系：一是发展与评估的关系——评估是为了促进发展，发展是永恒的主题，评估是阶段性的重点，既要抓住生源饱满期的机遇，又要圆满通过评估，这就考验我们的办学智慧和水平；二是内涵与外延的关系——也就是说要有内外两个维度，既要深入教育办教育，也要跳出教育看教育，内涵主要是强内功、提质量，外延主要是抓机遇、开新局、扩影响；三是传承与创新的关系——要坚定不移地传承和发扬"锦城教育学"，同时也要保持思想活力，与时俱进，创新突破，这也是"锦城教育学"的灵魂所在。校庆活动圆满结束后，我们就要集中精力投入第三个十年规划的编制工作中，希望各部门、学院积极响应，主动作为，共同绘制"锦城教育"新蓝图。

九、继续抓好《锦城教育学》的编写工作，做到贯彻落实、发扬光大，在全国高校中争取话语权

在这一方面，我们已经取得了一定的成果，但仍要继续努力，编辑部务必在5月9日校庆前拿出一个成果。相关的编写要求、体例已经专门开会讨论、部署过了，这里就不再赘述。

　　有同行这样评价"锦城教育"："锦城学院一切工作都有理念、理论、学术作为指引，教育界很多共性问题在这里找到了答案，应用型大学很多追寻在这里找到了共鸣。'锦城教育'给我们最大的感受是，有深度，有思考，有实践，有特色。"——同志们，这就是"锦城教育学"的指引作用。

　　我们要明确，"锦城教育学"是我校建校二十年来面向世界、扎根本土、立足实践，总结、凝练出的特色理论与实践经验，是关于办学、教学、求学的学问和艺术，大家要在教育教学的过程中贯彻好、落实好。要营造人人参与创造、实践、总结、传播、光大"锦城教育学"的氛围，学校也鼓励大家踊跃发表相关的论文、出版书籍，在全国高校乃至更大的舞台上争取话语权。

"锦城教育学"系列丛书发布会

十、继续坚持改革和创新，鼓励师生走在技术革命的前沿，保持"锦城"的持续卓越

新技术革命是多方面的，其中尤以AI最为突出。"锦城"一贯强调追踪新技术革命前沿，面向未来办教育，当前，要注意两个方面。其一，要坚定不移地推进数字化转型，坚定不移地利用AI赋能教育。进一步提升教师数字化、智能化教学水平，将AI融入教育教学的各方面、各环节，以提升教育质量和效率，推进人工智能时代下的教育创新。其二，我们也应以理性的眼光审视数字化与AI技术，打破"数字恐慌"和"数字迷信"。要认识到，人工智能既无法取代学校，也无法替代教师的角色。试想，现在的学生都可以观看哈佛大学、北京大学等顶尖学府的课程，但却无法达到这些学校学生的水平，这是因为线上课程难以实现面对面交流的深度与广度，AI大模型亦无法完全胜任"情感劳动"这一复杂任务。因此，我们既要探索AI技术的潜能所在，也要明晰其局限性。就是说，一方面要研究人工智能能做什么，发挥其赋能的作用，利用AI为人类服务；另一方面也要研究人工智能不能做什么，我们就要把它做得更好。总之，要做到避免过度依赖或误解，力求实现教育与技术的和谐共存与协同发展。

同志们，我们要做好以上"十个坚持"，争取做到人人都优秀，人人都能担负起责任，人人都为"锦城"的发展添砖加瓦，以全体教职员工百分之百的优秀，让学生百分之百地满意。让我们党、政、工、团齐心协力，全体师生员工团结一心，为把锦城学院建成一所百年长青的一流应用型大学而努力奋斗！

交流互动是高质量教学的核心环节

（2025年1月）

　　无论是研究型大学、应用型大学，还是技能型大学，其核心任务都是培养人才。培养人才有诸多环节（主要包括教育教学、实验实践、熏陶训育"三大环节"），但育人的主战场仍是课堂，因此，教师要上好每一堂课。

邹广严校长讲话

　　传统课堂的主要特征是灌输，即单向输出，教师讲学生听，总体是通过"讲授—记忆—考试"的线性流程完成知识的传播，这种教学模式容易导致课堂教学陷入教师照本宣科、学生被动接受的固化状态。而现代课堂的重要特征是互动，是双向交流，主要包括师生互动、生生互动、人机互动等三个互动，就是通过语言沟通、情感表达、行为反应和文字传递等方式，促进知识的理解和运用，达到培养学生探究性学习能力的目的。可以说，交流互动是现代教学的核心环节。

一、交流互动的重要意义及作用

我们认为，教育本身就是一种交流活动。没有互动就没有教育，没有互动就没有高质量教学，它在教育教学中扮演着不可或缺的关键角色。

（一）交流互动的重要意义

一方面，交流互动是教育得以发生的源泉。教育最初的形式就是口口相传，通过交流，面对面地教授知识。中国的孔子和西方的苏格拉底都是最早以对话的方式开展教学的。比如，《论语》作为语录体典籍，就是以师生互动、生生互动模式贯穿始终的，通过"叩其两端"的对话艺术，开创启发式、互动式教学的先河。《礼记·学记》中讲"独学而无友，则孤陋

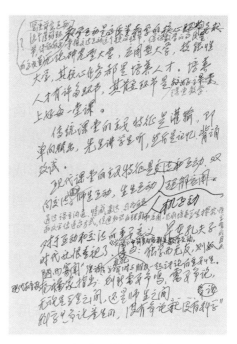

邹广严校长手稿

而寡闻"，也是强调学习时与朋友一起讨论的重要性。现代教育学家杨福家指出："创新需要争鸣，需要争论，无论是学生之间还是师生之间……科学是争论产生的，没有争论就没有科学。"批判教育学代表学者保罗·弗莱雷也说："教育具有对话性，教育是一种对话的科学。"著名物理学家、诺贝尔奖获得者李政道先生在为《复旦教育论坛》创刊题词时说："求学问，须学问，只学答，非学问。"所以，"学问学问，有问才是学"，学问之道在于问，问即是互动，即是思想的碰撞与交流。

另一方面，交流互动是培养学生高阶思维的核心环节。在当今教育领域，开展高阶教学、培养学生高阶思维已逐步成为共识，但实现这一目标的核心环节是什么？就是互动。互动是培养学生加快对知识的理解、应用和重构的必由之路。可以说，只有通过多元的互动，才能实现思维的碰撞，激发学生的主动思考与深度参与，从而实现从知识灌输到高阶思维及能力培养的转变，亦有利于学生批判性思维、创新性思维的形成，适应新时代人才的需求。

此外，交流互动还是教师衡量教学目标是否达成的重要手段。教师可以根据课堂交流互动，获得教学的即时反馈，判断学生的学习效果及认知层次，是重要的"形成性评价"工具。同时，教师增强课堂感知力，进而优化教育行为，调整教学节奏，让学生的"学"与教师的"教"达成一致，是师生"同频共振"的重要载体，也是检验"共鸣"是否达到"峰值"的关键手段。

（二）交流互动的主要作用

作为现代教学的核心要素，交流互动对于学生学习存在五个方面的好处：

第一，交流互动有助于激发学生的学习兴趣，从而提高学生的参与感，进而提升课堂教学的效果。

第二，按照知识重构的理论，学生学习的过程就是知识重构的过程。参与互动和讨论，学生要表达、反思自己的观点，必然促进学生对新旧知识的重构。或者说，互动与交流有利于学生通过调整和重组已有的知识结构，以更好地理解和吸收新的知识。

第三，交流互动的深入，促使学生对问题（案例、项目、情景等）进行多角度分析、评估，进一步总结、归纳、反思，有助于培养学生的批判性思维和解决高难度问题的能力。

第四，通过讨论互动，学生以多种方式处理信息，包括听、说、思考，这种多感官参与有助于加强记忆。

第五，通过交流互动、讨论，要求学生清晰表达观点并倾听他人观点，这有利于培养学生的沟通表达能力，把认知与非认知能力的培育结合起来。

"锦城"学子与教师积极交流互动

因此，没有对话和交流，无法实现高阶教学，更难以实现学生高阶思维、高阶能力的培养。还可以说，没有对话和交流，就没有教育的起源，也没有教育的未来。

二、现代教学存在的普遍问题

在现代大学课堂教学中，尤其是高阶教学中，最薄弱的环节是互动，教师最缺乏的技能是引导、激发和组织交流互动。

这主要是因为，传授（灌输）式教学由来已久，且习惯势力强大，对教育产生了根深蒂固的影响，以致现在有不少教师仍然热衷于这种单一模式教学。

同时，部分教师在实际教学中还存在惧怕甚至抵触交流互动的现象，大致有以下几种原因：①沿袭——有些教师上学时，他的老师就是这么教的，他继承下来了，形成了惯性依赖；②偷懒——照本宣科的方式简单，不用动脑筋，甚至不用备课，更不需要设计，照着课本念，最多弄个PPT；③能力不足——教师本身知识浅薄，交流互动能力弱，难以应对动态化、生成性的现代课堂，影响了自己的权威，所以既不能也不愿互动。

因此，教会和督促教师组织课堂互动是提高教学质量的重中之重，刻不容缓。

三、如何提高教师交流互动的能力

我们要提高教师交流互动的水平，必须重点做好以下几点。

（一）全面提升教师对互动教学的认识深度

首要任务是全面提升全体教师（是全体，不是一部分！）对互动教学的认识深度。必须让每位教师深刻理解：没有实质性的交流互动，就谈不上真正的现代教学。特别是当下的人工智能时代，AI大模型正深刻改变教育生态，当教师不再是学生获取知识的唯一来源，单纯传授知识和照本宣科的教师，必然面临淘汰。现代课堂，特别是高阶教学课堂的重要标志，就是能够形成有质疑、有交锋、有依据、多方案，即"三有一多"的互动氛围。虽然互动教学已不是什么新生事物，但是当前部分教师仍然存在不互动、怕互动或者简单互动、形式互动的现象。这些都必须努力克服，让互动成为教师上课的必选动作。

（二）着力营造适宜的互动教学环境

教师应当致力于打造包容、自由、活跃的课堂氛围，构建批判性的学习环境。不怕学生说错话，就怕学生不说话。所以，老师要引导学生正确处理多重关系——师生关系、同伴关系、对错关系，以及竞争与合作关系，使学生敢于深度思考、畅所欲言，不必担心因表述不当而受到指责。我们强调，不经学生思考和咀嚼就把答案告诉学生的老师，不是好老师；同样的，本该肯定或否定学生意见却含糊其词的老师，也不是好老师。因此，对于那些"三有一多"的学生，要通过认可、鼓励、表扬和奖励等方式提升其信心；对于发言离题或不准确的学生，则要给予恰当引导和启发，保护其参与课堂的积极性。

（三）重视互动教学的三个关键环节

第一个环节是课堂引入。一堂课怎么开始？经常是从问题的引入开始。被誉为美国最好的大学老师之一的肯·贝恩在《如何成为卓越的大学教师》中说："最成功的问题常具有很强的煽动性，即被局外人戏称为'引你上钩'的问题，这类问题可以引起学生的思考和争论。"除问题导入外，还可以采用案例引入、观点导入或情景创设等其他方式。例如，耶鲁大学的一堂法学公开课上，教授通过驱逐一名学生来创造不公平的场景，成功引发学生对"法律的意义是什么"的深入探讨，让学生领会"法律的公平需要每个人共同维护"。所以，老师可以根据课程内容选择不同的引入方式，让课堂"活起来""热起来"。

第二个环节是课中点拨或点评。孔子说"不愤不启，不悱不发"，意思就是老师要在关键时刻点拨、启发学生。现在很多老师搞"翻转课堂"，每个小组上去都讲一遍，但老师不点评也不总结。这样的课堂，质量如何能高？就像学习书法，既需要临帖练习，也离不开名师指点，如果只临帖而没有老师的指导、点拨，字写得不会太好。所以，在任何形式的互动课堂中，包括学生发言、汇报、讨论、辩论等，教师都必须把握大方向，适时给予引导、提示和点拨，包括必要的纠错，这叫作"有序"。

要想把课上得好，还有最后一条，就是收尾。最佳的收尾方式是能够留下悬念，能够让学生回味无穷、意犹未尽。换言之，为课堂画一个"省略号"，而非"句号"，给学生留下思考的余地，使学生在课后有动力或到图书馆查阅资料，或通过查阅 AI 大模型，进一步地探索研究，实现课堂学习的延伸和深化。

四、交流互动的十种方法

下面，从教师主导的角度，推荐十种交流互动法：

1.泛问法。教师面向全体学生就提出的问题、观点、任务等征求意见。例如，问同学们如何看，大家有何意见，有问题没有，等等。

2.定向提问法。就已提出的问题或观点指明某某同学回答或请某某同学说说看法。

3.研讨式互动法。教师提出一个主题，组织全班围绕此题进行自由讨论，各抒己见，然后，教师再归纳总结，并将理论、观点、知识贯穿其中。这就是课堂关键的20分钟。

4.案例研究式互动法。由教师提出或讲解一个案例，请同学讨论该案例中每个环节的处理是否妥当，是否有更好的解决方案，可否有更好的处理结果，等等。

5.项目实践式互动法。教师要安排一个项目，发动学生进行头脑风暴，让学生提出各种解决方案，通过项目实践掌握知识和技能。这个项目可以是现实中的真实项目，也可以是教师自己虚拟的项目，还可以是国赛、省赛中的竞赛项目。

6.合作学习互动法。教师根据某一章节的学习内容，把学生分成几个小组，然后进行交流和互动；也可以提出一个选题，供各小组研究、交流、提问、争论，并在教师点拨下提高认知，得出结论。

7.辩论式互动法。教师就一个教学主题，设立正反两个方向，从而进行辩论。有时教师也可充当一方，让学生充当另一方，尽可能地提高学生的参与度和参与率。进行辩论的过程，就是学生查找证据、学会推理的过程，也是学生学习和运用知识的过程。

8.角色扮演式互动法。在生生互动的活动中，也可采用让学生扮演不同角色的方式来开展互动。例如，我校土木与建筑方向课程中，围绕一份标书让学生（小组）分别扮演开发商、承包方、施工方、监理方及业主代表方等，从不同的角度对该标书进行研究与评价，从而达到各方利益的平衡及标书的完善，使学生学会制作标书的本领，掌握行规和专业知识。

9.反馈式互动法。我们在"四全三高"（四全——全身心投入、全天候服务、全过程优秀、全方位做好；三高——学生满意度高、教学反馈率高、显性成果贡献高）的考核标准中强调了反馈率，就是认为反馈是师生互动的一种重要方式。教师在课堂上的即时反馈、对作业的批改和对考试的总结分析等等，都是交流互动的一部分。

10.导师座谈法。根据学情分析和需要，导师定期邀请某些学生，就某类问题进行座谈或交流。这种形式，参与学生可多可少，时间可长可短，可在教室、教师办公室、学生宿舍等不同地点。既可解惑答疑，也可畅谈人生，是教书育人的好形式。

文献介绍与实践使用的互动方法还有很多，以上十种方法是比较常用且值得推荐的。当然，这十种方法的深度和效果也不尽相同，教师可以根据教学实际情况灵活运用，既可以"一课一法"，也可以"一课多法"混合使用，等等。我们还鼓励教师在教学实践中创造一些新的方法和经验，形成特色，供大家共同学习、运用。

师生不拘传统课堂形式，围坐畅聊

另外，需要说明的是，我们强调互动，并不一味反对讲授。相反，我们认为适量地、适度地、适时地讲授是教学过程中必需的。我们在本文开头时提出的"三个环节"，也是离不开讲授的。实际上，清晰而富有深度的讲授同样能够有效激发学生的思维，但是要坚决杜绝"满堂灌"。因此，关于讲授的时间占比，教师应当因课制宜，根据课程的性质、内容、形式，灵活把握，关键在于不能照本宣科，一讲到底；关于讲授的方法和原则，教师应当做到有针对性地讲授，有选择地讲授，以学生为中心地讲授，等等。总之，一个只有教师激昂而学生沉默的课堂是不允许的，一个师生都毫无激情、毫无互动的课堂更是不允许的。

五、将交流互动落实到"锦城"的每节课堂

要实现每堂课都有实质性的交流互动，需要学校、教师和学生三

个层面协同发力，形成合力。

（一）教师层面

教师要全身心投入，不断丰富学识，提升专业素养，努力做好学科教学和跨学科教育。要明白，只有博学多闻，才能在课堂上游刃有余、应对自如。此外，教师还需精心做好"两课设计"（即课程设计与课堂设计），要有计划地做出引导学生思考、启迪学生智慧的路径规划。在课堂上，熟练运用各种互动方法，有效组织教学活动，确保课堂氛围活跃且富有成效。每堂课后，教师都应坚持深入地反思与总结，并认真听取督导、同行、学生等各方面的意见，不断提升自身的教学水平和教学效果。

（二）学生层面

学生要有良好的学习习惯，做到课前主动预习，养成思考和提出问题的习惯。同时，大力提升交流互动这项非认知能力，积极表达个人观点，参与课堂，与老师形成紧密配合。此外，学生更要有创新思维。我们提出的"三有一多"的课堂，其中"一多"（多方案）即是创造力的重要体现，每位学生都应在有质疑、有交锋、有依据的课堂互动基础上，努力形成多方案的创新思路，拓展多元化的设计路径，探索多样化的解决方案。只有这样，才能达到深度学习的目的。

（三）学校层面

首先，学校要研究在数字化转型的新形势下，原有的教学秩序、教学模式、教学关系等各方面作用的变化，并做出相应的调整（例如，单纯传递知识的作用要减弱，交流互动的作用要加强等），以保证高质量教育教学的进行。同时，学校要做好对教师和学生的培训，从思想层面上使广大师生认识课堂互动的意义，掌握交流互动的方法。此外，学校还要改善对课堂教学的评价，坚决淘汰照本宣科的课堂。要把交流互动作为"锦城"课堂教学，特别是高阶教学、优质教学，最重要的考核标准之一，并加大其在总体评价中所占的比重。教务和督导部门还可细化二级指标，如互动面、互动频率、互动深度、互动效果等等。要明确指出，不会、不能有效组织学生互动的教师是不称职的教师，不参与、不配合教师互动的学生是不合格的学生。

总之，我们要下大决心，把交流互动这个必选动作落实到"锦城"的每节课堂中去。打造"堂堂金课"，让学生有收获，才能实现学生满意、家长满意、社会满意的育人目标，才能担负起"为党育人、为国育才"的崇高使命！

《新时代教师素养与技能》序

（2025年3月17日）

教育是一项崇高的事业，教育兴则国家兴，教师强则教育强。对于教师之重要性，古今中外有识之士有一致的认识。在我国古代，"天地君亲师"五者并列，可见师位何等尊崇。北京大学老校长蔡元培先生认为"人类之职业，没有比教师更为重要的"。清华大学老校长梅贻琦先生说"所谓大学者，非谓有大楼之谓也，有大师之谓也"。哥伦比亚大学的拉比教授更是提出"教授即大学"。即便是在人工智能飞速发展的时代，教师也因其在价值引导、批判性思维培养

"全国优秀教师"称号获得者——李海艳老师

以及人格塑造、非认知能力培育等方面的独特作用，始终不会被技术工具所取代。总之，教育的水平不可能超越教师的水平，强教必先强师。

对于教师来讲，打铁还需自身硬，育人还要本领强。锦城学院认为，所谓"师道尊严"，要先有道而后才有尊严，道是学术之道，亦是人品之道。教师的素养要求可分为政治素养、道德素养和业务素养。政治素养就是要坚定为党育人、为国育才的理想信念，自觉培养堪当民族复兴重任的时代新人。道德素养包括了教师的仁爱之心、职业操守，这是教师作为人师的基本准则。业务素养则是教师在其专业领域内所具备的知识、理论和必要的组织管理能力。锦城学院将这三项素养统一起来，提出了以"师德、师风、师才、师能"为核心的"四师"建设，激励教师立志成为社会主义的教育家，成为良师、导师和大师。

四川省高校辅导员年度人物——肖江老师接受采访

新时代教师应具备的技能有很多，例如教学、科研、为社会服务，以及与学生、家长沟通交流等，但核心是教学与科研。

德国教育家、"现代教育学之父"赫尔巴特在《普通教育学》一书中强调"人才培养是通过教学活动来实现的"。可以说，人才培养的主战场还是教学。教师作为教学的组织者，必须掌握教学设计、课堂管理、沟通互动、评估反馈、技术应用等多方面的能力，在教学内容、教学方法、教学评价等方面推陈出新，打造以高阶教学为导向的有浓度、有深度、有高度、有温度的课堂。

科研也是教师必备的核心能力之一。从明确选题及研究方向，到申请项目，再到设计科研方案，教师要具备的技能应该包括：提出假设及研究方法；提取数据并进行分析，得出定性或定量结论；撰写论文、报告并发表；指导或参与竞赛，申请专利，等等。

"四川省科技进步奖"获得者——王潇碧老师

锦城学院自建校伊始，就在教师素养与能力提升方面进行了持续不断的探索，强调培养老师的能力要从基础抓起，明确提出对教师"六基六力"（即"六项基本功"和"六种能力"）的要求。其中，"六项基本功"分别是语言表达基本功、情感表现基本功、板书和PPT基本功、引导互动基本功、利用新技术基本功、课堂管理基本功;"六种能力"分别是能够激发学生学习欲望、动机、兴趣和热情的能力,能够以广博的视野、立体的思维组织跨学科教学的能力,能够实现"教学相长、教研相长、教赛相长、教技相长"的能力,能够设计和实施线上线下相结合的混合教学的能力,不仅能够传递知识而且传递思维的能力,能够做好课程与课堂设计(即"两课设计")的能力。并针对上述要求设置了相应的量化指标和监督反馈机制,真正做到了可操作、可执行、可考核,从而引导教师打牢基础,站稳讲台,发挥特长,不断精进,构筑起了新时代应用型大学教师的核心竞争力。

"四川省教书育人名师"——杨安老师

　　我们欣喜地看到，通过二十年的教育实践和教师们自身的不懈努力，锦城学院教师的素养与技能不断提升，立德树人成效显著。涌现出了"全国优秀教师""四川省教书育人名师""四川省高校辅导员年度人物""四川省科技进步奖"获得者，以及各类入库专家和学者，不少老师在教师教学竞赛中也取得了不俗成绩。他们不仅在讲台上讲得好，也在实战中做得好，为"锦城"的人才培养打下了坚实的基础。

　　本书是由锦城学院组织部、人事处、教师发展中心的专家们在广泛吸收国内外先进教育理念的基础上，结合"锦城"教育实践编写而成，系统展示了学校对教师素养与技能的基本要求和一些亮点的经验、做法，是"锦城教育学"的重要组成部分。

　　希望此书不仅可以为"锦城"教师的成长和发展提供指导，也能对国内各兄弟高校在教师培养、管理以及"四师"建设等方面提供一些参考和启发。果能如此，则幸甚！

止於至善

校训"止于至善"引自中国古代典籍名篇《大学》："大学之道，在明明德，在亲民，在止于至善。"

校训"止于至善"的意义：首先，锦城师生要明确做人做事追求卓越和完善的目标；其次，锦城师生要践行不达此目标永不停止的奋斗精神；再次，它彰显了锦城师生立身处世、言行举止的价值取向。